李金山——著

三晋历史文化名人书系

司马光

山西出版传媒集团
北岳文艺出版社
·太原

图书在版编目(CIP)数据

司马光 / 李金山著 . —太原：北岳文艺出版社，
2021.5
（三晋历史文化名人书系 / 古卫红主编）
ISBN 978-7-5378-6358-2

Ⅰ.①司… Ⅱ.①李… Ⅲ.①司马光（1019-1086）
－传记 Ⅳ.①K825.81

中国版本图书馆 CIP 数据核字（2021）第 004859 号

司马光

李金山　著

//

责任编辑
孙茜

书籍设计
张永文

印装监制
郭勇

出版发行：山西出版传媒集团·北岳文艺出版社
地址：山西省太原市并州南路 57 号　邮编：030012
电话：0351-5628696（发行部）　0351-5628688（总编室）
传真：0351-5628680
经销商：新华书店
印刷装订：山西人民印刷有限责任公司

开本：787mm×1092mm　1/16
字数：226 千字
印张：23.625
版次：2021 年 5 月第 1 版
印次：2021 年 5 月山西第 1 次印刷
书号：ISBN 978-7-5378-6358-2
定价：70.00 元

司馬光

出版前言

习近平总书记强调:"文化自信是更基础、更广泛、更深厚的自信,是更基本、更深沉、更持久的力量。"坚定中国特色社会主义道路自信、理论自信、制度自信,说到底是要坚定文化自信。奋进在建设文化强国的伟大征程中,我们要努力从中华民族世世代代形成和积累的优秀传统文化中汲取营养智慧,延续文化基因;萃取思想精华,展现精神魅力。

山西是中华文明的重要发祥地之一,以尧舜禹为代表的根祖文化,以长城为代表的多民族交融的边塞文化,以云冈、五台山、平遥为代表的物质遗产文化,都极大地彰显了山西传统文化的软实力。特别是从尧舜禹起,乃至晋文公、荀子、赵武灵王、卫青、霍去病、关羽、薛仁贵、王勃、王维、柳宗元、司马光、元好问、关汉卿、薛瑄、傅山、于成龙、陈廷敬、祁寯藻、杨深秀等,一大批政治家、思想家、军事家、文学家,在中华民族历史上做出过重大贡献，占据崇高地位，产生了持久的影响，是山西乃至中华文化的典型性人物，他们的文化成就，是中华文明的宝贵财富。

2020年5月11日至12日，习近平总书记再次亲临山西视察，对山西历史文化给予高度评价，对山西历史文化名人给予高度肯定，勉励山西要深入挖掘优秀传统文化，引导广大干部群众提升道德情操、树立良好风尚、增强文化自信。习近平总书记的重要讲话重要指示，给山西人民以极大鼓舞和激励，为我们传承和弘扬山西优秀传统文化，建设文化强省、文化强国，进一步指明了方向。

当前，山西正处于转型发展和建设文化强省的重要历史关头，迫切需要汇聚更强大、更深厚的精神力量，这就要求我们要更加坚定地以习近平新时代中国特色社会主义思想为指导，深入贯彻、忠实践行习近平总书记视察山西的重要讲话重要指示，乘势而为，守正创新，充分挖掘和弘扬山西历史文化名人的精神内涵，为山西高质量转型发展提供精神动力。为此，我们山西出版传媒集团主动策划了《三晋历史文化名人书系》。

该书系从众多的山西历史文化人物中遴选了荀子、卫青、霍去病、关羽、司马光、于成龙、陈廷敬7位极具代表性的名人，以传记的形式，深入浅出地讲述他们的生平事迹和重要成就，彰显了他们在中国古代政治、经济、军事、文化、教育等领域所做出的杰出贡献。尤其重在阐释荀子的"为学之道"，卫青、霍去病的"勇武之功"，关羽的"忠义之气"，司马光的"正直之德"，于成龙的"廉能之志"，陈廷敬的"清勤之能"，通过深入挖掘山西历史文化名人的精神内涵，汲取精神力量，引导全省干部群众深入了解山西历史文化名人、大力弘扬中华优秀传统文化。这是山西出版界贯彻习近平总书记殷殷嘱托的一项成果。

党的十九届五中全会吹响了建设社会主义文化强国的冲锋号，我省提出要凝心聚力建设新时代文化强省，熔铸发展软实力，增强文化晋军影响力，用璀璨文化之光照亮转型发展之路。我们相信，《三晋历史文化名人书系》的出版，一定有助于全省党员干部进一步深入贯彻落实习近平总书记视察山西重要讲话重要指示；有助于全省干部群众在新的历史起点上，加速转型发展，率先蹚出一条新路；有助于增强我们的历史责任感，重塑文化形象，坚定文化自信，为实现中华民族伟大复兴的中国梦奋勇前进。

山西出版传媒集团党委书记、董事长

序论

"文正公"司马光：
史学大师，百官楷模

后世通常尊称司马光为"司马太师温国文正公"，这是他去世后朝廷的封赠，"太师"是官职，"温国公"是爵位，"文正"则是谥号。

谥号是来自官方的总评价。宋人费衮在他的作品《梁溪漫志》里说："'谥之美者，极于文正。'司马温公尝言之而身得之。国朝以来有此谥者，惟公与王沂公、范希文而已。若李司空昉、王太尉旦，皆谥文贞，后以犯仁宗嫌名，世遂呼为文正，其实非本谥也。如张文节、夏文庄，始皆欲以文正易之，而朝论迄不可。"意思是说，"文正"是文官谥号的最高级，北宋167年里，得到这个谥号的，只有三位：司马光、王曾和范仲淹。李昉、王旦本来的谥号是"文贞"，因为宋仁宗名赵祯，为避讳才改称"文正"。夏文庄指夏竦，是宋仁宗的老师，宋仁宗要给他文正谥号，结果舆论反对，最终只好作罢。北宋的文正公只有三位，而北宋的宰相有72人，副宰相有238人，加起来310人，310人里的文正公只有三位，真正是百里挑一。

"文正"中的"文"主要指文化修养，意思是学术成就高，或者文学造诣深。

中国历史上素有"史界两司马"的说法，说的是中国历史上最伟大的两位史学家，一位是司马迁，他的《史记》被鲁迅先生称赞为"史家之绝唱，无韵之《离骚》"；另一位就是司马光，他主持编修的《资治通鉴》，是我国第一部通鉴体编年通史。今天我们关于历朝历代兴衰治乱的许多知识与见解，都是拜司马光之赐才得到的。《资治通鉴》是一部伟大的史学著作，是写给帝王的历史教科书，也被后来的史学家誉为中国传统史学的空前杰作。宋末元初学者胡三省评价说："《通鉴》不特记治乱之迹而已，至于礼乐、历数、天文、地理，尤致其详。读者如饮河之鼠，各充其量而已。"意思是说，《资治通鉴》不仅记载兴衰治乱，天文、地理等也都有详细记载，读者可以各取所需。清代学者王鸣盛这样评价《资治通鉴》："此天地间必不可无之书，亦学者必不可不读之书也。"意思是说《资治通鉴》不可无，是学者的必读书。清代的文正公曾国藩则评价说："窃以先哲惊世之书，莫善于司马文正公之《资治通鉴》，其论古皆折衷至当，开拓心胸。"意思是说，先贤的惊世著述当中，《资治通鉴》首屈一指，对史事的评价无不公允，使人心胸开阔。毛泽东的床头总是放着《资治通鉴》，有不少页都被读破了。仅凭一部《资治通鉴》，司马光就配得上"文"这个谥号。

然而，司马光还不仅仅是史学家。

司马光著作颇丰，据苏轼所作《行状》，计有《文集》八十卷、《资治通鉴》三百二十四卷、《考异》三十卷、《历年图》七卷、《通历》八十卷、《稽古录》二十卷、《本朝百官公卿表》六卷、《翰林词草》三卷、《注古文〈孝经〉》一卷、《易说》三卷、《注系辞》二卷、《注老子〈道德论〉》二卷、《集注〈太元经〉》一卷、《〈大学〉〈中庸〉义》一卷、《集注〈扬子〉》十三卷、《文中子补传》一卷、《河外谘目》三卷、《书仪》八卷、《家范》四卷、《续〈诗话〉》一卷、《游山行记》十二卷、《医问》七篇。

《文集》指《司马文正公传家集》，前十五卷是诗歌，司马光还是个勤奋、多产的诗人。《资治通鉴》《考异》《历年图》《通历》《稽古录》《本朝百官公卿表》都是史学著作。《注古文〈孝经〉》是研究儒家经典《孝经》的；《易说》《注系辞》是研究儒家经典《易》经的；《〈大学〉〈中庸〉义》是研究儒家经典《大学》和《中庸》的，都属于经学的范畴。《家范》是家规家训。《游山行记》是游记。《医问》是医学专著，司马光对医学也有很高造诣。

司马光的治学有一个特点，就是学问要实用。在研究学问方面，司马光是实用主义的，没用的学问他不研究。苏轼所作《行状》中说："其文如金玉谷帛药石也，必有适于用，无益之文，未尝一语及之。"意思是说，他的学问好比粮食、布帛、医药，都有实际的用处。这一点我们从《资治通鉴》可以看得清楚，他花19年时间编纂这样一部书，就是要为治国理政提供借鉴。

我们前边说过，司马光的谥号是"文正"，这是文官谥号的最高级。其中的"正"，主要指舆论评价，意思是说本人恪尽职守，众人交口称赞；换句话说，"正"指的就是官员的好口碑。

司马光任门下侍郎即副宰相，是在元丰八年（1085）五月二十七日。据史书记载，从出任门下侍郎算起，到元祐元年（1086）九月初一日去世，前后不过一年多的时间，但患病就占去了一半。司马光决心要以身殉社稷，亲自处理政务，不舍昼夜，宾客见他身体弱，就劝他说："诸葛孔明二十罚以上皆亲之，以此致疾，公不可以不戒。"意思是说，当年诸葛亮就是因为过于操劳病倒的，您不能不引以为戒。司马光说："死生，命也。"意思是生死就听天由命吧，反而更加投入。弥留之际，意识已经模糊，口中仍念念有词，像是在说梦话，可内容都是关于朝廷天下的大事。去世以后，家里人发现八页未及上呈的奏章，全是手札，谈论当今重要事务。司马光的生命本可以更长一些，但为了国家，他太拼了：事必躬亲，然后心安。司马光真可谓是鞠躬尽瘁，死而后已。

那么，舆论评价怎么样呢？

史书上说，司马光去世的消息传开，京师汴梁的老百姓纷纷停下手中的营生，赶去吊唁，甚至有人为购买祭品而卖掉自己的随身衣物。当时已经是深秋，卖掉随身衣物，可是要挨冻的。司马光的灵柩回夏县安葬，哭送的人成千上万，就连封州（治今广东省封开县东南）的父老，也相继前来祭奠。封州距离京师汴梁数千里，真不知道他们是怎么来的。朝廷派去护送灵柩的官员回奏说：老百姓哭司马光哭得非常伤心，就像哭他们自己的亲人一样；全国各地赶去送葬的，有好几万人。好几万人，这阵仗好大。京师的老百姓把他的画像刻版、印刷，家家都要请一幅，吃饭之前必先祷告；各地也纷纷托人前来京师求购，有画工因此致富。老百姓表达好感就是这样直接，千里迢迢赶来为司马光送葬，把司马光的画像挂在家里，吃饭之前必先祷告。这就是司马光在当时的舆论评价。

苏轼曾谈到司马光所以感人心、动天地的原因，概括为两个字："诚"和"一"。"诚"就是信，说一不二；"一"就是同，表里如一。苏轼又转述司马光的话："吾无过人，但平生所为，未尝有不可对人言耳。"意思是说我没什么过人之处，只是平生所作所为，没有不能对人说的。司马光为人低调而朴素，平生所作所为，没有不能对人说的，这就是表里如一。这话听起来简单，做起来却很难，扪心自问，我们有谁能够做到？这就是过人之处。史官认为：《传》所谓"微之显，诚之不可掩"，《诗》所谓"相在尔室，尚不愧于屋漏"，司马光真的做到了。"微之显，诚之不可掩"出自《中庸》，意思是说微小到肉眼不可见了，只有一个"诚"字。这是在说"诚"的重要性，"诚"是《中庸》的修养方法。"相在尔室，尚不愧于屋漏"出自《诗经》，意思是说即便在阴暗无人的地方，也要光明磊落。这是在说"一"。能真的做到这两条，是真的不容易。"诚"和"一"表现在为官上，就是恪尽职守。

朱熹，我们都很熟悉，宋代理学的集大成者、一个相当有才华的学者。对于作为学者兼政治家的司马光，朱熹评价说："温公可谓知、仁、勇。他那活国救世处，是甚次第。其规模稍大，又有学问，其人严而正。"意思是说司马光智、仁、勇兼备，他救国救世，是什么规模：格局颇大，又有学问，为人严谨正直。做到了"诚"和"一"，表现为品质就是严谨和正直。我们知道，智、仁、勇即智慧、仁德、勇敢，又称"三达德"，是儒家认为君子必须具备的三种德性。司马光研究学问与治国理政相辅相成，换句话说，"文"与"正"相辅相成。

司马光学问广博，尤其史学成就突出，是著名的史学家；他为官恪尽职守鞠躬尽瘁，是官员的好典范；他为人严谨而正直，真正做到了"诚"和"一"。

目　录

第一章

早年经历

砸缸救人

宋真宗天禧三年（1019）十月十八日，司马光出生在大宋光州（治今河南省潢川县）光山县（今河南省光山县）县官舍，他的父亲司马池，时任该县知县。

今天的光山县，有一座纪念性的建筑——司马光故居，这名字颇有点当下的味道。有意思的是，直到20世纪70年代，司马光故居仍是光山县委所在地。"司马光故居"的院子里有一口井，上面建有井亭，井亭旁有一石碑，上镌"司马浴泉"四字。据说光山有"洗三"的习俗，就是小孩出生三天后，要举行一个洗澡仪式。传说司马光就是用这口井里的水"洗三"的。这口井过去叫"司马井"。令人称奇的是，这口井至今依然水位很高，水也非常清澈，光山县委迁出之前，县委的机关干部，都吃这口井里的水。在光山县，不仅有司马光故居，还有司马光宾馆、司马光大道、司马光巷、司马光祠，等等。可见，我们这位先贤在他的出生地拥有多高的人气。

之所以取名司马光，是因为出生地的缘故。在给司马光取名这件事情上，司马池一定想到了自己的名字，并且参考了它。司马池之所以以"池"为名，是因为他出生在

"秋浦"这个地方。这位知县大人可能苦思冥想若干日子之后，突然就灵机一动，如法炮制，给自己的这个儿子取名"光"。司马池可能十分得意，因为与自己的名字相比，儿子的这个"光"字，不仅有出生地上的纪念意义，而且这个字本身也有着十分不错的寓意，比如光耀门庭、光宗耀祖等等。而司马光的字"君实"，据说是担心"光"字可能让人产生轻浮、不踏实的感觉，所以反其意而用之，算是一种补充和矫正。

我们都知道，司马光一生俭朴，不喜奢华。这种品性在他还是个小孩子的时候，已经有所表现：大人每每给他穿上华美的衣裳，或者戴上金银一类的饰品，他就会满脸通红，羞愧难当。

在我国古代，小孩出生就是一岁。第一个新年一到，人人都长了一岁，小孩就是两岁。所以，一个人的年龄，

《资治通鉴》草稿

如果在生日之前计算，他总比实际年龄大两岁，在生日之后计算，总是大一岁。在那个时代人们的观念里，都希望孩子快快地成长，因为长大后就会受到尊重。史书上说："光生七岁，凛然如成人。"也就是说七岁的司马光（实际只有五岁多或者六岁），行为举止已经完全像个成年人了。这跟我们现在说的"少年老成"，在含义上几乎完全相反；在当时，那是对人的一种赞许。

宋代官员的任期和现在一样，通常是三年。任职期满，由国家机构对他的政绩进行考核，叫作"磨勘"。幼年的司马光与父亲生活在一起，所以他的居所总在变动中。司马池曾监寿州（治今安徽省凤台县）安丰县（今安徽省寿县南）酒税，司马光的童年，有一段就在那里度过。多年以后，司马光送一位朋友去寿州附近的巢县（今安徽省巢湖市）任职，满怀深情地回忆起自己的童年时光和当地的风土人情：

> 弱岁家淮南，常爱风土美。悠然送君行，思逐高秋起。巢湖映微寒，照眼正清泚。低昂蘸荷芰，明灭萦葭苇。银花脍肥鱼，玉粒炊香米。居人自丰乐，不与他乡比……（《传家集》卷二《送崔尉尧封之官巢县》）

转眼，司马光已经六岁，当然实际不过四岁多或者五岁。著名的"青核桃事件"就是在这一年里发生的。它在司马光的成长历程中是一个标志性的事件，对他日后诚实守信品格的形成，有着非同寻常的意义。

事情的经过是这样的：一次，有人从家乡夏县捎来一些青核桃给他们。我们都知道，青核桃有一层肉质的皮，要剥掉那层皮，需要一点点技巧；如果只是一味硬剥，比较困难。他的姐姐就想那样做，结果费了好大的劲，效果却不明显。姐姐离开后，一位仆人把青核桃放进开水里烫了一下，再拿出来的时候，就容易多了。等姐姐想出了办法又折回来，司马光已经吃着核桃仁了。姐姐非常惊讶，问："谁这么聪明呀？"司马光随口就答："看不出来吧，是我呀！"这件事的前前后后给恰好路过的父亲司马池全部看到。这种事情对我们大多数人来讲，可能一点都不新鲜，在我们每个人身上，可能都曾经发生过，只是我们和我们的父母都轻轻地把它放过去了。做父母的一般会想：哈，小孩子么，天真无邪。或者：孩子蛮聪明的，懂得随机应变。再或者就是置之一笑，认为没什么了不起，不值得大惊小怪。但司马池不这样看，他大声呵斥道："小子何得谩语！"——小孩子怎么能说谎！显然，司马池是个很认真的父亲。有认真的父亲，就有认真的儿子。从此，司马光一辈子再没有讲过一句谎话。

后来，司马光在洛阳闲居，有个叫刘器之的人，中了进士不愿意做官，跑去洛阳向司马光问学。当时的司马光郁郁不得志，有人愿意向他问学，自然高兴得不得了，对这个学生可以说是倾囊以授。刘器之跟了司马光大约十年。

有一天，刘器之向司马光请教做人做学问的真谛，司马光想了想，说："一个字，诚。"这个"诚"就是认真，古人做人做学问的那种认真精神，在我们今天已十分罕见。刘器之回去想了三天三夜，也没想出个所以然来。于是又去见司马光，问该如何开始，司马光答："从不妄语中入。"——从不说假话开始。可见，当年那个小小的事件，对司马光的影响有多深。

从六岁起，父兄开始教司马光读书了。我们现在一般是七岁上小学，但如果算上幼儿园中班大班的时间，启蒙的年龄和司马光其实差不多。那时候儿童启蒙，都是从背诵入手。那些书，司马光都背得烂熟。对于五六岁的儿童来讲，理解当然是日后的事情。

当时安丰县有一位天才少年，姓丁，很有名气。丁姓少年不仅记忆力超群，过目成诵，而且文章也写得相当不错。这类智商极高的少年，在我们的成长经历中，一定都不止一次地遇见过。杰出总是让人羡慕。当时，父兄对司马光的期望就是，将来能像丁姓少年那样出类拔萃。但是，丁姓少年后来的发展，并没有司马光父兄想象得那样好，他仕途不畅：很大年纪了，才可怜兮兮地谋到一个小县令的职位，而当时他的同辈甚至年纪更小的后生，在职务上都远远超过了他。我们都知道，人的命运由多方面的因素决定，包括性格、机遇、天时、地利等等，并非全凭智商高低或者才气大小决定。

司马光的史学天赋，此时已有所表现。大约七岁的时候，他听人讲《左传》，就能领会大致的意思。这应该不难理解，因为与"子曰""诗云"比起来，史书有故事、有情节，自然比单纯的道理或者诗文容易为儿童所接受。回到家里以后，司马光又转口把听过的故事讲给家人听，并因此获得了夸奖。从此，司马光对史书兴趣浓厚，以至于爱不释手，对于口渴肚子饿、寒冷溽热季节变化一类的事情，都浑然没有知觉了。我们清楚，那都是兴趣所致。

砸缸的故事，大约也发生在这一年里。当时，司马光正和好多小孩子一起玩。院里有一口大瓮，瓮里蓄满了水。可能是用来防火的吧，像我们在故宫里见到的那种；或者相当于蓄水池，为灌溉花木之用；也或者两种用途兼而有之。不知道他们玩的是什么游戏，反正比较淘气的一位就上了瓮沿，一不小心，掉进了瓮里。孩子们都吓坏了，四散奔逃。司马光没有。他以最快的速度找来一块大石头，端起，狠狠向那口大瓮砸去。瓮破了一个大洞，水从大洞奔涌而出。掉进大瓮的小孩因此得救。当时的东京汴梁及西京洛阳一带，有人把这个故事绘成图画出售，风行一时，流传甚广。

到了十二三岁，司马光对书中的义理，渐渐有了自己的理解。

又过了两年，司马光已经十五岁，他对书无不通晓，文章也自成风格："文词醇深，有西汉风。"

父子多年

因为父亲的一声呵责，司马光一生不敢妄言。父亲虽对儿子很严格，但严格并不对父子关系构成负面的影响。相反，父亲的人品与官品，都曾是司马光模仿的典范。

司马池（980—1041），字和中，进士。其二十岁不到，就表现出独到的见解和眼光。解州（治今山西省运城市盐湖区解州镇）池盐南运，通常是这样的路线：蒲坂（今山西省永济市蒲州镇）—窦津（今山西省芮城县陌南镇）—大阳（今山西省平陆县茅津渡）。当时人们认为这样不仅绕远而且路也难走，于是开冷口（今山西省绛县冷口乡冷口村）盐道，从闻喜（今山西省闻喜县）往东，再经垣曲（今山西省垣曲县）往南。大家都认为这样很方便，可司马池说："前人为什么舍近而求远呢？恐怕近道有不便之处！"众人不以为然。当年夏天，山洪暴发，盐车、人、牛，全都被冲到了河里。众人始叹服。这是司马光出生前的事情，但司马光肯定辗转听到过。独立思考，不人云亦云，这就是父亲司马池。司马池否定近道，司马光砸缸救人，这里边有一脉相承的东西。

司马池还是一位大孝子。司马池幼年丧父，母亲皇甫氏独自将他养大。那年司马池进京赶考，殿试前夕，母亲病故了。朋友们为了不影响他考试，把报丧的家书藏了起来。但似乎是心灵感应，殿试前一晚，司马池辗转反侧无法入睡，心想：母亲一直有病，该不会有事吧？第二天到了皇宫门前，徘徊良久，跟朋友们讲了，朋友只说母亲得了病。司马池听后号啕痛哭，当即返乡。以孝传家，这是司马氏的家风，司马池是大孝子，司马光也是大孝子。

司马父子感情非常深。父亲司马池曾任遂州小溪县知县，任上他为百姓做了不少好事。当时，老百姓如果对一位官员有好感，就会把他的画像挂在厅堂里，像祖先牌位一样供起来。父亲司马池去世后，有一次，司马光送一位朋友前往遂州赴任，那位朋友告诉他：当地的老百姓还一直保存着令尊的画像，并常常念叨起他的好处。司马光听后，泪流满面。

又有一次，他送另一位朋友上任河南府（治今河南省洛阳市东）司录，而父亲司马池也曾任这个职位。因为这个共同点，司马光想起许多往事：

> 彩服昔为儿，随亲宦洛师。至今余梦想，常记旧游嬉。佐史头应白，书楼树已欹。闻君行有日，使我泪交颐。（《传家集》卷十三《送王瓘同年河南府司录》）

我们都知道，司马光出生在光州光山县，父亲时任光州光山县知县。当时皇宫遭遇火灾，灾后宫殿需要重建，向各州征调竹木。光州知府限期三天。司马池认为，光山不产大竹，必须去外地采购，三天绝对不可能办到，于是与百姓另外约定一期限，逾期完不成要接受处罚。结果光山县反而比其他县完成得都早。司马池办事不唯上，实事求是，从实际出发，朴实而稳健。我们从司马光的身上，可以看到司马池的影子。

　　司马池官越做越大，做到了群牧判官。冷兵器时代，马在战争中有着特殊重要的地位，因此，当时管理马政的机构群牧司直接隶属国家的最高军事机关枢密院，由枢密院决定官员的任命。群牧司判官在当时来说，属于一肥缺，争抢的人很多；但枢密院长官枢密使曹利用，根据公论选择了司马池。司马光大概因此懂得，声誉对人有多么重要，在官场的比拼当中，最后胜出的不是关系，而是长期积累的好声誉。在群牧判官任上，曹利用曾委托司马池，收缴大臣们所欠的马款，司马池说：命令得不到执行，是因为长官带头违犯。您现在就欠着不少，如果不先缴清，我怎么去向别人催收！曹非常惊讶，说经办人告诉他都缴清了呀！随后，曹即命人缴清了欠款。其他人见此情形，几天之内也都全部缴清。曹利用的闻过即改，司马池大概没有想到，他因此对曹心生钦佩。曹利用遭贬后，原来依附他的人害怕受到牵连，纷纷反戈，攻击曹利用。司马池却扬言于朝，说曹利用是被冤枉的。研究事不研究人，就事论事，对事不对人，司马池是做事的人，一心做事，不阿谀奉承，上司被贬，不落井下石，司马池正直如斯。

　　章献太后身边的太监皇甫继明，当时兼任群牧司下属估马司的头，负责给马匹定价并收购，他自称买马有赢利，要求升官。这件事交群牧司去核实，结果根本没有。其他人慑于皇甫的权势，明知他在瞎说，但觉得还是附会算了，只有司马池说不行。明知皇甫继明有权势，却绝不因为权势而有丝毫迁就，司马池可谓"威武不能屈"。我们将从司马光的身上，发现这些良好的家族基因。

父亲司马池在群牧判官任上，结交了司马光的恩师庞籍。

庞籍（988—1063），字醇之，单州（治今山东省单县）成武（今山东省成武县）人。

庞籍可谓能吏。开封知府薛奎是个很严肃的人，很少表扬谁，唯独对庞籍格外器重，待他很好，说："你将来必定官至宰辅，我不如你啊！"既而薛奎推荐他担任了开封府的法曹。群牧判官出现空缺，当时章献太后垂帘听政，走太后关系谋求这个职位的，就不下十人。显然此事比较棘手，决策者为此非常头疼，他私下琢磨，只有任用一位声望、才能、品行都能服众的人，才能堵住悠悠之口，于是将司马池、庞籍一同上报，果然获得太后的批准。

庞籍很有军事才能。宋仁宗庆历元年（1041），延州（治今陕西省延安市）前线缺乏统帅，于是以庞籍为龙图阁直学士知延州事，不久，又兼任鄜延路马步军都部署、经略安抚、缘边招讨等使。次年，改任延州观察使，庞籍坚辞，改任左谏议大夫。

庞籍对同僚及下属谦恭平易，凡有禀报，如有可取，即便文件已经下达，也会立即更改，从不吝惜。但他治军极严，违者或斩首，或鞭打至死，士卒因此敬畏。守军十万无壁垒，多寄住在百姓家，但秋毫不敢犯。将领出战前，庞籍都要约见，询问战略战术，取其所长，去其所短，讲明赏罚标准，言出必行。将领们因此不敢不尽力，战则有功。当时西夏元昊连连犯边，气焰十分嚣张，唯独鄜延路不敢接近，偶有小犯，即大败。庞籍将延州失地统统收复，又派部将狄青等，在险要处筑城十一座，腹地可耕的田地，都招募农民耕种，既安置了流民，也解决了军需。

庞籍在延州，凡修筑州城及堡寨，都调禁军去做。军队出塞作战，就要求从敌人那里解决军粮，草料也自己去割，回来以后报销。百姓因此免掉很多义务劳动，也不用远途供送粮草。庞籍离任的时候，百姓拦路大哭，说："先生用兵数年，从不曾麻烦百姓，虽以一子为香焚之，也不足为报啊！"送出很远，才散去。

宋仁宗庆历四年（1044），庞籍任枢密副使，相当于管理全国军事工作的第二把手。他说："陕西自开战以来，公私困竭，请合并当地的政府机构，并调部分守军到内地解决给养。"朝廷采纳了他的建议，国防开支因此大大降低。庆历八年（1048），庞籍任参知政事；皇祐元年（1049），以工部侍郎任枢密使；皇祐三年（1051），任同中书门下平章事兼昭文馆大学士，即宰相。

庞籍对司马光的一生影响非常大，这一点我们后文将会看到。现在，司马池与庞籍同为群牧判官，二人志同道合，出处如一，相互看到对方的优点，彼此欣赏和敬重。庞籍常来司马池家做客，司马光都会侍立一旁。庞籍注意到这个沉稳的少年，向朋友问起少年的姓名及功课，并抚摩着少年的头，谆谆教导，像对自己的儿子那样。

司马池在三司盐铁副使任上时，他的"同年"张存，奉调回京，任三司户部副使。两人是"同年"又同在三司工作，既是"同年"又是同僚，拉近了两人的关系。后来张存成了司马光的岳父。

张存，字诚之，冀州（治今河北省衡水市冀州区）人，进士及第。此人在治家上颇有特色，平日居家也跟在官府里一样：不穿戴整齐，不见儿孙；向儿孙们训话，有时一训就训到了晚上，也不说让他们坐下；处理家庭事务，也像处理公务一样，事无巨细，有条不紊。能识人，前后向朝廷举荐过的官员，达数百人之多，但没有一个不称职的。

当时，司马池与张存同朝为官，常常相互走动，司马池常去张存家里做客，张存也常来司马池家里拜访。在父亲的特意安排下，司马光每每这时候，就左右侍候着，做些端茶倒水的事。父亲这样安排，大概为让儿子从父辈们的言谈举止中增长见识，学会待人接物的礼节。前文我们已经说过，司马光在童年时，举止已经像个成年人了。现在他的行为更加稳重。这位未来的岳父大人，一见司马光，就喜欢得不得了，大加赞赏，做出很高的评价。然后，既不咨询神祇，也不请媒人周旋，当即拍板，等司马光长大成人，就将自己的一个女儿嫁给他。

张存当然并不糊涂。像所有负责任的父亲一样，他也希望给自己的女儿找到一位杰出的丈夫。我们已经说过，此公识人的本领了得，他一定已经预见，眼前的这位翩翩少年，具有相当的潜能。在宋代像张公这样择婿的并不普遍，但也绝非仅有。当时以识人自许的士大夫，许多都喜欢用这种办法。这情形跟我们现在买股票一样，需要眼光，需要胆识；选择虽有一定难度，但正好可以检验自己的能力。这自然有一定风险，但此公对自己的判断，显然非常有信心。

我们知道，司马光自出生以来，一直跟随着父亲司马池。父亲司马池四处为官，司马光也得以遍历各地。

天圣（1023—1032）年间，父亲司马池曾任利州路（治今四川省广元市）转运使，相当于省部级官员。父亲公务之余，喜欢带着司马光游览当地名胜。消遣当然是一方面，另一方面，他希望通过游历，增长儿子的经历和知识。每到一处，父亲都要作诗，在诗中描绘当地的风光景物及当时的所思所感。父亲作完诗，将毛笔饱蘸浓墨，把诗句写进墙壁，诗末郑重署上"君实捧砚"。后来，一位倾慕司马光人品的朋友在利州路做官，把这些题诗全部刻石。

此年司马光已经十五岁，按照大宋的"恩荫"制度，他正面临着一次机会：根据司马池的级别，朝廷恩赐他两

司马光《天圣帖》草稿

个名额，允许他的两个子孙不必通过考试即可进入仕途。司马望多年前已经夭亡，两个名额并无多余。但司马光把属于他的那个名额，让给了他的一位堂兄。这种谦让并非没有道理，司马光对自己的才学非常有把握，况且当时对"恩荫"为官的人有很多限制，比如不许担任台谏官、翰林学士、经筵官，不许任外交使节，不许主持科举考试，不许任职国子监等教育机构，等等。通过恩荫进入仕途，可能会使司马光感到某种缺憾。

后来又有个机会，司马光终于接受了，官阶是郊社斋郎，不久转为将作监主簿。宋代官员有官阶，表示级别的高低，又有职位，表示实际负责的事务。郊社斋郎和将作监主簿都是官阶，只有官阶没有职位，司马光不需要干什么。这种情况下，他可以继续为科考做些准备。

第二章

初仕、守孝

○
○

华、苏判官

　　宋仁宗宝元元年（1038），司马光进士及第，名列进士甲科。同年，与父亲好友张存之女结婚，司马光二十岁，张氏十六岁。

　　这一年的季夏，也就是夏历的六月，一位叫郎景微的"同年"，要泛舟南下，回老家会稽（今浙江省绍兴市）省亲，可算是衣锦还乡。行前他一定要司马光作文序别，于是司马光写下《送同年郎景微归会稽荣觐序》。从这篇序文来看，司马光与郎景微两家可谓世交：两人的父辈就是"同年"，又同朝为官，还是好朋友；他们二人起初都以"恩荫"入仕，官职也相同，此次又一同中进士。司马光在序文中写道：

　　　　进士此科见重于时久矣，自两汉而下，选举之盛，无与为比，乃至贩鬻给役之徒，皆知以为美尚，是以得之者矜夸满志，焜耀于物，如谓天下莫己若也，亦何惑哉！贤者居世，会当蹈仁履义，以德自显，区区外名岂足恃邪！（《传家集》卷七十）

意思是说，进士历来为世所重，就是贩夫走卒也都知道艳羡，但贤者生存世间，应为践行仁义，以德立世，区区浮名又何足道哉！

司马光现在不过二十岁，在我们今天看来，当然还很年轻，但他已经胸怀天下。一段时间以来，家人几乎被他搞得神经衰弱：夜里睡得好好的，会被突然惊醒，蒙眬中就看见司马光匆匆忙忙爬起来，穿好官服，手执笏板，正襟危坐很长时间。因为他常常如此，家人渐渐习以为常，只是弄不清楚他到底为什么这样。后来一位很亲密的朋友问起，司马光回答说：我当时忽然想到天下大事。

当时，司马光的父亲司马池任同州（治今陕西省大荔县）知州，而司马光的另一位"同年"石昌言就在父亲手下做事，时任同州推官。司马光因公常常要去同州，因便拜见父母，享受天伦之乐，公私兼顾，两不耽误。同时，也与石昌言游览当地名胜。

石昌言，即石扬休，昌言是他的字，眉州（治今四川省眉山市）人。司马光说："光为儿始执卷，则闻昌言名。"石昌言成名很早，中进士却较晚。虽是"同年"，石昌言比司马光大二十三岁；此年司马光二十岁，石昌言四十三岁。现在看来，已经完全是两代人。

可能因为早年贫穷的缘故，石昌言对富人有种强烈的憎恨。同州推官任满后，石昌言又做过中牟县（治今河南省中牟县东）知县。中牟县位于京师汴梁西郊，土地贫瘠，百姓穷困，但赋税劳役却很重，本该富人们承担的部分，也要由普通百姓来分担。当时，如果户主隶属国家的某个机构，就可以免除赋税和劳役。中牟县的富人们纷纷设法将自己变成隶属太常寺的乐工，小小的中牟县，像这样的就有六十多家。石昌言立即向有关部门禀报，请求全部解除这种虚假的隶属关系。

石昌言曾以刑部员外郎任知制诰，但史家认为那不是他的专长。后来官至工部郎中，相当于今天的工业和信息化部副部长。

石昌言生性闲散，不大与人交往，但喜爱动物，在家里豢养了猴子、仙鹤，平日居家，就逗弄逗弄这些动物，或者看看书、吟吟诗，自娱自乐。他从不把工作带回家，跟家里人谈话，也从不提及公事。司马光说他为人质朴忠诚，小心谨慎，不熟悉的人会觉得他很庄重，一举一动皆有法度；但当你真的接近他了，就会发现他很谦恭，而且温厚善谈笑，直听得你心醉，舍不得离开。石昌言是那种性格非常内向的人，敏感而自卑，司马光大概是他不多的好朋友之一。

石昌言喜欢攒钱，这可能也跟他早年的贫穷有关。石昌言出使契丹，住的地方潮湿又简陋，路上受了"风毒"，得了很严重的病。他自己可能感到来日无多，于是向朝廷请假，回到家乡，洒扫坟墓，算是向先人告别。过去石昌言在家乡的时候，很穷困，缺吃少穿，离开的时候只是一介平民，十八年后以高官的身份返乡，过去的那帮穷哥们儿都说："昌言一定会接济我的。"可是石昌言没舍得出一个子儿。而当地的富人们，为了巴结石昌言，纷纷送礼给他，石昌言则是来者不拒，然后席卷而去。

现在，司马光与石昌言相携而游，像两个要好的老同学那样。平日里石昌言寡言少语，但和这个比自己小不少的"同年"在一起，他一点也不感到拘谨，有说有笑，十分高兴。他们常去的一个地方是龙兴寺。据说这所寺院的所在，曾是隋文帝的一所宅子。寺里有一通隋代古碑，碑文系隋代一名人撰写，两人努力辨认并读出那些被青苔和时间磨损的碑文。寺院的墙壁上有一幅唐朝著名画家吴道子的遗作，可惜没有完成，是一幅未竟之作。有人说他是要等着后世的画家来补全它。面对壁画，两人又是一番品评。

宋仁宗宝元二年（1039），二十一岁的司马光为他人的文集写下一篇序言。此序并非应作者之请，因为当时作者已经去世了。司马光读到一些文章，发现作者是一位真正的儒者，很欣赏他，所以自愿搜集了他的文章，编订成册，并为作序。

这位真儒名叫颜太初。当时天下不尚儒学已久，但此人却愿意身体力行：读先王之书，不斤斤于某字某词，而是从整体上把握意旨；而且并不到此为止，他还要在自己身上和乡里实践出来；更进一步，他要将先王之道发扬光大，于是考察国政得失，并发而为诗歌、文章。

其人事迹如下：

宋仁宗景祐（1034—1038）初年，青州（治今山东省青州市）的地方官员，倾慕魏晋人嵇康、阮籍的风度，为数不少的士大夫争相效仿，一时间在社会上蔚然成风。颜太初认为这是在败坏风俗，立即作了一首《东州逸党诗》，以为讽喻。这首诗传到了皇帝手里。地方官员如此，必然影响国家机构的办事效率，皇帝自然不能同意，青州的地方长官，不久就被治罪了。

又有郓州（治今山东省东平县）的地方长官，对一位不愿与自己同流合污的属下怀恨在心，于是找了个借口，将他下狱。这个属下在狱中郁郁而终。死者的妻子想要申诉，可那位地方长官怎能允许？颜太初与死者生前关系不错，朋友白白冤死狱中，他为朋友感到愤愤不平，就又作了首《哭朋诗》。那个地方长官因此被罢官。

当时已经有人向有关方面举荐了颜太初，认为他学问渊博，文章不错，建议朝廷派他去国子监任教。但一个御史不喜欢颜太初，向皇帝讲他的坏话，说他狂妄而偏执，会把学生教坏的，因此改为河中府（治今山西省永济市蒲州镇）临晋（今山西省临猗县临晋镇）主簿。后来颜太初又担任过其他一些官职，但调来调去，不是什么判，就是什么司，不是什么簿，就是什么尉。在宋代，这一类的官职，即便最不济的人，混上若干年也能混到；但才识卓越如颜太初者，仕途十年，到死还是这一类职位。颜太初去世的时候才四十多岁。

司马光在同州收集到颜太初的文章两卷，又找到他写的《同州题名记》一篇，合起来编为一集，并亲自作序。司马光这样做，是希望真儒颜太初的言论能够传之久远，因为他确信，颜太初的文章将有益后世。

不久，父亲司马池同州任满后，改任杭州（治今浙江省杭州市）知州。

为方便侍奉双亲，司马光辞去本应升迁的官职，请求去杭州附近的平江军（治今江苏省苏州市）做一名判官。宋代的杭州是两浙路的路治所在，平江军隶属两浙路。很快，请求得到了批准。

至迟于宋仁宗宝元二年（1039），司马光履平江军判官任。

司马光在那一年，结识了李子仪。李当时侨居苏州，还未考中进士，但十分有才华。司马光与同僚们谈起他，说："人要是资质高，一般做事就差些；而要是擅长做事，资质往往就又差些，总之无法两全。像李子仪这样不仅资质高，又擅长做事，前途不可限量，我等难望其项背。"果然两年后，李子仪进士及第，声名鹊起。又过了五年，司马光与李子仪同在太学为官。宋仁宗皇祐三年（1051），宰相文彦博出镇许昌，到地方上去做官，很多士大夫都想跟随报效，但文彦博最终选择了李子仪。当然，这些已是后话。

我们现在常说，"上有天堂，下有苏杭"。眼下，司马光在苏州，父亲司马池在杭州，父子二人双双置身于人间天堂。苏州和杭州相隔不远，又同属两浙路，所以司马光可以方便地前往杭州。在杭州自然要游览一番，首先是西湖：

佳丽三吴国，湖光荡日华。鱼惊动苹叶，燕喜掠

杨花。云过山腰黑，风驱雨脚斜。烟波遥尽处，仿佛见渔家。（《传家集》卷六《西湖》）

司马光常去的地方，还有广岩寺。那里有一种奇特的竹子，司马光觉得它们很好玩：

草木类同而种殊者，竹为多。杭州广岩寺有双竹，相比而生，举林皆然。其尤异者，生枯树腹中，自其顶出，森然骈竦，树如龙蛇相萦，矫首研然。予见而赋之。

双干标枯腹，青青凡几霜。龙腾双角直，鲸喷两须长。讵欲寻支遁，安能问辟疆。屡来非别意，未与此君忘。（《传家集》卷六《双竹（有引）》）

当然还有钱塘潮：

平江欲上潮，古木自萧萧。两岸饶葭苇，寒波浸寂寥。

淋淋出海门，百里雪花喷。坐看东归去，平沙空有痕。

（《传家集》卷六《潮水（二首）》）

当时，家乡有位小有名气的诗人冯亚。冯亚字希贤，他学诗于著名隐士兼诗人魏野，尽得其真传。他的诗很得某位名人的赏识。可惜的是他英年早逝，四十岁不到就去世了。魏野的诗在当时大行其道，冯亚的诗与他的差不多，名气却相去甚远，只在家乡流传。现在想来，这可能与寿命有关：魏野长寿，而冯亚去世太早。另外，可能也与模仿有关：我们都知道，作诗写文章，最忌模仿，你可以从模仿开始，但最终一定要有自己的风格；模仿总给人等而下之的感觉，不论多好，总是次一等的东西。不得志的诗人去世后，他的儿子觉得有责任使父亲的作品流传后世，便将父亲的诗作编辑成集，打算在杭州刻版印刷。

在杭州，诗人的儿子找到了杭州的最高长官司马池。司马池将这件事交给司马光去办。司马光觉得刻板这个方法不是最好的，他说："这个世俗的社会往往不辨真伪——难以得到的，就会倍加珍惜；司空见惯的，就不当一回事。因此，不如藏在家里，有志同道合者，就抄一份给他，这样你就是想不让它流传都难。要是刻了板，就可能有不懂诗为何物的人，敢对它大加指责；大众心理无常，如果众声附和，必将毁了老先生的盛名。"诗人的儿子听从司马光的建议，放弃了刻板印刷的计划。司马光为那部诗稿写了一篇序，连同诗稿一起，还给了诗人的儿子。

唐代中后期，党项人主要生活在今天的陕西省北部。宋朝建国后，党项人在辽国的支持下，不断骚扰宋朝西部边境。景德二年（1005），宋辽缔结"澶渊之盟"，结束战争状态。一年后，党项向宋进贡求和，接受宋朝皇帝的册封、赐姓，成为宋朝的属国。

宋仁宗宝元元年（1038）十二月，元昊反叛，建国号为夏，自立为帝，要与宋朝皇帝平起平坐。得到奏报，朝廷一方面调兵遣将，组织防御，一方面诏令陕西、河东沿边，禁止边境贸易，对元昊实行经济封锁。接着又诏令三司每年给嘉勒斯赍绫绢千匹、片茶千斤、散茶千五百斤，又加授他为保顺军节度使、邈川大首领。嘉勒斯赍居青唐（治今青海省西宁市）西，此时比较富强，朝廷希望他从背后牵制元昊。

宋仁宗康定元年（1040）正月十八日，元昊攻陷金明寨（治今陕西省延安市安塞区南），乘胜直抵延州城下。五月十一日，又攻陷塞门寨（今陕西省靖边县东南）。五月二十二日，再攻陷安远寨。西夏兵力强盛，大宋边境告急。

我们现在知道，大宋国家除了"积贫"之外，还有"积弱"，打胜仗的记录寥寥无几。时人在笔记中记道："自陕西用兵，惟兔毛川胜捷者，由劈阵刀也。"意思是说，与西夏开战以来，宋军有过一次大捷，制胜法宝就是所谓的"神盾劈阵刀"。这个是由杨偕发明的。元昊反叛，杨偕将它献给仁宗，曾以五百兵士，为皇帝演练。具体的方法就是外围以车环绕，内部排列盾牌，盾上雕刻猛兽，设有机关使开合，用来惊吓敌方的战马，也可以防箭。大臣们当时都觉得滑稽可笑，但后来真的起到作用。当时宋军与敌对垒兔毛川（窟野河曾经的支流，流经今陕西省北部），敌方是一支亲军，以铁鹞子阵出战。铁鹞子阵也称"铁林"，就是将骑士以绳索贯穿马上，这样，即便战死也不会倒下。

大宋军队的弓弩对它不起作用。于是请出了"神盾劈阵刀"：劈铠甲，豁马肚子，马受惊奔逃，敌阵大乱，掉下山崖、沟壑摔死的不计其数，宋军因此大捷。

可惜此类大捷实在太少。宋仁宗康定元年（1040）六月二十一日，诏陕西、河北、河东、京东、京西等路，据州县户口，登记百姓为乡弓手、强壮，即民兵，以防盗贼。河北、河东路的强壮，自咸平（998—1003）以来就有，但承平日久，州县不再训练，多徒有其数。于是诏二路选补、增加，并推广至其他各路。

远在东南的两浙路，也未能幸免。

司马池一定就此事与司马光交换过意见，并最终统一了认识。作为杭州的地方长官，父亲觉得有责任向朝廷奏明这里的实际情况，以及自己的观点。年轻的儿子现在已是朝廷的官员，父亲大概认为，应该让他得到锻炼。而且，儿子在某些方面的能力，比如对环境的适应和熟悉，比如人际交往等等，已经明显超过自己。经过慎重考虑之后，父亲将起草奏章的工作交给了司马光。于公于私，这种安排都合乎情理。

我们来看约一千年前，地方官给皇帝的这份奏章，题为《论两浙不宜添置弓手状（先公知杭州为作）》：

> 臣窃观两浙一路与他路不同，臣谨条列添置弓手不便事件如左，伏惟圣恩省察，少加详择焉。
>
> 当今西戎梗边，三方皆耸，人心易动，当务安

之。一旦异常诏书，大加调发，擐甲执兵，学习战阵，置指挥使、节级等名目，颇似军法，以为欲效河北、陕西沿边乡兵，谓国家以权计点之，假名捕盗，渐欲收为卒伍，戍守边防。吴人轻怯，易惑难晓，道听途说，众情鼎沸，至欲毁体捐生，窜匿山泽。臣虽明加告谕，严行止约，愚民无知，不可户说。诚恐差点之后，摇动生忧。其不可一也。

吴越素不习兵，以故常少盗贼。不过聚结朋党，私贩茶盐，时遇官司，往往斗敌，在于两浙，最为剧贼。然皆权时利合，事讫则散，不能久相屯结，又无铦利兵器，止偷商税，不敢剽掠平人。近年以来，虽亦颇有强盗，然比诸内地，要自稀疏。今避差点者，若窜匿无归，必列为寇，加以弓矢刀锯之类，许其私置，自今以后，贼盗必多。及私贩茶盐之徒，皆有利兵抗拒，吏士益难擒讨。积微至著，渐不可久。其不可二也。

奸吏贪饕，惟利是务，不畏法令，不顾公议，幸得因缘，惟喜多事。今计杭州管界，当差若干人，他州比率，大凡有几，县胥里长，于兹相庆。民既忧愁而又胁之，烦苦不安而又扰之，所规自润，岂顾其外？虽朝廷重为惩禁，特倍常科，长吏劳心，不能悉察，厚利所诱，死亦冒之，加以版籍差误，户口异同，毫厘不当，互相告决，追呼无时，狱讼不歇，则民未暇为公上给役，而先困于贪吏之诛求矣。此之搔扰，势不能免。其不可三也。

民皆生长畎亩，天性戆愚，所知不过播种之法，所识不过耒耜之器。加之吴人驽弱，天下所知。一旦使弃其所工，学所不能，徒烦教调，终无所成；就其有成，不堪施用，则是虚有烦费，而与不添置无异。其不可四也。

吴子寿梦以前世服于楚，自申公巫臣得罪于楚，逃奔于晋，为晋聘吴，教之乘车，教之战阵，其后楚人戎车岁驾，早朝晏罢，奔命不息，以至吴亡。自是以来，号称轻狡，远则刘濞，近至钱镠，其间承风，倔强无数。岂唯其人之跋扈，亦由习俗之乐乱也。幸赖祖宗之驯致、陛下之敦化，至德之醲，沦于骨髓，暴乱之风，移变无迹。此皆上天降佑，前世所不能庶几者也。今忽无故黩玩威棱，狎侮危事，示以逆德，弄之凶器，生奸回之心，启祸患之兆，臣恐似久非国家之至便，所以万全而无害。其不可五也。

方今两浙虽水旱稍愆，未至流殍，闾阎无事，盗贼不添。纵使有之，旧来吏士，随发擒讨，其有余力，不假更求。正恐平居兴役，有害无益而已。臣职忝密近，官备藩方，不敢默默，理须上列。伏望陛下特令两浙一路，更不添置。或以事须过防，旧人太少，则乞只依近降敕命，量加添补，更不立指挥使等名目。阅习诸事，一如旧规。贵得众情大安，别无生事。

（《传家集》卷十八）

对奏章所涉及的种种细节，今天的江浙读者，读来一定更觉亲切。

此份奏章虽由儿子代拟，但负责人终究还是自己。司马池看过奏章的草稿之后，一定做过修改润饰的工作。

看来司马池不过是在履行自己的职责，但正常履行职责也会得罪人。可能正是由于这份奏章，父亲司马池得罪了两浙路的转运使——他们可能就是奏章中所指的"奸吏"，本想借添置乡弓手的机会大行搜刮的，而这篇奏章恰恰妨碍了他们。

夏县守孝

宋仁宗康定元年（1040），一件不幸的事情降临，司马光的母亲聂氏猝然逝世。按照大宋礼制，司马光应当立即辞去官职，回家为母亲守孝，称作"丁内艰"。

祸不单行。当年九月初九日，因两浙路转运使江钧、张从革的弹劾，父亲司马池调任虢州（治今河南省灵宝市）知州。江、张所列司马池罪状有二：一为"决事不当"，就是决策失误；一为"稽留德音"，就是未及时转达施惠宽恤的诏书。江钧、张从革弹劾司马池后，恰好有人因偷盗官府银器，羁押在杭州州狱，供称为江钧掌私厨，江比规定的数额超支一半以上。又有越州（治今浙江省绍兴市）通判偷运货物，偷税漏税，却是受张从革的姻亲所托。有人对司马池说，正可以弹劾，借机报仇，而司马池只简单说："吾不为也。"时人称颂司马池为长者。

不久，司马池再调任晋州（治今山西省临汾市尧都区）知州。仕途不顺，又遭妻丧，司马池的精神状态，我们可以想见。宋仁宗庆历元年（1041）冬十一月，父亲司马池在晋州任上病逝，享年六十三岁。司马光继续为亡父守孝，称作"丁外艰"。

司马旦、司马光兄弟俩泣护灵柩回到故乡夏县。

宋仁宗庆历二年（1042）秋八月，葬父于涑水南原晁村祖茔，与先夫人曹氏、母夫人聂氏合葬。又请父亲的生前好友庞籍为撰碑铭。

双亲相继亡故，这当然是人生中最悲哀的事情。司马光此时进入仕途不久，父母的养育之恩尚未来得及报答，但这种机会永远不会再有了。此事成为司马光一生中最大的遗憾。司马光说自己平生一想起来，就心乱如麻。

宋仁宗庆历二年（1042）冬，父亲刚刚安葬不久，司马光的情绪仍极低落。大约就在此时，司马光为人写下一篇墓志铭。

逝者是一位武官，其家距离司马光的家乡不远。司马光一生中很少写这类东西。这一次所以接受，原因之一是受一位朋友的嘱托；另外的原因，可能就是那家儿子的孝行，感动了司马光：那位孝子听到父亲逝世的消息，痛哭不止，立即动身，七天赶了一千三百里路。他的父亲是在长沙（今湖南省长沙市，时为潭州州治所在）任上去世的，距离家乡遥遥数千里。当时的惯例，这种情况下，子孙一般都是将灵柩就地焚化，然后带着亲人的骨灰，返回家乡安葬。这位孝子坚决不同意这样做，硬是跋涉辗转数千里，将父亲的遗体带回家乡。孝子总是容易被孝子感动。

按照大宋礼制，司马光要为逝去的父母守孝数年。苏轼在《司马文正公行状》中说司马光"执丧累年，毁瘠如礼"，也就是说他按照礼制为父母守孝多年，因为哀伤过度而极端消瘦。儒家主张守孝期间，应回归简单与质朴，这既是礼制的要求，也是自然的需求，哀痛时无心讲究奢华。在简单与质朴中，感受父母的养育之恩，完成向生命的致敬。因为守孝，司马光也得以长时间生活在这片印满祖先足迹的古老土地上。自出生以来，司马光还很少有这样的机会。

哀伤是人之常情，但不可能连续数年天天如此，也没必要。

此时，夏县县尉孟翱是司马光的"同年"。此人智商极高，记忆力超群，当然也有用心的成分在内：虽然担任县尉的时间不长，却已经对县域内山脉湖泊的地理分布、地势的险易、道路的远近、村落的名称以及分布的疏密，无不了如指掌，说来如数家珍。县内的胥吏、士卒多达数百人，人口超过万户，各人的品性善恶、各家的财产多少、居住的地点、粮仓的数目，孟翱谈起来都是条分缕析，头头是道。司马光对此人的能力佩服得不得了，认为他如此本事仅做一县尉，简直就是"激疾风以振鸿毛，委洪波以灭炬火"。不久，孟翱果然获得推举，被朝廷提拔为某县的县令。

孟翱显然是一位再好不过的导游。司马光几乎天天和孟翱在一起。在孟翱的导游下，司马光不仅得以饱览家乡风光，同时对家乡的基本情况，也有了了解。这是件惬意的事情。

但并非全是惬意，朝廷正在这里登记"乡弓手"，就是民兵。

西部与元昊的战事仍在继续。正如我们预料的那样，大宋国家的军队败多胜少，士卒战死者，动辄万计。宋仁宗康定元年（1040）六月二十一日，朝廷曾有诏书颁下，令陕西、河北、河东、京东、京西等路，根据州县户口，登记百姓为乡弓手、强壮，以防盗贼。这一点我们记忆犹新。但防盗只是个幌子，实际的目的，是要作为正规军的预备或补充，在正规军不足的情况下，顶上去。

此次征召，不论贫富的等级，凡家有三丁，即选其一充当"乡弓手"。起初朝廷的通告上明确声明，只是守护乡里，绝不刺充正规军或屯戍边境。但通告还张贴在城门楼上，前线形势突然吃紧，情急之下朝廷食言，将乡弓手全部刺面，充保捷正军，令于边境屯戍。宋代正规军士兵，脸上都要刺字。富有的人家可以出钱找人顶替，贫家就没有这种便利了。正规军尚且动辄全军覆没，又何况临时拼凑的乡弓手呢？这基本就等于白白送死。百姓听到这个消息，好像人人有丧，家家遭劫，号哭之声，此起彼伏。有人逃走，官府就扣留他们的父母妻儿，又加紧追捕，把他家的田产出售，充作奖金，悬赏捉拿。既已编入军队，有关人等又千方百计打他们家产的主意。衣食不足，要到自家去取；等到屯戍边境，家人更要千里供送。祖辈、父辈辛苦积攒起来的财产，日销月铄，以至于尽。一家挨着一家，相继衰败。而这些乡弓手平生所熟悉的，不过是种桑绩麻、耕田耘地，至于使用武器，虽天天勤加教练，仍不免生疏；加之生性愚直，胆小怯懦，临敌之际，一有机会，就想逃走。这样，不仅自己死掉，而且影响整个战局。后来朝廷知道他们没用，于是大加淘汰，发给"公凭"，令其自便，自谋生路。可是这些人游手好闲惯了，再不肯下辛苦去干庄稼活了，况且田产已尽，即便愿意，也根本没有可能。他们痛哭流涕，受饿挨冻，流离失所，最后不知所终。

司马光守孝在家，他看到百姓的痛苦，当作自己的痛苦；但说出来的机会，要等到数年之后。如今，他只能在心里默默记下它们。

读书写作原是书生的本业。这些年里，除了处理必要的事务，以及与孟翱的游历，司马光大概把剩下的时间都用来做这件事情了。在《司马文正公传家集》里，明确标注写于这段时间的文章只有三篇：《十哲论》《四豪论》和《贾生论》。我们清楚，一定远远不止这些。

《十哲论》是一篇读书随笔。

我们都知道，孔子弟子三千，其中贤者七十二。当时流行"十哲"之说，就是从七十二贤人中，又选出最为突出的十人。国家祭祀孔子的时候，"十哲"供奉在堂上，其余则布列东西两侧廊下，祭祀所用礼器数目也有不同。司马光认为错了，说这不是孔子的意思。

《四豪论》是一篇读史札记。

所谓"四豪"，就是战国时的齐国孟尝君、魏国信陵君、赵国平原君及楚国春申君。这篇文章是要考察此"四君"中，谁是最好的"人臣"。司马光提出个标准："凡人臣者，上以事君，中以利国，下以养民。"然后以这个标准为准绳，一桩桩、一件件地去衡量他们的作为，最后得出结论："当以信陵为首，平原次之，孟尝又次之，春申为其下矣。"

《贾生论》是另一篇读史札记。

贾生即汉代的贾谊。当时，世人多以为贾谊才华横溢，只可惜生不逢时，没遇上好皇帝，否则，三代可复，盛世立现。司马光认为不见得，贾谊所学不纯正，虽有才华，但用以治国，未必有效。"何以知之？观其书而知之。"贾谊数次上书汉文帝论当时形势，说可为痛哭者，诸侯太过强大，就好比脚指头粗过了大腿，小腿粗过了腰，若不及时处理，时间一久，必成祸患。司马光认为不对，治理天下，只怕政令刑罚不立，不怕分封诸侯过强；贾谊的建议未被采纳，但终文帝之世，诸侯不曾为患。贾谊又说，可为流涕者，匈奴不服。司马光认为也错了，说匈奴是未开化的国家，与禽兽没什么不同，"天下治而不服，不足损圣王之德；天下弊而得之，不足为圣王之功"。天下太平人民富足，即便匈奴不臣服，也无损皇帝德行；天下大乱民不聊生，即便匈奴臣服，也不算皇帝有功。而且，治理天下的工具，无先于礼仪；安定天下的根本，无先于嗣君。贾生却将二者列在后边，以为是余事。司马光问："舍国家之纪纲，遗天下之大本，顾切切然以列国外夷为虑，皆涕泣之，可谓悖本末之统，谬缓急之序，谓之知治体何哉？"意思是说贾谊这样本末倒置，怎能叫知治国大体呢？

古来丧有三年之制，但在北宋，父母并丧，通常是连续守孝五十四个月，即四年零六个月。在实际执行当中，满四十八个月，即四年整，就可以脱下孝服。此时可以自由外出，但还不能正式返回仕途，要等到半年以后方可出仕。

现在，父亲的生前好友庞籍，正担任着延州知州兼鄜延路马步军都部署经略安抚、缘边招讨等使。宋仁宗庆历四年（1044）春，司马光从家乡夏县出发，前往延州，看望庞籍。

关于延州，当时有纪事诗说："沙堆套里三条路，石炭烟中两座城。"从这些句子，我们不难想见当日延州的荒凉；又说："土洞里头行十日，山棚上面住三年。"意思是说中倚高山，自过"蒲中"，就是今天的山西省永济市，要在土谷中走"十程"，才能到达。

去延州的路上，要经过一座"相思亭"，在大山脚下，两条河流在附近汇合。往来行人只知道亭子的名字，却搞不清它的意思。当时，西北战事不断，征伐戍守不停。"我徂东山，慆慆不归。我来东山，零雨其濛"，以及"昔我往矣，杨柳依依。今我来思，雨雪霏霏"。《诗经》中的这些句子，我们一定耳熟能详。司马光驻足"相思亭"，想到近年来的所闻所见，又想到《诗经》里的那些诗句，一下子豁然开朗，一口气作诗五首，解释"相思亭"名所蕴含的意义：

其一

岭上双流水，犹知会合时。行人过于此，那得不相思？

其二

偃蹇登修阪，高侵云日间。几人征戍客，跋马望家山。

其三

塞下春寒在，东风雪满须。河阳机上妇，知我苦辛无？

其四

柳似妖饶舞，花如烂漫妆。那堪陇头水，呜咽断人肠。

其五

空外游丝转，飘扬似妾心。别来今几日，仿佛近雕阴。（《传家集》卷七《上郡南三十里有相思亭，在大山之麓，二水所交平皋之上，往来者徒习其名，莫详其义。庆历甲申岁，余适延安，过于其下，于时夏虏梗边，征戍未息，窃感〈东山〉〈采薇〉之义，叙其情而愍其劳，因作五诗，庶不违周公之指，且以释亭之名尔》）。

在延州，庞籍携司马光游览了延州的南城。从司马光当日的诗文里，我们读到他对这位长辈的钦佩；另外，还可以知道，千年前的延州南城中，有这样一些景物：迎薰亭、供兵硙、柳湖、飞盖园、翠漪亭、延利渠、缘云轩、禊堂。

然后，司马光来到鄜州（今富县，治陕西省延安市南）。在那里，司马光思念远在异地的老朋友聂之美。可是路途遥遥，司马光只好怅然写下《鄜州怀聂之美》：

何言内外家，忧患两如麻。别泪行三岁，思心各一涯。海边昏雾雨，塞外惨风沙。安得云飞术，乘空去不遑。（《传家集》卷六）

第三章

重返仕途

滑州判官

宋仁宗庆历四年（1044）秋，司马光守孝已满，他返回仕途，出任武成军（即滑州，治今河南省滑县）判官。

滑州因境内有一测景台，所以又称滑台。滑州是一个很袖珍的州，仅辖韦城、白马、胙城三县，时属京西北路；但奇怪的是，从地图上看，滑州与京西北路的主体并不相连，中间还隔着京畿路。滑州在东北方向的黄河岸边，孤零零地与西南方向的京西北路主体遥遥相对。大宋国家的京师汴梁属京畿路，滑州距离汴梁，不过百余里路程。

滑州的州治就在黄河岸边，司马光早晨起来，就可以到河边去散步。某个清晨，司马光闲庭信步，来到了黄河岸边，他即兴写下当时的所见所感：

> 高浪崩奔卷白沙，悠悠极望入天涯。谁能脱落尘中意，乘兴东游坐石槎。（《传家集》卷七《河边晓望》）

秋天很快过去，接下来是北方漫长的寒冬。滑州地处黄河南岸，冬天会异常寒冷。一位朋友任职京师，司马光寄诗给他：

雪后余冰尚缀檐，月华霜气入疏帘。难堪琼玉惊心骨，坐觉清寒几倍添。(《传家集》卷七《武成致斋奉酬吴冲卿寺丞大学宿直见寄二首》)

但寒冷并不妨碍司马光与同僚们游河亭的兴致。在滑州，隔河可以望见太行山的树和积雪。著名的白马津就在不远处。宋仁宗庆历四年（1044）冬，司马光与诸同僚游河亭，向北遥望太行山的积雪，饮酒赋诗。酒是文人的灵感。司马光与诸同僚先是狂饮，然后是狂吟，酒精和激情让大家彻底忘记了寒冷。河里的冰塞满白马津，太行山的雪照亮林端。大家高兴得不得了，吟了很多诗，也饮了不少酒，全体醉倒。到后来虽然困乏已极，仍旧阔谈不止；看看已是黄昏，却丝毫没有归意。

宋仁宗庆历五年（1045）二月二十三日，一位同僚因为职务的变动，将要离开。按照当时的习惯，司马光写了一篇序赠给他。司马光在那篇序里写道："人非至圣，必有短；非至愚，必有长。至愚之难值，亦犹至圣之不世出也。故短长杂者，举世比肩是也。是以君子之取人也，不求备：称其善，不计其恶；求其工，不责其拙。"意思是说君子与人交往，不求全责备。这些话是赠给朋友的，当然也是自己的态度。以这种态度待人，自然容易交得朋友。

司马光有以上的临别赠言，是因为他对用人问题多有思考。这种思考体现在庆历五年（1045）所写的《圉人传》

中。这篇传记的传主，是洴国的圉人，就是养马人。全篇不足五百字，属于"托传"，类似寓言故事，洴国与圉人，都是子虚乌有，司马光只是借来讲帝王用人的道理。传记说：洴侯有烈马，招募驯马者，有圉人应募。圉人养马数月，烈马服服帖帖，随主人所欲。洴侯很高兴，重赏此圉人，拜他为圉师。圉师遭人嫉妒，被洴侯撵走。数月后，烈马故态复萌。洴侯不得已，又将圉人召回，谢罪并虚心求教，圉人侃侃而谈，讲出一番道理，并推而广之，谈到国家如何任用才智之士："故明君者，节其爵禄，裁其缓急，恩泽足以结其心，威严足以服其志，则士生死贵贱之命在于君矣，虽剽悍何忧哉？"故事的末尾说，洴侯听了大喜，将圉人封为上卿，结果洴国大治。这篇传记说明，司马光对用人问题思考很深入，临别赠言不过是有感而发。在写下这篇传记的当年，司马光被召回京师，这样的职务变动，或许与这篇传记有关。

河里的那些冰块冬天很安静，可到了春天，就成了灾难："河灾泛东郡，庐井多堙沦。"上游的河冰已经融化，下游的还没有。无路可走的河水纷纷涌上堤岸，滑州顿成泽国。地方官员一面慰问安抚受灾的群众，一面组织抢修堤坝，排除积水。宋仁宗庆历五年（1045）春，司马光在黄河堤坝上指挥抢险，一连好多天吃住都在那里，等到完工才发现，河边的青草已经葱翠如茵。

我们已经知道，此时司马光的职位，是签书武成节度判官，就是滑州知州的助手。滑州下辖的韦城、胙城，两个县的知县，论官阶和年龄，都比司马光高；但两位逢年过节，都要给司马光写贺牍，大约类似今天的贺卡，或者过年过节的短信，贺牍措辞谦恭，礼数完备，感觉像是写给知州大人的。这让司马光局促不安："是以日夜鞠躬重足，继为书启，布之左右，乞停此仪，以安反侧。"韦城的张知县，从善如流，知而后改；胙城的郭知县，却坚决不改："祈请喋喋，不垂允纳。"大概他以为司马光口是心非，表面上推辞，心里头受用，于是继续写贺牍，而司马光"每得一纸，流汗沾足"，俨然就是桑拿浴。司马光不得已，只好再次致信郭知县："凡此过礼，率从剪削。"这种事在一般人，可能稍事推脱，如果对方一味坚持，就听之任之，安之若素了；但司马光不这样，他会再三地写信。司马光的认真，于此可见一斑。司马光不存非分之想，不该得的礼遇不要。稍后我们还会看到，不该得的赏赐，他也不要。

春天的紧张很快过去。入夏，轻松下来。公余休息，同僚们常常聚饮。佐酒的有绿色的李子和甘美的甜瓜。大家高谈阔论，妙语连珠，其间不乏诙谐。僚友们互相笑闹，声震屋瓦。

就在这个夏天，司马光以武成军判官的身份，出任韦城的代理知县。

一件棘手的事情摆在了司马光的面前：时间已是夏末，而韦城久久无雨，田里的庄稼都干死了。因为墒情不好，根本无法补种。仓库基本没什么存粮，老百姓的生活成了问题。

按照当时人们的思维习惯，认为这是龙王降怒。司马光现在是一县之长，他必须为百姓的生存负责，必须想出解决的办法。当时的科学技术还无法人工降雨，可行的办法只有一个，那就是备些酒食，向龙王求雨。宋仁宗庆历五年（1045）的夏末，韦城代理知县司马光，率领韦城的官员百姓，来到当地的豢龙庙，向庙中的龙王求雨。在那篇祈雨文中，司马光的史学专长得以发挥。他先历数龙王的家世："昔者圣王设官分职，畜扰（驯养）神物以为人用，后世丧业，神寔（同"实"）继之，知龙嗜慾（yù，欲望、嗜好），服事夏后，王嘉神劳，胙以此土。"接着指出，目前的状况已是龙王的失职。然后，司马光向龙王讲明利害："民实神主，神实民休；百姓不粒，谁供神役？邑长有罪，神当罚之；百姓无辜，神当爱之。天有甘泽，龙实司之；以时宣施，神寔使之。槁者以荣，死者以生，旱气消除，化为丰登，然后自迩及远，粢盛（zī chéng，盛在祭器中的谷物）牲酒，以承事神，永永无斁（yì，厌弃）。"司马光是在为韦城的百姓求雨，但也像一个尽职的臣子那样，努力要使龙王懂得，天旱对于龙王自己，也实在没有什么好处。

那些年里，司马光利用闲暇时间读书，并写下数量惊人的文字。这些文字后来被改编之后，写入《资治通鉴》。

《廉颇论》写于宋仁宗庆历五年（1045）。廉颇与蔺相如的故事已是家喻户晓，一般人会认为蔺相如使赵国免受欺凌，因此蔺相如贤于廉颇。司马光认为，此非通论：秦国所以不能欺凌赵国，绝不是口舌言辞那么简单，而是因为赵国有廉颇，他使赵国国治兵强。蔺相如做的几件事，比如"完璧归赵"，司马光认为和氏璧不过玩物而已，得之不足为重，失之不足为轻；蔺相如的选择却可能给赵国带来危险，所以并非人臣爱君之道。再比如渑水之会，蔺相如逼秦王击缶，司马光说此举与小人无异。蔺相如若能辅佐赵王，示弱于秦以使秦骄，忍受耻辱以使赵怒，崇德修政，或许灭了强秦，历史从而改写，也未可知。蔺相如的唯一可称道之处，就是他还比较大度，在廉颇愤愤不平要杀他的时候，还知道以全局为重，不与计较。

这些文字，有些非常简短，简短到只有一句话、几十个字：

君子以正消邪，捐之以邪攻邪，宜乎其不济矣。
（《传家集》卷六十七《贾捐之》）

有的稍长一些：

夫兵之设，非以害人，所以养人也，残暴如此，其谁与之！秦七世役诸侯，卒兼天下，然其失策之大者有三焉：欺楚怀王而虏之，不信莫大焉；坑赵降卒四十万，不仁莫大焉；欺与国，诛已降，使诸侯疑而百姓怨，不智莫大焉。秦所以失天下之故多矣，在此三者，于不信之不信，不仁之不仁，不智之不智。是以始皇坟草未生，而四海横溃，宗庙为墟。究其祸，本兆于此矣。(《传家集》卷六十七《秦坑赵军》)

这些短小的文章读来颇觉亲切，它们当初或许只是司马光随手写在书页空白处的所感所想。

宋仁宗庆历五年（1045）冬，司马光任职期满，启程赴京。同僚们全体出动，为他送行。大家不免说京师不比滑州、宦海多艰、仕途险恶之类告诫的话，司马光却显得很有信心：

际日浮空涨海流，虫沙龙蜃各优游。津涯浩荡虽难测，不见惊澜曾覆舟。(《传家集》卷九《留别东郡诸僚友》)

大伙儿跟着送出很远，已经饮了不少的酒，也吟了很多的诗。时间很晚了，回首望城楼，已没烟岚中。司马光吟出以下惆怅的句子，与众人作别：

空府同来贤大夫，短亭门外即长涂。不辞烂醉樽前倒，明日此欢重得无？(《传家集》卷九《留别东郡诸僚友》)

回到京城

滑州距离京师并不遥远，司马光很快到达，可是迟迟未获任命。

直到宋仁宗庆历五年（1045）的季冬，司马光仍在等待新的差遣。这可不是着急就能办到的事情。好在京师人文荟萃，有许多社会名流值得拜访，比如梅圣俞。

十二月的京师，风沙惨烈，瘦马瑟缩不前，童仆饥肠辘辘，以手掩口，手足皲裂。而司马光与梅圣俞谈诗论文，久久不出，童仆等在寒风中，心里窃骂，牢骚满腹。司马光终于攥着梅圣俞的赠诗出来，红光满面，意气风发，就像刚刚用罢大餐：

> 归来面扬扬，气若饫粱肉。累累数十字，疏淡不满幅。自谓获至珍，呼儿谨藏蓄。（《传家集》卷二《投梅圣俞》）

这情形仿佛粉丝见到自己的心中偶像，司马光手里攥着的似乎就是偶像的亲笔签名。

虽有名流可以拜访，但那个冬天仍不免寂寞。司马光独自客居京师，想到去年此时，与滑州的同僚们共游河亭、遥望太行雪、饮酒赋诗的情景，不禁怅然：

多事光阴驶，离群会合难。谁知尘满袖，今日客长安。(《传家集》卷九《去岁与东郡幕府诸君同游河亭望太行雪饮酒赋诗，今冬罢归京邑怅然有怀》)

并非真的长安，而是汴梁。

直至宋仁宗庆历六年（1046）的早春，司马光依然未获任命。想到当初与滑州同僚们临别时的踌躇满志，司马光不免自惭，因此写下《早春寄东郡旧同僚》：

楼台带余雪，寒色未全收。久负入关意，空为同舍羞。清樽接胜友，飞盖从贤侯。应恨春来晚，烟林已数游。(《传家集》卷七)

大约于宋仁宗庆历六年（1046）的七月或者稍早，司马光终于获得任命，是大理评事，就是大理寺的法官。可是，这个任命对司马光来说，简直就是灾难。

从这一时期的诗文中，我们读到司马光的苦况：对审判、断案的工作极陌生，很担心考核时被定为不称职，只好拼命恶补；寓所里有一张八尺长的藤床，他却连靠一靠的时间都没有；到了晚上抱着枕头刚睡下，蚊子又来骚扰；每天的工作就是提审犯人，查阅案卷，审问时难免用刑，犯人们的惨叫声听来极不舒服；这项工作不仅劳累，而且违背人的天性。

这种景况使司马光想到"人生"一类形而上的词汇以及逃亡：

> 嗟嗟宦游子，何异鱼入罾。夺其性所乐，强以所不能。人生本不劳，苦被外物绳。坐愁清旦出，文墨来相仍。吏徒分四集，仆仆如秋蝇。烦中剧沸鼎，入骨真可憎。安得插六翮，适意高飞腾。（《传家集》卷二《夜坐》）

只有晚上，才属于自己。奔忙了一天，终于回到住处，夜深了，童仆已睡。关上门闭上窗，一个人在灯下涉猎批阅，感觉就像服役多年后，终于回归故园，或者像久别的老友，又忽然邂逅。司马光惊奇地发现，读书与白天大理寺的工作比起来，一样都得费精神，心理上却一喜一忧，感觉完全不同。他前后思忖，得出这样的结论："人生无苦乐，适意即为美。"

可眼下别说适意，就连暂时的逃避都不可能。大理寺的官员平常从不休息，连法定的节假日也得照常上班。终于，有机会可以休息一天。司马光为这天写了一首很长的诗《旬虑十七韵呈同舍》，其中详细罗列了这一天所做的事情、这一天的放松和畅快以及对明天又不得不一切照旧的无限遗憾：

> 府官无旬休，虑问乃游息。诏书禁从诣，还舍始

朝食。缓带对藜羹，下箸免促迫。门前吏卒散，却扫谢来客。北轩有藤床，今晨始拂拭。蓬发乱宜梳，霜髭闲可摘。开囊晒药物，发笥出书册。菊畦亲灌浸，茶器自涓涤。于时孟秋末，天晴色绀碧。林叶虽未零，风声已渐沥。神明还九藏，清气袭百脉。征夫解甲胄，疲马脱羁靮。蜚鸟开樊笼，跳鱼出鼎鬲。形骸尽我有，不复为物役。虽非久安逸，幸得少顷适。讼庭止敲扑，咫尺异喧寂。明朝不能然，顾盼愁月夕。（《传家集》卷二）

一切只为一份俸禄而已。我们都知道，陶渊明不愿向上级点头哈腰，自愿放弃了俸禄和官位，这一点大概是他有名后世的重要原因。司马光想到了陶渊明，说自古以来的贤人，都喜欢按自己的意愿行事，哪管什么荣和辱。照这样下去，司马光恐怕只有辞职回家了。但不久事情出现了转机。

司马光在煎熬中过了半年多。宋仁宗庆历七年（1047）的二月中旬或者稍晚，司马光调任国子直讲，就是国子监的教师。

宋代的国子监，是教育管理机构兼最高学府，有判监事二人，全权负责监内一切事务；直讲若干，以经术教授诸生，由京官或朝官充当。司马光现在的情形，大致就是国子监的兼职教师。虽然只是兼职，但在司马光看来，比大理寺的工作，已经好出千百倍。

当时的国子监已经搬至锡庆院。锡庆院以前是接待外国使节的国宾馆，地方比旧国子监要宽敞些。此时国子监的学生大约一百或者一百多点。

庞籍已于宋仁宗庆历四年（1044）升任枢密副使。次年，即宋仁宗庆历五年（1045），庞籍曾向朝廷举荐了司马光。此次兼职，不用说也由庞籍促成。

司马光的情绪，因为此次兼职而大为改善。春天他与同僚们出去游玩，并写下他的好心情：

> 冠盖郁相依，名园花木稀。游丝萦复展，狂絮堕还飞。积弩遗风陋，兰亭旧俗微。何如咏沂水，春服舞雩归。（《传家集》卷十一《上巳日与太学诸同舍饮王都尉园》）

司马光再次想到了陶渊明，他在写给朋友的一首诗中说道：把板折腰迎来送往的事情，现在一件都没有了，可别像陶渊明先生那样弃官归隐啊。这话既是讲给朋友听的，又像是司马光的自言自语。

当时的同僚中有李子仪，他是司马光任平江军判官时结交的朋友。现在两人同在国子监任职，老友加同僚，自然更亲近。他们几乎天天在一起，探讨学问，其乐融融。

司马光曾与馆阁同僚上《乞印行荀子扬子（法言）状》。

荀子，即荀卿；扬子，即扬雄。此二人都是儒学史上的大师级人物。当时国家"博采艺文，扶翼圣化"，大力发展文化事业，已有包括药方在内的许多书籍，得以印行。但《荀子》、扬子《法言》二书，民间虽也有私本，但文字讹误多多。司马光等请下诏崇文院，将《荀子》、扬子《法言》旧本，仔细考校，雕版送国子监，依诸书例印卖。

元丰五年（1082）正月，司马光的妻子张氏，在洛阳去世。元丰六年（1083），司马光作《叙清河郡君》，文中忆起他们共同经历的一件旧事：他在国子监任职的时候，没几件衣服，一夜贼来，席卷而去，天气渐渐转冷，被子很薄，无棉絮，有客来，无衣衫见面，狼狈得很，因此不免嗟叹。张氏却笑说："但愿身安，财须复有。"——只盼人没事，钱财总还会再有。司马光听后释然。

宋仁宗庆历七年（1047）十一月冬至，宋仁宗率百官于圜丘祭祀天地，大赦天下。这是宋代最高规格的祭祀典礼，三年一次，非常隆重。司马光非常兴奋，写下《庆历七年祀南郊礼毕贺赦》：

> 雷鼓千通破大幽，天开狱钥纵累囚。驿书散出先飞鸟，一日恩流四百州。（《传家集》卷十一）

驿书比飞鸟快，王则比驿书更快。就在宋仁宗宣布大赦的当天，贝州（治今河北省清河县西）军卒王则占据州城发动叛乱。

王则原籍涿州（时属契丹，治今河北省涿州市）。涿州发生饥荒，王则逃荒到了贝州。在贝州无以为生，给人放羊。后来入伍，为小校。贝州、冀州一带，历来妖妄之说盛行，是邪教的发源地，他们宣称释迦牟尼佛已经衰落，弥勒佛当为主宰。当初，王则离开涿州的时候，母亲与他诀别，并在他的背上刺了一"福"字，作为将来相认的标记。信徒中间传说王则背上的"福"字时隐时现，于是争相信奉他。贝州的官吏张峦、卜吉为王则出谋划策，在德州（治今山东省陵县）、齐州（治今山东省济南市）一带联络教众，相约次年正月初一日举事。但王则的一名手下身藏利刃，去谒见北京（今河北省大名县）留守时被抓，于是将举事日期提前为冬至这天。当时，王则自称"东平郡王"，封张峦为宰相，封卜吉为枢密使，国号"安阳"，又称自己的住所为"中京"，改年号"得圣"。旗帜、号令都是佛教的名称。州城中又以一楼为一州，补信徒们为知州。

庞籍现在是枢密副使，平定叛乱自是本职。司马光对行军打仗并无经验，但庞籍对自己恩重如山，知恩就要图报。司马光应该是在第一时间写信给恩公庞籍。在那封长信里，司马光首先写道：孔子说不在其位，不谋其政。国家大事，朝廷一定早有方略，而我职位卑微又非专业，还要发狂愚之论，干预其间，简直就是大错特错。但我听说，受人之恩而不图报，形同猪狗。我虽不才，怎么忍心做出猪狗的行径，忘掉您的大德，不对您有所帮助呢？我日夜思虑所得，假使能报答您的恩情于万一，即便大错一回，也在所不辞。

虽非行伍出身，对打仗、行军没有直接经验，但史书上此类先例比比皆是。司马光凭借着读史的经验，竭尽全力为恩人谋划，以图报答。

贝州叛乱被平息，是在六十五天后。当时，官军从地道进入贝州城，活捉王则。平息叛乱的总指挥官，是参知政事文彦博。

宋仁宗庆历八年（1048），庞籍升任参知政事，就是副宰相。这一年，因为庞籍的再次举荐，司马光被召试馆阁校勘，并获通过。

宋代以史馆、昭文馆、集贤院为三馆，都位于崇文院内，后又在院内建秘阁。三馆及秘阁都是国家的藏书之所，相当于国家图书馆。宋真宗天禧（1017—1021）初年，置检讨、校勘等官，称为"馆职"，隶属秘书省。检讨与校勘的主要职责就是管理图籍，并备皇帝顾问，相当于皇帝的高级秘书。

宋代的官员，有官，有职，有差遣。"官以寓禄秩、叙位著"，就是说"官"只是工资多少、品级高低的标志；"职以待文学之选"，就是说"职"是授给出色的学者或者作家的；"而别为差遣以治内外之事"，就是说"差遣"才是货真价实的职务。其次又有阶、勋、爵，都是虚衔。"故仕人以登台阁、升禁从为显宦，而不以官之迟速为荣滞；以差遣要剧为贵途，而不以阶、勋、爵邑有无为轻重"，意思是说官员们看重的是登台阁、升禁从以及要紧的差遣，其他都不在乎。馆阁校勘即属于"台阁"范围。时人有谚：

"宁登瀛，不为卿；宁抱椠，不为监。"

此次提拔显然已属破格，而且专职读书，更是司马光梦寐以求的。司马光接连写了两封感谢信给恩公庞籍。其中一封信，司马光描述了自己获得任命后的感觉："荣耀过分，不寒而栗。"在另一封信中，司马光说："朋友之道沦丧已经很久了，到了近世，更有甚者，早上两人还是你好我好，到晚上就成了对头。更何况生死相隔，地位悬殊？如果还能说出旧日朋友的名字，承认还曾相处得不错，已属难能可贵。至于还要诱导其子弟，使之成就事业，自卵而生翼，自默默无闻而至光耀显达，普天之下能有几人？"接着又说："我听到这项任命，非常惊恐，不知道自己究竟凭什么。静下来仔细思忖，难道是先人的余泽恩及后人吗？敢不早晚记着您的勉励，日夜想着您的教导，增益己之优长，减少己之所短，希望不埋没先人的谆谆教诲，不辜负您的鼎力举荐，报答朝廷的破格提拔。除了这些，我不知道还有其他什么可做？"

现在，他任职馆阁，有权借阅皇家的珍本秘籍，简直就是坐拥书城。很快，司马光完成著述两种：《名苑》及《古文〈孝经〉指解》。前者大约是一部词典类的工具书，后者则是对古文《孝经》所做的注解。

孔子曾与弟子曾参论孝，《孝经》就是当时门人所作的记录。孔老夫子讲话，遣词造句都特别节省，这种讲话方式好处很明显，就是精练；坏处也很明显，就是容易产生歧义。所以弄清楚孔老先生说话的真正含义，就成了后世儒家学者的重要任务。儒家认为治家与治国，道理完全一致，所以《孝经》学历来是一门显学，宋以前的研究者，历代都不在少数，多时有五十多家，少时也不下十家。当时的《孝经》有古文、今文两种：西汉时鲁恭王拆孔府旧宅，从夹墙中发现二十二章本《孝经》，因全用先秦大篆书写，故称古文《孝经》，当时学者孔安国，用汉代通行的隶书重新抄写，称为隶写古文《孝经》；孔子以后，经秦始皇焚书坑儒，天下儒书，扫地无遗，汉代颜芝的儿子得到《孝经》十八章，儒生相互传抄，是为今文《孝经》。古文与今文，何者为真何者为伪，汉代以后，一直争论不休。司马光认为，古文《孝经》与古文《尚书》都是在夹墙中发现的，现在都知道古文《尚书》为真，却怀疑古文《孝经》为伪，这简直就跟相信切成条的肉能吃，却不相信烤熟的肉能吃一样荒谬。

宋代皇家所藏《孝经》共有三种版本：郑玄注《孝经》、唐玄宗注《孝经》以及古文《孝经》。

司马光此著以隶写古文《孝经》为底本，但不排斥今文《孝经》，而是两者互相参照。今文《孝经》旧注中未解释透彻的，司马光将其引申；今文《孝经》旧注不符合原意的，司马光将其更换。

宋仁宗皇祐元年（1049）的科举，赵概（字周翰）为侍讲，知贡举，司马光为贡院属官。当时有诏，有能讲解经义的，可将姓名单独奏上，应诏的有数十人。考官问以《春秋》《礼记》要义。其中一人的答对最为精详：先列注疏，再引先儒异说，最后是自己的论断。共二十问，所答都是如此。考官非常吃惊，擢为第一。此人就是刘恕，时年十八岁。司马光因此慕重，并与相识。我们知道，司马光编修《资治通鉴》，刘恕是他的主要助手之一。

这一年八月，仁宗策试应贤良方正、能直言极谏科的考生及武举进士，司马光与范镇受诏雠校试卷。

先说范镇。

范镇（1007—1088），字景仁，成都华阳（今四川省成都市）人。薛奎守蜀，范镇时年十八岁，薛奎与语，喜欢得不得了，让他住在府舍，给子弟们讲学。范镇越加谦让，常步行至府门；这样一年有余，大家都不知道他是长官的座上宾。薛奎任满还朝，载以同归。有人问薛奎此次入蜀有何收获，薛奎说得一奇才，当以文学名世！当时原宰相宋庠与弟弟宋祁名重一时，对范镇也称赞不已。宋祁与范镇结为布衣之交。范镇因此名扬科场。

范镇做人十分低调，心态也相当好。宋代科举是先由礼部进行初试，然后再由殿试进行复试，决出最后的名次。范镇礼部考试是第一。按照惯例，殿试后唱第过三人，礼部的第一名，必定高声自陈，然后被置前列。欧阳修素称耿介，仍不免从众。范镇却不。同列多次催他，他都不动。直到第七十九人，才随呼出应，然后又平静退回，终无一句辩解。后因参政的推荐，召试学士院，考官读错字，却认为他在押韵上有问题，仅补为馆阁校勘。当时专家都为他鸣不平，他却泰然处之。

范镇为官识大体。曾做谏官，宰相陈执中的宠妾，将一婢女鞭打至死，陈因此受到御史的弹劾。御史打算赶走陈，但找不到理由，就诬陷说陈与女儿私通。此事如果属实，属乱伦，性质非常恶劣。范镇曾论陈执中不学无术，不是宰相的合适人选。此时却上奏说，今阴阳不和，财匮民乏，盗贼猖獗，监狱充斥，执中当任其咎；而御史舍大责细，盯住人家的私生活，如果以此为进退，那是因一婢而逐宰相。国家设台谏官员，是为了去除谗言，而不是制造谗言。如果事实果真如御史所说，则陈某可斩；如若不然，御史也可斩。御史们大怒，又联手弹劾范镇，说他阿附宰相。范镇毫不顾忌，竭力为宰相辩解。

范镇勇敢。仁宗即位三十五年，未有继嗣；嘉祐初突然得病，连续十多天认不清人。范镇说："天下还有比这更重大的事吗？舍此不言，只挑细枝末节塞责，是真的有负于国，那种事我不干！"于是上奏论继嗣，接二连三，仁宗都未作批复。范镇因此杜门家居，自求责罚。有执政对他说："干吗学那些博虚名图上进的人呀？"范镇回答说："继嗣不定，国家将有兵变，我应死于国家的刑罚，不可死于乱兵之下。这是我选择死法的时候，还要顾忌博虚名图上进之嫌，而不作取舍吗？"又上疏说，"臣估计大臣们的意思，是怕事情中途发生变故，所以为身家性命考虑，畏首畏尾。可万一兵连祸结，家小性命都将不保，他们的计划岂不都要落空？即便中途真有变故，为国殉职岂不强过死于乱兵？请陛下以臣此章出示大臣，使其自择死地。"闻者为之股栗。调任兼侍御史知杂事，以言不从，坚辞。三次面陈，言辞愈加恳切。范镇哭，仁宗也哭。上疏十九次，待命百余日，须发皆白。终于授给别的官职，仍一有机会就要提起继嗣，并献赋以讽。

范镇与司马光是"同年"。两人平生相得甚欢，彼此认为不及对方；生前曾约定，生则互为作传，后死者为作墓志铭。两人在许多事上的观点不谋而合，言论如出一人，先后如左右手。司马光常对人说："吾与景仁兄弟也，但姓不同耳。"但在论雅乐这件事上，两人反复争论，终生不能统一。人们因此知道，两人决非苟同者。

我们都了解，科举制度到了宋代已经相当成熟，为防作弊，阅卷人阅卷期间暂时要被封闭起来，不许外出。司马光和范镇同为考官，寓值景福殿东厢，凡三日。司马光三天里作了十三首诗，从这些诗里我们知道，司马光至少有一个晚上，夜不成寐。仁宗曾赐酒、水果等给他们。所赐水果包括了荔枝、葡萄，但更多叫不上名字；司马光曾悄悄将吃剩的果核揣在怀里，打算带回去种。景福宫附近有古柏、菊、怪石、木芙蓉等物；古柏很老，很高大，菊已经开放，怪石和松树、桂树在一起，木芙蓉还没开。考试武举人除了比试骑马射箭以外，还要考文化课，就是写文章。阅卷工作很忙，甚至晚上还要在灯烛下继续；武人文章妙处自与文人不同，一上来先让人感觉到勇气，后以巧心发以新语，也颇具可观之处。

宋仁宗皇祐二年（1050）春，司马光请求休假，很快得到了批准。这次休假是为返乡省亲并祭扫先茔。驱马驰出京师，司马光即兴写下《出都日途中成（请告归陕及之汾阴省兄时所作）》：

贱生习山野，愚陋出于骨。虽为冠带拘，性非樊笼物。扬鞭出都门，旷若解徽绋。是时天风恶，灵沼波荡汩。龙鼍互骞腾，鸥群远浮没。川原寖疏豁，烟火稍萧瑟。草木虽未荣，春态先仿佛。桑稀林已斜，柳弱条可屈。蛛丝胃晴阳，鼠土壅新窟。徐驱款段马，放辔不呵咄。与尔同逍遥，红尘免蓬勃。（《传家集》卷二）

返乡总是件令人高兴的事情。春天的时候，我们喜欢去郊游，冬去春来，自然的景色都给人苏醒的感觉，这种感觉让人兴奋。郊野的空旷，也给人脱却桎梏的轻松。司马光此时，正感到这种振奋和轻松。

但并不全是振奋与轻松。不久，司马光就哭了一鼻子，写下《重经车辋谷》：

昔年道经车辋谷，直上七里盐南坡。今年行役复到此，方春流汗如翻波。中涂太息坐磐石，涕泗不觉双滂沱。我生微尚在丘壑，强若麋鹿婴虞罗。人逾三十只有老，后时过此知如何？云泉佳处须速去，登山筋力行蹉跎。（《传家集》卷二）

车辋谷我没去过，但当代作家、潞盐研究专家周宗奇先生去过。它现在的名字叫车辋峪，是昔日河东潞盐外运的主要通道车辋路的一部分，据摩崖石刻记载，它始凿于北周大象二年（580）。周先生描述说："从该村（牛家院）西南口入山，攀登约一里多路的陡坡，即进入一条盘山小道，上望悬崖摩天，下瞰幽谷深邃，路面碎石硌脚，大石挡道，艰难行走约五华里，方见到一方台地……南临一道深谷……"司马光指的车辋谷，可能就是南临的那道深谷。可惜周先生惜字如金。司马光坐在半山腰，痛哭流涕。盛极而衰的自然规律让人无可奈何，那是谁也没有办法的事情。

直到盛夏，司马光仍在夏县。那个夏天非常炎热，涑水完全干涸。

司马光此次还乡，建了一所新居。新居有"南斋"，可能就是坐南朝北的房子，司马光将它当作书房。南斋前有树，树长得很高，还有草，早晚会感到些凉意。清扫工作完成后，司马光请人将自己的书搬进去。帮忙的人可能就是姓全和姓董的两位秀才，以及两位侄子司马良、司马富，因为司马光安顿好书籍后写的那首诗，就是专门赠给他们四人的。

夏县司马氏此时已是一个大家族。截至这一年，十四位侄子到了取字的年龄。要给十四位侄子找到寓意深刻的字，绝非轻而易举。司马良和司马富我们都已熟悉，他们是司马光兄长司马旦的儿子。司马良，字希祖，司马光解释说，诗云："毋念尔祖，聿修厥德。"君子修德，是为了他的祖先，怎可不勉力而为。司马富，字希道，司马光说，智者富于道，愚者富于财，你要勉力于道。其他，司马京，字亢宗；司马亮，字信之；司马禀，字从之；司马元，字茂善；司马育，字和之；司马齐，字居德；司马方，字思之；司马爽，字成德；司马衮，字补之；司马章，字晦之；司马奕，字袭美；司马裔，字承之。司马光把每人字的含义写进一篇文章，在那篇文章的末尾，司马光说："呜呼，朝夕不离于口耳者，名字而已；尔曹苟能言其名，求其义，闻其字，念其道，庶几吾宗其犹不为人后乎！"

这年司马光三十二岁，他像一名家族的杰出成员那样，对年少者寄予厚望，希望司马氏家族常常处于领先的地位。

身为礼官

不久，司马光升任同知太常礼院。

太常寺主管礼乐、郊庙、社稷、坛壝（wéi）、陵寝之事。礼之名有五：吉礼、宾礼、军礼、嘉礼、凶礼。太常礼院的职责，就是研究并制定朝廷的礼仪制度。太常礼院虽隶属太常寺，实际相对独立，"虽隶本寺，其实专达"；有判院、同知院，共四人。太常寺与礼院事旧不相兼；康定元年（1040），设置判寺、同判寺，始并兼礼院事。

当时，宦官麦允言卒，诏赠司徒、安武节度使。司徒是最高级别的官员加衔，是"三公"（太尉、司徒、司空）之一，非常尊贵，通常只封给宰相一级的官员。又诏允言有军功，特给卤簿；但下不为例。仁宗皇帝与宦官麦允言关系密切，感情很深，所给身后哀荣，超越了相关规定。

九月十四日，司马光上《论麦允言给卤簿状》，说：孔子曾讲，只有器与名，不可以随便给人。爵位标志尊卑，就是名；车马服饰等表示威仪，就是器。人君以二者安抚臣子，治理国家，因此不可不重视。麦允言只是一近臣，没有绝大的功劳，却赠以三公级别的官，给以一品卤簿。陛下本想示之恩宠，反而增加了他的罪过，是拖累了他。为什么呢？三公之官与卤簿，都不是他一个近臣应得的。陛下念他服侍多年，活着让他享尽荣华富贵，死了又超规格给他送终，吹吹打打，煊赫道路，这是在宣扬他越礼过分的罪过，让天下人侧目扼腕地恨他，这可不是什么荣耀。又说：不要让天下人暗暗指点，认为是朝廷的过错。

宋仁宗是位仁义皇帝，很重感情，即便对宦官也是如此。显然，反对的风险不小，皇帝会不高兴。然而这就是司马光，勇气满满。我们不难看出，司马光的进谏，很有策略，他不温不火，徐徐道来，既温和又坚定，站在皇帝的角度，考虑举措的得失，这样的进谏，自然容易接受。果然，"仁宗嘉纳之"，仁宗愉快地接受了。

然后，要讨论到雅乐。

仁宗皇祐二年（1050）十一月初二日，召以太子中舍致仕的胡瑗，赴大乐所同定钟磬制度。此前仁宗亲阅大乐，有人认为镈钟、特磬的大小，与古制不合，仁宗诏令改作，而太常寺说胡瑗素晓音律。

大乐，即雅乐，是指国家在祭祀或典礼时使用的音乐。就其重要性来讲，一点也不亚于国歌在我们今天政治生活中的地位。周世宗曾命窦俨与王朴一同考察修订雅乐，王朴做律准。律准，古人奏乐时用来测定声调高低，使发音准确的乐器。宋初，太祖以雅乐声高，诏和岘按王朴律准校正，因此宋初以来有"和岘乐"。仁宗初，太常寺上奏说乐器使用年久，已经不准了，于是再次按王朴律准校正。李照以熟知音律闻名当时，他说王朴的准高五律，与古制不合，请依古法铸编钟。铸成以后改定雅乐，降低了三律，此即"李照乐"。但不久，"李照乐"接连遭到质疑，于是又逐渐废除。

仁宗酷好雅乐，因此谈雅乐的人不可胜数，仁宗也为此屡屡设置专门机构修订制度，所费不菲。仁宗的爱好不是简单的喜欢，他还能独立作曲。皇祐二年（1050）六月十二日，仁宗以亲撰的《黄钟五音五曲凡五十七声》下太常寺练习。

此次对雅乐的考订，司马光与范镇都有参与。他们反复争论，书信往还，达数万言。而且，由此开始，两人的争论持续了一生。

当时两人争执不下，于是请同僚来评断。同僚当然无法决定，于是又以下棋输赢来决定对错。范镇棋下得好，赢了，争论总算有了结果。但这并不算完。司马光闲居洛阳时，范镇去看他，带着自己所著《乐语》八篇。两人争论起来，又是好几天，当然还是争执不下，又以投壶输赢决定对错。投壶，这个司马光擅长，自然是范镇输了，司马光高兴地说："大乐还魂矣！"范镇在洛阳待了半个月练习投壶，始终不得要领，无功而返。

接着，论张尧佐。

仁宗皇祐二年（1050）闰十一月初六日，任三司使、户部侍郎张尧佐为宣徽南院使、淮康节度使、景灵宫使。这三个使都是虚衔，但极为高贵。初七日，又加授张尧佐同群牧制置使。群牧司是宋代最高马政机构，群牧制置使是它的副长官。初八日，再赐张尧佐的两个儿子张希甫、张及甫进士出身，卫尉寺丞张希甫为太常寺太祝。张尧佐何许人呢？他为什么这么好的运气？原来，张尧佐的侄女此时正受宠，所谓爱屋及乌，而执政大臣又一味迎合。初十日，知谏院包拯等谏阻，不听。十一日，御史中丞王举正上殿，力言擢用张尧佐不当，仍不听。十五日退朝，王举正留百官班廷谏，又率殿中侍御史张择行、唐介，及谏官包拯、陈旭、吴奎，在仁宗前极力劝谏。然后，又于殿廊严词指责宰相。仁宗听到，派中使传旨，百官才退去。十六日下诏，自今以后，台谏官集体上殿，必须先向中书省报告。当时仁宗怒气冲冲，大臣多不再言语。

十二月，司马光上《论张尧佐除宣徽使状》，首先说：臣听说圣明的君主费心求谏，和颜悦色地接受，士人还战战兢兢不敢进，更何况镇之以威、压之以重？这样还指望忠臣来直言入，一个字，难。臣不忠，言不直，还希望天下太平，万事致治，根本没那回事。接着他打了个比方：听说有一瓜农，特别爱护自己的瓜秧苗，盛夏的正午，太阳当头照，他生怕瓜秧苗被晒坏了缺水，不辞辛劳去浇水，结果瓜秧苗转眼就蔫了。种瓜人不是不够勤劳，只是浇水浇得不是时候，反而把它害死了。陛下提拔尧佐，已远远过分，天下侧目扼腕地恨他，对他深恶痛绝，您又打击忠臣直谏，加重他的罪过，您这是烈日当空给瓜秧浇水。臣私下都为尧佐感到寒心，陛下却不为他深谋远虑吗？您拒绝召见台谏官的当天，阴雾弥漫，遮天蔽日，树木结冰，终日不化。根据有关书籍，这是阴气太盛，遮蔽了阳光，上下闭塞，疑惑不决的标志。陛下天性纯孝，严敬天命，容纳直言，深明得失。这不是我恭维您，实在是人所共知。为什么独独因为一个张尧佐，却置天戒于不顾，弃忠言而不从，把祖宗的爵禄不当回事，忽略历史上的前车之鉴，书之史册，使天下人议论纷纷，影响您高大完美的光辉形象呢？最后，司马光语重心长：君主实在想干的事，大臣谁也拦不住，但从今往后，恐怕再有比这更大的事情，大家只有沉默不语，袖手旁观了，这对朝廷来说可不是什么好事。不然的话，群臣如朽木，陛下如雷霆，哪里是您的对手？司马光的进谏，并非一味说教，他很讲究策略，站在仁宗的角度考虑问题，时时处处为皇帝着想，虽然是劝谏，听来却不让人感到刺激。

仁宗皇祐四年（1052）七月，司马光与礼院同僚上《论夏竦谥状》。此前前宰相夏竦去世了，仁宗以夏竦曾是自己做太子时的属官，因此特赐谥"文正"。

夏竦其人如何呢？史书上说，夏竦，字子乔，当世以为奸邪。此人天分极高，而且好学，经史、百家、阴阳、律历，以至佛老之书，无所不通。夏竦以文学起家，文章"典雅藻丽"，有名一时，朝廷大典所需文字，多次交给他，是公认的一支笔；他认识很多战国时期通行于六国的文字，又学古文字，非常刻苦，到了夜间，还拿手指头在身上写写画画，是个勤奋的古文字学家。此人治军极严，敢杀。曾有戍卒集体抢劫，各州郡都没办法。有人秘密告诉了夏竦。夏竦当时在关中，等戍卒一到，夏竦召来责问，几乎全部杀光，军中为之大震。夏竦的威信大都是这样树立起来的。但此人生性贪婪。夏竦曾派仆人经商，仆人贪污，夏竦"杖杀之"。夏竦家财万贯，用度奢侈，生活腐化，"畜声伎甚重"。而且，常暗地离间部下，使相互猜疑，以达到个人的目的。跟家人也是这样，夏竦娶妻杨氏，杨氏也擅文章。后来夏竦官做大了，身边养了不少女人，夫妻关系就紧张起来。杨氏和娘家兄弟一起搜集了夏竦违法犯罪的事实，然后告官；又夏竦的母亲和杨氏的母亲对骂，拉拉扯扯诉至开封府。夏竦急于升迁，做边防官的时候，心不在焉，不肯尽力。显然，"文"夏竦当得起，而"正"夏竦当不起。

司马光在奏状中首先说，《大戴礼》讲："谥者行之迹也。"行由己出，名由人生，以此劝善抑恶，不可偏私。又说臣等身为礼官，谥有得失，职责所在，不敢默默。从司马光的叙述中我们得以了解，赠谥通常的做法是，王公及职事官三品以上，先录行状报到中书省，经核实修订，下太常礼院拟谥，然后再报中书省上奏。仁宗大概知道夏竦的名声不大好，因此定谥于中，而后宣示于外，就是说仁宗自己就定了，没经过中书省和太常礼院。司马光劝道：文与正，两个最美好的谥号，虽以周公之材，不敢兼取，何况夏竦？所谓名与实不符，谥与行相悖！传之永久，何足效法？又说：朝士大夫畏惧夏竦子孙，不敢明说，但四方之人，耳目昭昭，必定会认为，夏竦行为如此而谥文正，这就是不把谥号当作天下公器，大概出于天子的私恩。讥评国家过失，岂是小事！

很快，又上《论夏竦谥第二状》。

不久，奉圣旨改谥"文庄"。皇帝自己作出了让步。

司马光的奏札当中，引到孔子的话：器与名不可以随便给人。又说：皇帝以二者治理国家、安抚臣子。赠谥可以归入名的范畴，器与名乃天下之公器。在这个公器面前，皇帝也不可以随便，必须公正，不能偏私。司马光劝谏的出发点就在这里。

第四章

追随恩师

○
○

郓州判官

宋仁宗皇祐元年（1049），庞籍以工部侍郎为枢密使，相当国际部长。皇祐三年（1051），庞籍升任同中书门下平章事，兼昭文馆大学士，位居宰相。

居高位又不肯拱手默默，自然很容易招致反对。机会总是有的。当时齐州（治今山东省济南市）学究皇甫渊捕盗有功，按规定应得赏钱；但皇甫渊不想要钱，想要一个官职。庞籍有个外甥叫赵清贶，是个道士，他自称可以帮忙活动，与办事人员共同收受了皇甫渊的贿赂。皇甫渊觉得自己使了钱，底气十足，多次跑去待漏院催促。庞籍当然很生气，勒令他回齐州去。有小吏向庞籍告发了赵清贶等收受贿赂的事情，庞籍立即将外甥及其同谋捕送开封府治罪。赵清贶被处以杖刑，然后流放岭南；可是，走到许州（治今河南省许昌市）时中途死去。按说庞籍秉公执法，事情理应到此为止。但反对者怎肯放过？他们乘机诋毁庞籍，合力排挤他，开始说庞籍偏私清贶，到后来又说庞籍曾暗示开封府，杖杀赵清贶灭口。虽然暗示开封府一说没有任何证据，但庞籍还是于皇祐五年（1053）闰七月初五日，以户部侍郎出知郓州（治今山东省东平县）事、兼京东西路安抚使。

庞籍被贬出京，辟司马光为幕僚，作郓州判官。

从司马光写给朋友的诗文来看，当时从京师出发十分仓促，甚至来不及向所有的朋友告别，而且，送一位朋友去南方任职，辞别的酒还没有喝干，就急匆匆赶回去收拾行李。

司马光后来曾作《奉和始平公忆东平二首》。始平公是司马光对庞籍的尊称，东平即郓州州治所在；既是忆，自然是离开郓州以后了，先看其二：

> 千岩秀色拥晴川，万顷波光上下天。委地鱼盐随处市，蔽空桑柘不容田。讼庭虚静官曹乐，儒服宽长邑里贤。不为从知方负羽，独乘鱼艇老风烟。（《传家集》卷九）

司马光所说的"千岩"，包括梁山在内。司马光所说的"万顷波光"，是指东平湖，和它相连的，就是我们熟知的八百里梁山水泊，不过当时它叫做梁山泺，或者大野陂，横跨郓、济（治今山东省巨野县）二州。梁山属郓州管辖，在梁山泺的北边。从诗中我们可以看出：郓州风光不错，物产十分丰饶，民风很是淳朴。司马光甚至表示，如果不是要随知己北上，自己将独乘渔舟，终老于此了。不难看出，司马光对郓州的印象不错。

在郓州，庞籍曾命司马光典州学，就是负责州学的管理工作。当时州学里有个叫王大临的学生，他通晓经籍，有品行，司马光特别喜欢和器重他。后来，王大临因为口才好善讲解，做了州学的教师。多年后，王大临的父亲去世，还专门跑去京师，请司马光为其父作墓志铭。在司马光登上国家相位的宋哲宗元祐元年（1086）八月，司马光特举荐王大临出任太学的学官，说："臣窃见郓州处士王大临，通经术，善讲说，安仁乐义，誉高乡曲，贫不易志，老不变节，向尝有诏敦遣，固辞不起。伏望圣慈，召致京师，寘（zhì，安置）之学官，为士类矜式。"看来，在司马光离开后的那些年里，朝廷曾有征召，但王大临拒绝了。因为宰相司马光的举荐，朝廷任王大临为太学录。可惜的是，王大临此时已经去世了。

在给朋友的诗文中，司马光描述了他在郓州的工作：地方职务不比馆职，事务繁多，文书山积，胥吏森列；深知吏治非己所长，但怕给知己丢脸，因此不得不努力去做。

干部总是要向管干部的人自荐，这也算是古今通例。当时东阿（即东阿县，今山东省东阿县南）主簿张某，就给司马光写信推销自己。但此人并非只是掉舌鼓腮，一味吹嘘，他的主簿也做得风生水起。司马光在给他的回信中说："光不佞，幸蒙丞相辟署来此，官虽贱微，朝廷亦委之察举境内贤士大夫，苟舍置贤者，而惟目前营求者之与，辜孰大焉！是以到官以来，窃观诸县贤士大夫，无如足下徇公爱民者；其所以奉知，固不俟足下之求也。今乃贬损书诲，自从风雨而老之叹，殊非所望。君子患不能，不患人不知；足下姑勉修所能，何患无知己。"意思是说，纠察不法举荐贤能，本就是自己的职责所在。到任以来，已经注意到主簿敬业爱民，政绩突出；但所以获知，不是因为主簿的求告。现在主簿你却写信来，哀叹将随风雨而老，这让我感到失望。君子患不能，不患人不知。只要尽职尽责，还怕没有知己吗？司马光此时的职务，相当于一个地级市的组织部部长，权力不可谓不大，他明察秋毫尽职尽责，不漏掉一个贤能。

宋太宗至道（995—997）初，庞籍的父亲曾做过商洛县（治今陕西省丹凤县商洛镇）主簿。当时有一位姓王的朝臣，自中书舍人贬官至商州（治今陕西省商洛市）。此公文章独步当世，因为任官已久，在朝中很有声望，加之为人刚强严峻，所以这位王朝臣不轻易与当地的官员交往。但庞籍的父亲以一个九品的小官，与此公往还，十分融洽，王朝臣曾有诗相赠。司马光到郓州的次年，即宋仁宗至和元年（1054），庞籍从容取出王朝臣的赠诗，说先父曾有德于商洛，官员百姓们至今怀想，当时经他手的公文，现在仍有珍藏；又说商州知州要将王公的赠诗刻石，以慰民心。庞籍身为人子，自然很乐意这样做，对他来讲，也是一种孝行。庞籍对司马光有恩，写序的事自然责无旁贷。文章很快完成，其中备述事情始末，然后便将序与诗一起，让人送往商洛刻石。

前文我们已经了解，司马光任韦城代理知县时，曾率吏民向龙王祈雨。现在，郓州也同样面临着干旱。宋仁宗皇祐五年（1053）或宋仁宗至和元年（1054）冬，司马光曾至郓州诸庙祈雪。从那篇祈雪文里我们读到：自秋至冬，郓州极少雨雪，麦苗本来就稀疏，经此更将枯死。司马光请问各路神仙：是官吏不称职吗？是百姓未有求告吗？为什么让他们这样困苦呢？他祈求各路神仙可怜可怜老百姓，宽恕官吏们，及时降些雪下来，这样，麦子或许还能有些收成。可是，祈求似乎未见成效。

宋仁宗至和元年（1054）或至和二年（1055）春，司马光又受委派，去祭祀了黄石公，向他祈雨。司马光在祭文中叙述了当时的旱情：一冬无雪，麦苗行将枯槁；仓廪已尽，收成全没指望；老幼惶惶不安，濒临死亡。司马光希望黄石公能上解皇帝之忧，下救黎民百姓之苦。

宋仁宗至和二年（1055）六月十七日，庞籍调任昭德节度使、知永兴军（治今陕西省西安市），但很快又改为河东路经略安抚使、知并州（治今山西省太原市）。司马光因此改任并州通判。

我们还记得司马光曾作《奉和始平公忆东平二首》，来看其一：

相印东临汶水阳，两看春叶与秋霜。登山置酒延邹湛，上马回鞭问葛强。溪竹低垂寒滴翠，露荷相倚净交香。宵衣深念长城固，肯得从容傲醉乡？（《传家集》卷九）

汶水自东向西蜿蜒流入郓州，东平在汶水以北，水北为阳。从中我们可以看到，在郓州的两年，他们的生活相当惬意；而此去并州，是出于国家安全的需要。

○
○

并州通判

并州，治今山西省太原市。不过在当时，它还只是一座迫隘的城镇，宋太宗太平兴国七年（982）匆匆建起，旧太原城位于今天太原市晋源区。

宋太宗太平兴国四年（979）五月初五日，宋军攻破北汉的京师太原。同月，毁太原城，改为平晋县，又以榆次县（今山西省晋中市榆次区）为并州，并将太原城中僧、道及富户迁往西京洛阳。五月十七日，在榆次筑并州新城。五月十八日，这个起初叫赵光义、后来改名赵炅的宋太宗，跑到太原城北，登上城楼沙河门楼，要城中居民全体迁往新并州。他派人四处放火，将城中民居尽数烧毁。史书上说，老百姓扶老携幼，来不及逃出，"死者甚众"。太平兴国七年（982）二月，再将并州州治由榆次迁往三交寨。

从历史地图上看，当日的并州比今天太原市的范围大，还包括了今天的盂县、寿阳、太谷、祁县、文水、交城的部分或者全部。

司马光到达太原的具体时间，我们已经无法确知，但在1055年冬天无疑。他在一首叫作《苦寒行》的诗里描述了此次赴并的艰辛："穷冬北上太行岭，霰雪纠结风峥嵘。"司马光的离开，是在宋仁宗嘉祐二年（1057）的六月。这样，司马光在太原的时间，保守估算，应该有一年零六个月。

我们先来看当日太原留给司马光的印象。

首先是冷。据研究，宋代是中国历史上一个寒冷期，气温比现在低不少。翻检司马光那个时期的诗文，久远的寒冷就隐隐约约向我们袭来。先看前面已经提到过的《苦寒行》。前边的几句是写给太行山的，后边的才是写给太原的：

跨鞍缱绻趋上府，发拳须磔指欲零。炭炉炙砚汤涉笔，重复画字终难成。谁言醇醪能独立，壶腹迸裂无由倾。

早晨骑马去上班，头发冻得卷曲起来，胡子好像快要冻断，指头感觉似乎要掉下来。到了州府办公，得用火炉把砚台烤热，这样磨的墨才不至于冻住，毛笔要用热水烫开；写字特别困难，不是墨冻住，就是毛笔冻住。写一个字要重复画很多遍；酒壶被冻裂，酒流出来。真是够冷的。寒冷使当时的司马光甚至想到了死：

古人有为知己死，只恐冻骨埋边庭。

司马光所说的死，大概不是战死，而是冻死，因为通判的主要职责，不过是连署公文，并不需要冲锋陷阵。

还有另外一首，诗名叫《晋阳三月未有春色》，并州的春天姗姗来迟："上国花应烂，边城柳未黄。"可偏偏秋天还冷得特别早："仍说秋寒早，年年八月霜。"

在春天就开始担心冬天，可见当时太原的寒冷，在司马光看来，寒冷是一件难以忍受的事情。

其次是边城。当时的并州属河东路。河东路的北边就是契丹，西北则与西夏接壤。当然并州不是最北的州，但与京师汴梁相比，已经是很遥远的边城了。我们都知道，司马光的长处是匡正，匡正皇帝的错误或不足，所以最适合他的地方是朝堂，但现在他距离朝堂很远。司马光为此非常郁闷，在并州写下这些恍惚的句子：

忽忽此何地，经时更自猜。深疑醉里得，复似梦中来。薄宦真何益，浮生信可哈。鹏鹍定有分，不若寸心灰。(传家集》卷七《到并州已复数日率尔成诗》)

司马光内心因郁闷而起的凄清，甚至与温度无关：

穷边已深夏，气色耿清秋。鲜旭开山郭，凉烟澹

戍楼……（《传家集》卷七《夏日》）

这种凄清无时不在，即便是与同僚、朋友们相聚醉酒的时候。《陪诸君北园乐饮》（《传家集》卷七）的前面几句还在劝酒，要大家及时行乐，一醉方休，可最后笔锋突然一转：

> 须知会府闲时少，况复边城乐事稀。花卉正浓风日好，今年已不负春晖。

还有一首《和懋贤闻道矩小园置酒助以酒果副之以诗》中，连欢喜都是凄清的：

> 珍果醇醪与新句，并将佳味助清欢。

再次是饮食差，至少不合胃口。现在太原人冬天爱吃的羊肉汤、羊杂割，大概当时就已经流行了。初到太原的人，对这种地域性的美食，一时半会儿不大容易接受。司马光也不例外。他在一首叫作《酪羹》（《传家集》卷七《夏日》）的诗里提及：

> 军厨重羊酪，飨士旧风传。

它可能当初属于部队上的大锅饭。当然，跟吴越一带饮食没法比，不论是在工序的繁多，还是在用料的考究上：

不数紫莼滑，徒夸素鲔鲜。

司马光因此感到惭愧："莫与吴儿说，还令笑茂先。"

显然，司马光对太原印象不佳，但也绝非完全灰暗。三月以前并州无花，但有雪：

春风不胜雪，散漫度龙沙。密映缘溪柳，争非乱眼花。鸱夷赊美酒，油壁系轻车。塞下芳菲晚，聊将当物华。（《传家集》卷七《柳溪对雪》）

三月以后，终于有花。先是杏花：

田家繁杏压枝红，远胜桃夭与李秾。何事偏宜闲处植，无端复向别时逢。林间暂系黄金勒，花下聊飞码磂钟。会待重来醉嘉树，只愁风雨不相容。（《传家集》卷七《和道矩送客汾西村舍，杏花盛开，置酒其下》）

司马光寓所的窗外有一株老杏，他专门为它写下《北轩老杏其大十围，春色向晚，止开一花，予悯其憔悴作诗嘲之》：

春木争秀发，嗟君独不材。须惭一花少，强逐众芳开。顽艳人谁采，微香蝶不来。直为无用物，空尔费栽培。

既批评了老树，又觉得对不住它，于是，又站在老树的立场，以老杏的语气，写下《杏解嘲》：

造物本非我，荣枯那足言。但余良干在，何必艳花繁。壮丽华林苑，欢娱梓泽园。芳菲如可采，岂得侍君轩？

这样，司马光一会儿是人，一会儿是树，左一首，右一首，来回地嘲笑和反嘲笑，读来感觉满纸童心。司马光当时的心境一定是清明的，尽管可能短暂。

然后是梨花。有诗《和道矩红梨花二首》：

繁枝细叶互低昂，香敌酴醾艳海棠。应为穷边太寥落，并将春色付秾芳。

蜀江新锦濯朝阳，楚国纤腰傅薄妆。何事白花零落早，同时不敢斗芬芳？

诗句香艳，因为被描绘的事物香艳。他喜欢这些或红或白的花，因此变得小心翼翼：

烂漫不解赏，飘零空惨悽。残红正满地，不忍踏芳蹊。（《传家集》卷七《数日不至后圃，今晚偶来，芳物都尽，率然成诗》）

要不是这些或红或白的精灵，在太原的那些日子里，司马光一定会非常寂寞。

太原之所以在司马光的眼中灰暗，可能跟他的儿子们有关：他们相继在并州夭折。司马光在《苦寒行》里曾说："妻愁儿号强相逐，万险历尽方到并。"但与司马光的家庭关系密切的邵伯温却说："司马温公从庞颖公辟，为太原府通判，尚未有子。"关于这一条记录，曾多有争论，有人认为是邵伯温误记；但无论如何误记，一个基本的意思不会错，那就是，当时的司马光没有儿子。苏轼在《司马文正公行状》里说："（司马光）子三人，童、唐皆早亡……"在并州夭折的，可能就是司马童和司马唐，或者他们当中的某一个。

中年丧子自然是人生的大悲剧，在他的眼里，整个世界一定都是灰色的。

邵伯温又记道：庞籍的夫人为司马光买来一妾，大概希望她能为司马光生儿育女，但司马光根本不予理睬。

邵伯温还说，在太原任通判的时候，司马光除用公家按月定量供给的酒招待宾客外，不另请。这大概不仅仅因为节俭，可能还因为内心的悲伤。

嘉祐元年（1056）正月初一日，宋仁宗驾临大庆殿，接受百官朝贺。前一晚大雪，仁宗在宫内赤脚祈祷，次日清晨，天空终于放晴。当时百官已就列，仁宗突感晕眩，牙关紧咬，冠冕歪斜。近侍忙用手抠开他的嘴巴，流了些口水出来，才稍好一些。仁宗的这种症状，可能就是中风。正月初五日，在紫宸殿宴请辽国使者，宰相文彦博进至御榻前，向仁宗祝酒，仁宗突然莫名其妙地责问："不乐邪？"——不高兴吗？文彦博知道皇帝有病，怔在那里半天，不知怎么回答。正月初七日，诸大臣进宫询问病情，仁宗更是大叫着疯跑出来。此后仁宗时好时坏，直到正月二十二日，才痊愈。

左千牛卫大将军赵宗实（即后来的英宗皇帝），从小生活在宫中，仁宗、皇后都把他当儿子抚养，后来出宫，仍问讯赏赐不断。仁宗得病以后，宰相文彦博等请早立嗣，仁宗同意。文彦博等了解到仁宗属意赵宗实，遂议定请立宗实为嗣。奏章已拟好，仁宗痊愈了，此事遂被搁置。五月，知谏院范镇上疏，论继嗣。

司马光闻而继之，六月十九日，上《请建储副或进用宗室第一状》。

其中，司马光说："陛下好学多闻，博览经史，试以前古之事质之，治乱安危之几（jī，隐微、征兆），何尝不由继嗣哉？得其人则治，不得其人则乱；分先定则安，不先定则危。此明白之理，皎如日月；得失之机，间不容发。"意思是说，皇位继承人是国家治乱的根本，得其人则天下治，不得其人则天下乱，名分先定则社稷安，不先定则社稷危。接着他举了个例子："今夫细民之家，有百金之宝，犹择亲戚可信任者使谨守之，况天下之大乎？"意思是说，老百姓家里有个值钱的宝贝，都要请值得信赖的亲属妥善保管，何况是天下社稷？然后又谈到孝："臣闻天子之孝，非若众庶止于养亲而已，盖将慎守前人之业，而传于无穷，然后为孝也。"——天子的孝，不是像平民百姓那样，仅止于奉养父母，而是要谨守祖先的基业，传之久远。

司马光很清楚自己在做什么，也明白这样做的后果："臣诚知言责不在臣，言之适足自祸。然而必言者，万一冀陛下采而听之，则臣于国家譬如蝼蚁，而为陛下建万世无穷之基，救四海生民之命，臣荣多矣。"也就是说臣当然知道自己并无言责，说了反而会招来麻烦。明知如此却还要这样做，是希望万一陛下采纳了，那样臣于国家就好比蝼蚁，却为陛下奠定了万世的根本，挽救了四海百姓的生命，如此，臣荣幸之至。

我们过去总以为，帝王时代的臣子都是如何如何地谨小慎微，如何如何地战战兢兢，似乎已被皇权压制得脑瘫，完全没有自己的思想。可现在看来不是。起码在司马光，不是那样。他想到的事情，就一定要说出来。

八月初一日，司马光又上《请建储副或进用宗室第二状》。

他首先提到上次的奏疏："臣先于六月十九日，辄以瞽言干犯圣德，伏地倾耳，以俟明诏，于今月余，一无所闻。

陛下宽仁，不加诛于狂愚之臣，然亦未赐采纳。臣窃自痛人品猥细，言语吃讷，不能发明国家安危大体，致陛下轻而弃之，此皆臣之罪也。虽然，臣性诚愚，位诚贱，而意诚忠，语诚切。愿陛下不以人之愚贱，而废忠切之言，少留圣心于宗庙社稷之至计，则天下幸甚。"帝王时代的君臣，在关系上即相当于父子。司马光把握着适当的语气，把不被采纳的原因归于自己。但是又强调自己良好的出发点，希望皇帝因此采纳。

司马光认为，国家政事有大小缓急，知先后，则功无不成。而当下最大最急的，无过于储贰。他说："以臣之愚，当今最大最急之患，在于本根未建，众心危疑。"

接着他重申前请：现陛下虽已痊愈，但四方之人，未能尽知，心存疑惧，应趁此时早择宗室当中贤者，"使摄居储副之位，内以辅卫圣躬，外以镇安百姓"。为了照顾皇帝的面子，司马光又假设储贰已定，只是暂时保密，不想公开。司马光认为那也不足取："审或如此，亦恐不可。何则？今天下之人，企踵而立，抉耳而听，以须明诏之下，然后人人自安，又何待而密哉？"司马光可能担心那样不易办到，又退而求其次："若以储副体大，非造次可定者，或且使之辅政，或典宿卫，或尹京邑，亦足以遏祸难之原，靖中外之意。"

九月初三日，司马光再上《请建储副或进用宗室第三状》。

其中，司马光写下他的愤懑："臣先于六月十九日、八月一日两曾上言，乞择宗室贤者进而用之，盖以上则辅卫圣躬，下则镇安百姓，迄今未闻圣朝少垂采听。臣诚愚昧，不达国家高远之意。若臣所言非邪，当明治其罪以示天下；若其是邪，亦谓圣心不宜弃忽。岂可直以臣之愚贱，不察其言，若投羽毛于沧海之中，杳然莫知其所之？"意思是说，臣真的愚昧，实在搞不懂国家的用意。如果臣说得不对，就应当治罪，明示天下；如果臣说得对，也可以说圣心宽大。怎可只因臣性愚位贱，干脆就不予理会，如丢一支羽毛在沧海上，杳无音信，不知所终？

司马光担心是自己的身份，影响了进言的效果。他解释道，古代谏诤无官，上至公卿大夫，下至平头百姓，无人不可；设置谏官以后，若不在其位就不许进言，下情壅蔽不通，以至路人皆知，上边却听不到，这样的危害不可谓不小。司马家三代食禄，家父又特蒙提拔，位至侍从，自己因此常思报答。而且，此前陛下因为水灾，特下诏书求直言。又陛下即臣子的父亲，哪有为人子明明看到危险，却不告诉父亲的？

可是，奏折如石沉大海。司马光担心路途遥远，皇帝居住深宫，奏疏在传送过程中，丢失或者被丢弃了，根本就没有送达。于是他又写信给好友范镇，并附寄所上奏章的副本，希望范镇代为转呈。

司马光在那封信中谈到自己的志向："光向者不自知其贱且愚，辄以宗庙社稷深远之计冒闻朝廷。诚知位卑而言高，智小而谋大，触犯皆死。死者人之所必不免也，若忠于国家而死，死之荣也。"然后，谈到奏疏上呈之后的情形："无何，自夏及秋，囊书三上，皆杳然若投沙砾于沧海之中，莫有知其所之者。"接着，是托付的缘由："窃思当今朝廷，谏争之臣，忠于国家，敢言大事，而又周旋日久，知光素心者，惟景仁而已。光之言不因景仁以自通，尚谁望哉？"最后，说到事情本身："伏冀景仁察其所陈，果能中于义理，合于当今之务，则愿因进见之际，为明主开陈，兹事之大，所当汲汲留意，不当因循简忽，以忘祖宗光美之业，及乞取光所上三奏，略赐省览，知其可取、可舍、可矜、可罪，裁定其一，而明赐之，无使孤远之臣，徒怀愤嘿嘿，而无所告语也。"

宋人绘《折槛图》，进谏是要冒很大风险的

司马光努力再三、想方设法要达到的，不过是让皇帝读到他的奏疏，而那些奏疏完全可能给他带来危险。他这样做的目的只有一个，就是国家社稷的安全。

虽然身居边地，司马光仍然可以发声，就朝廷大事发声。这次进言在司马光的政治生涯中，具有非同寻常的意义。皇帝可能对此事的印象非常深刻。

司马光的人生走向，将因此而改变。

司马光不可能成天沉浸在丧子之痛当中，也不可能总是饮酒作诗，身为并州通判，他有很多的事要做。

在一个早春天气，司马光陪同庞籍，到并州城西阅兵：

> 沧溟浴日照春台，组练光中玉帐开。汾水腾凌金鼓震，西山宛转旆旌回。逍遥静散晴空雨，叱咤横飞迥野雷。坐镇四夷真汉相，武侯空复道英才。（《传家集》卷七《从始平公城西大阅》）

当时的阅兵场所，距离本书作者现在所坐的位置，不过咫尺之遥，汾水、西山都是再熟悉不过的事物。摇曳的旗帜、雄壮的呼号，似乎正从诗句的背后凸显出来，隐约可以见到或者听到。

麟州（治今陕西省神木市北）位于黄河以西，紧邻西夏，时属河东路管辖。

据载，麟州城中无井，只有一沙泉，在城外，曾打算扩展城墙，将沙泉包进来。可是沙泉附近很容易下陷，俗称抽沙，就是流沙，根本无法筑墙，只好作罢。宋仁宗庆历（1041—1048）间，有人向元昊献计：麟州无井，若是包围它，不消半月，兵民都得渴死。果然，元昊围城才几日，城里已经大困。有军士建议：元昊围而不去，一定是拿没水做文章；现在我们搞些沟泥来，派人登高，把泥抹在草堆上，故意让敌人看到。州将依计而行。元昊望见，急招当初献计的人诘问：你说无井，现在却有泥护草堆，怎么回事？于是，将那人斩首，退兵而去。这次虽侥幸脱困，但麟州始终以无水为忧。这样一座无水之城，自然非常危险。

麟州屈野河（今窟野河）西多良田，但与西夏接壤，彼此疆界不明。我们还记得，宋仁宗宝元元年（1038）十二月，元昊反叛，宋对西夏宣战。此次的宋夏之战持续了多年，宋仁宗庆历四年（1044），双方结束战争状态。仁宗天圣（1023—1032）间，朝廷禁止到河西耕种。其后数十年间，西夏乘机蚕食，逼近麟州，遂成河东路一大隐患。庞籍到任后，朝廷诏令边吏遏止。边吏多以武力掳掠，夏人因此怨恨，常聚兵万余在边境，伺机报复。

庞籍现在除了并州知州，还兼任河东路经略安抚使，大致相当于军区司令。司马光既是并州通判，也是庞籍的助手。宋仁宗嘉祐二年（1057）初夏，司马光受庞籍的委派，前往麟州视察。

麟州官吏对司马光讲，州城临屈野河，自河西至边界五六十里，连侦察哨所一类的设施都没有，敌人因此肆意耕种，游骑往往直至城下，甚至绕到城东，州人都不知道。去年已在河西修一小堡，布置了哨兵。本州曾向经略司请示，在小堡以西，再增建两堡。但今春以来，敌骑屯聚，遍布河西。经略司因此下令，等敌骑退去，再听指挥。现在敌众已全部散去，如趁此机会，迅速在城西二十里左右增筑两堡，每堡要不了十天，即可竣工。等夏人再次聚集，两堡早已有备，敌人也不能如何。这样，麟州可永免遭遇突袭，州兵出入，有了落脚的地方，堡外被侵占的田地，也可以逐渐收复。

司马光考虑，两堡一旦修成，即成为麟州的耳目屏障，堡外三十里，夏人就不敢来耕种，城西六十里内，就没有了敌人。然后招募百姓耕种，能耕种麟州城西至屈野河闲田的，返其税役的一半；能耕种屈野河以西闲田的，长期免除税役。这样，耕种的人一定很多。官府看似从中无所得，但粮价肯定会降低，军队可以就地收购；河东一路百姓，再不必长途输送，负担也会因此减轻。更为重要的是，如果一味听之任之，麟州终有一天会成为孤城；有此两堡作耳目屏障，情况就会完全不同。

回到并州，司马光向庞籍做了汇报。庞籍遂令麟州依申请，修筑两堡，并要他们勤加侦察，严加防备。大概因为时间紧迫，庞籍只是向朝廷作了奏报，但没等到朝廷的批复，就下达了命令。没料到命令下达后，敌人再次大规模聚集。

宋仁宗嘉祐二年（1057）五月初五日夜，麟州军官郭恩恃勇轻敌，率千余人出城，直奔河西；前无侦察，后无策应，中无部队，只带酒食，不做战备。他们渡过了屈野河，走到一个叫"忽里堆"的地方，遭到了伏击。管勾麟州军马事郭恩、走马承受公事黄道元被俘，知州武戡逃回。后来，黄道元被放回。郭恩等行进途中，曾有人报告，说敌人已在河西集结，但郭恩等不信。

当初，边吏掳掠夏人，庞籍认为西夏称臣奉贡，未失臣礼，这样做理亏在己，遂令边吏加强戒备，晓之以理，不得侵犯。但夏人不肯退去。召使者重定边界，不来。于是禁止边境贸易。夏人大困，表示愿意派使者重定边界。送信的使者来了几天后，就发生了此事。事后西夏因为私市的原因，仍派使者来，并请退还河西二十里的田地，庞籍概不应允。

朝廷命侍御史张伯玉调查此事。这厮当时刚刚上任，正想收拾个把大臣出名。庞籍因司马光曾参与修筑堡寨之议，恐怕此事对他不利，上交文书的时候，有意将与司马光有关的文件隐藏了起来。御史于是弹劾庞籍，说他擅自在边境筑堡，以致兵败，又藏匿与案件相关的文件。因此，宋仁宗嘉祐二年（1057）十一月二十六日，庞籍被贬为观文殿大学士、户部侍郎、知青州（治今山东省青州市），兼京东东路安抚使。而司马光因为庞籍的保护，没有受到任何处罚。

宋仁宗嘉祐二年（1057）夏六月，司马光已奉调回京，改太常博士、祠部员外郎、直秘阁、判吏部南曹。

回到京师，朝论纷纷，以为忽里堆之败，都是因为筑堡生事。司马光每见朝官，就要解释一番：西夏侵我田地始末、两堡不可不筑的形势，此前兵败是因边将轻敌无备，并非筑堡之过。司马光心中焦虑，以致"言之切至口几流血"——言语急切，嘴巴几乎流血。但世俗常情，成是败非，司马光的解释，没有丝毫效果。向数十百人陈说，竟无一人相信。司马光知道没用，索性闭口。

在《论屈野河西修堡状》中，司马光具陈事件原委，认为兵败的原因，在于无备，不在修堡与过河。又竭力为恩公庞籍辩解，把责任全部包揽过来，说庞籍不过是错误地听从了自己的建议，请求朝廷只处罚自己一人。

但朝廷未有批复。十一月，庞籍等被责降，麟州官吏也各有处罚，司马光又上《论屈野河西修堡第二状》，再次请求处罚。他说朝廷若不认为筑堡错误，庞籍等就不应该受到处罚；若认为错误，庞籍之前已下令麟州停修此堡，只因自己前去考察，才再次谈起，武戡、夏倚等虽有建议，但没有自己的转达，也到不了庞籍那里。由此说来，筑堡之事，都因自己而起，要治罪，自己应首当其冲。现在庞籍等先受到处罚，唯独自己没有，内心惭愧，无地自容。况且在并州的时候，受经略司委托，负责本司重大公务，庞籍处理边事，都要征求自己意见；此次兵败，完全因为采纳自己建议所致，希望朝廷对自己从重惩处。

朝廷仍然没有批复。司马光又到中书省、枢密院请罪，请求将自己重则处斩，中则流放，最轻也要打发到边远州郡任职。但两府大臣明确答复，并未判定其有罪，因此无能为力。司马光再写奏章，打算以死相请。亲友们都说，这是明知朝廷不会执行，故意作秀邀名。司马光无法辩白，只有沉默，不再上疏。参与其事的人都受到了处罚，唯独自己一人没有，司马光认为这是出卖了大家，开脱了自己；做出这种事，根本不能算人。一想到这些，他白天就扔掉筷子绝食，夜晚就捶打床席叹息，终生引为遗憾，感到耻辱，无法洗刷，好像胸中有很多石头瓦块。

庞籍又上奏，引咎自责，并请矜免司马光。司马光最终未能如愿。

在给朋友的信中，司马光描述到他的愤懑与遗憾：现在只是想在自己的国土上建一小堡，已被称作引惹生事，罪及首帅，后来者自然会引以为戒，戎狄要越加轻视我朝了。庞公垂老，孜孜为国，却终获欺罔之名。……我应为首罪，却不诛戮贬窜，使国家有同罪异罚之讥。这些让我深感遗憾。由于它们，如今我虽强颜出入，但每遇有人正视，我就惭愧得不敢抬头，因为我上累知己，下负朋友。

经过这一事件，他日司马光再见到庞籍，就羞愧难当。而庞籍则待之如故，好像根本什么事都没有发生，而且，终生再未提及。

第 五 章

东京梦华（上）

求去虢州

司马光判吏部南曹不到一年，又被任命为开封府推官。得到消息，司马光立即上《乞虢州第一状》：

> 右臣不避斧钺，倾沥危恳：臣本贯陕州夏县，丘垄、宗族俱在。彼中自先臣亡殁，及臣服阕以来，十有余年，守官未尝得近乡里；止曾一次请假焚黄得展省坟墓。中心念此，朝夕不忘。近日方欲上烦朝廷，陈乞家便一官，又为自判吏部南曹未及一年，及陕州侧近州郡俱未有阙，所以未敢陈请。今窃知已降敕命，授臣开封府推官，于臣之分，诚为荣幸，然臣有此私恳，须至披陈；加以禀赋愚暗，不闲吏事，临繁处剧，实非所长，必虑不职以烦司寇。伏望圣慈特赐矜察，除知虢州或庆成军一次。情愿守待远阙，庶得近便洒扫先茔；或上件处所无阙，乞且归馆供职，候有阙日，特赐差除。（《传家集》卷十九）

开封府推官，京师的第三把手，主管司法，相当于今天北京市中级人民法院院长，当然是个不错的差使，升迁的机会也肯定要比任职地方大得多。请求到虢州（治今河南省灵宝市）等夏县左近州郡任职，表面上的理由，一是就便洒扫先茔，二是不闲吏事。但我们已经知道，不久前的"屈野河事件"后，参与的人除司马光外，其余全部遭到贬黜。司马光为众人辩解，没人肯听，请求责罚，又不可得。此番请求去地方上任职，在司马光本人，大概应算一种自我放逐，当然没人要求他那样做，但那样做可能会稍稍减轻他的负罪感。人在受到委屈的时候，总容易想到父母、故乡之类的事物，所谓"人穷则返本"，夏县左近的州郡因此成为他的目的地。夏县左近的州郡很多，所以首选虢州，可能因为父亲曾任虢州知州。

可是，请求未获批准。

任开封府推官半年后，司马光听说虢州知州空缺，于是再次请虢州：

> 右臣先蒙恩授臣开封府推官，臣为久不曾到乡里，及自知才性疲驽，不任剧（繁重）职，曾奏乞知虢州或庆成军一次，奉圣旨不许辞免。就职以来，已逾半岁，体素多病，牵强不前。窃知虢州即今有阙，臣欲乞依前来所奏，差知虢州一次；或已除人，即乞候主判登闻鼓院、尚书省闲慢司局，有阙日差除一处，庶几守官不致旷败。（《传家集》卷十九《乞虢州第二状》）

此次陈请的理由增加了身体不好，素来多病。最好的去处还是心仪已久的虢州，但上次作为备选的馆阁，此次已改为主判登闻鼓院及尚书省的闲慢司局。馆阁藏书丰富，读书治学，自是不二之选；但馆阁也是国家的储才之地，他日升迁的希望还是很大。此次备选的两个职位，则完全是闲职，升迁的可能性可以说非常渺茫。司马光此时的心思，大概不是求上进，而是求不上进，最好是哪儿最没希望升迁，他就上哪儿去。

但仍然未获批准。

旧伤未去，又添新痛。仁宗嘉祐四年（1059），石昌言猝然辞世。这一年司马光四十一岁，石昌言六十四岁。

事情来得极为突然，石昌言去世的前几天，司马光还曾去看他，当时石昌言得病已久，但日常起居尚无大碍。可是，忽然一天就有人来告，说昌言昨夜得病很急；还未及赶去问讯，又有人接踵而至，说昌言已经辞世。问讯遂成吊唁。前年司马光从并州回京，昌言曾邀至家中小饮，亲自为司马光斟酒。现在祭奠的地方，正是当日摆酒的地方。生人已成画像。睹物思人，如何不痛？

昌言曾向司马光讨诗，司马光作《昌言见督诗债戏呈绝句》赠他：

学馁才贫杼轴劳，逾年避债负诗豪。倒囊不惜偿虚券，未敌琼瑶旧价高。（《传家集》卷九）

当日戏笑已成往事。阴阳两隔，无路可通。让人顿觉人生不过是一场幻梦。

仁宗嘉祐四年（1059），司马光又被任命为判三司度支勾院，司马光第三次上奏，再次请虢州：

> 右臣伏自去岁圣恩除开封府推官以来，臣以久不到陕州乡里，及资性驽下，不任剧职，两曾奏乞知虢州，或主判登闻鼓院，及尚书省闲慢司局，不蒙听许。臣以开封府重难之处，不敢更有陈请。今窃知已降敕命，除臣判三司度支勾院，窃缘臣禀赋愚钝，素无才干，省府职任，俱为繁剧，去此就彼，皆非所宜；若贪荣冒居，必致旷败，内省侥忝，诚不自安。欲乞依前来所奏差知虢州，或主判登闻鼓院及尚书省闲慢司局；若俱无阙，则乞知绛州、乾州，或在京闲慢差遣一次。干冒宸严，臣无任恳切战汗屏营之至。（《传家集》卷十九《乞虢州第三状》）

此次的请求，作为备选的又新增了绛州（治今山西省新绛县）、乾州（治今陕西省乾县）以及在京的闲慢差遣。司马光的意图很明白——只要不被提拔，在哪儿任职、任什么职，都无所谓。

正如我们所料，此次请求的结果跟以往一样，还是未获批准。

三次求去，官职却一升再升；高官厚禄谁不喜欢，但现在却成了折磨：

嗟予仕京邑，苟禄自羁绁（jī xiè，束缚）。丘垄翳荒松，三年洒扫缺。求归未能得，朝莫肠百结……（《传家集》卷二《和张仲通追赋陪资政侍郎吴公临虚亭燕集寄呈陕府祖择之学士》）

这种情况下，又有朋友相继死于瘟疫。

仁宗嘉祐五年（1060）五月初一日，京师汴梁发生瘟疫。五月初二日，京师地震。

一个月内，司马光的三个朋友江邻几、梅圣俞、韩钦圣相继故去。他们也是吴冲卿的朋友。吴冲卿作《三哀诗》，司马光以诗相和：

天生千万人，中有一隽杰。奈何丧三贤，前后才期月。邻几任天资，浮饰耻澡刷。朝市等山林，衣冠同布褐。外无泾渭分，内有淄渑别。逢时敢危言，慷慨谁能夺。圣俞诗七千，历历尽精绝。初无追琢勤，气质禀清洁。负兹惊世才，未尝自摽褐。鞠躬随众后，侧足畏蹉跌。钦圣渥洼驹，初生已汗血。虽有绝尘踪，不失和鸾节。宜为清庙器，俨雅应钟律。众论诚共然，非从友朋出。群材方大来，轹轧扶帝室。谁云指顾间，联翩化异物。吊缘哭未已，病枕气已竭。同为地下游，携手不相失。绅绂顿萧条，相逢但嗟咄。诵君三哀诗，终篇涕如雪。眉目尚昭晰，笑言犹髣髴。肃然来悲风，四望气萧瑟。（《传家集》卷三

《和吴冲卿三哀诗》）

江邻几与梅圣俞是邵不疑和司马光的共同朋友。邵不疑此前奉命送契丹使节归国，返回的路上得到江邻几、梅圣俞的死讯，赋诗当哭。司马光收到那首诗，又是一通唏嘘：

> 昨夕邮吏来，叩门致书函。呼奴取以入，就火开其缄。不疑赋长篇，发自燕之南。痛伤江与梅，继踵良人歼。噫嗟知其二，尚未知其三。请从北辕后，觇（zhěn）缕为君谈。邻几虽久病，始不妨朝参。饮歠寖衰少，厥逆生虚痰。逮于易箦辰，皮骨余崆嵌。遗书属清俭，终始真无惭。圣俞食寒冰，外以风邪兼。愚医暴下之，结辖（sè）候愈添。惵惵气上走，不复容针砭。自言从良友，地下心亦甘。钦圣体素强，药石性所谙。平居察举措，敢以不寿占？一朝暂归卧，簿领不废签。讣来众皆愕，未信犹窥觇。兴言念三子，举袂涕已沾。英贤能几何，逝者迹相衔。君疑天上才，难得帝所贪。我疑人间美，多取神所嫌。茫茫幽明际，蓍蔡难穷探。忧来不可忘，终日心厌厌。（《传家集》卷三《和邵不疑送虏使还道中闻江邻几梅圣俞长逝作诗哭之》）

司马光请求去虢州任职，这是在求惩罚。有了这个惩罚，他才可以和恩师庞籍，以及诸位受惩罚的同僚，心安理得站在一起。请求去虢州任职，事关内心平静，有了这个惩罚，司马光的内心才能够获得平静。可是三次请求三次都不准。在这个关键时刻，朋友们又接二连三地去世。司马光当时可能死的心思都有：既然活着这么痛苦，倒不如死了来得干净。可是司马光对瘟疫，偏偏有免疫力。

○
○

四个好友

司马光和王安石，曾经是亲密无间的好朋友。诗人陆游在他的笔记里写下："嘉祐四友：王荆公、吕申公、司马温公、韩少师。"宋人徐度《却扫编》中也说："王荆公、司马温公、吕申公、黄门韩公维，仁宗朝同在从班，特相友善。暇日多会于僧坊，往往谈燕终日，他人罕得而预，时目为'嘉祐四友'。"

司马温公即司马光，王荆公即王安石。另外两位，吕申公指吕公著，韩少师指韩绛。

司马光判度支勾院是在仁宗嘉祐四年（1059）。而王安石随后也于仁宗嘉祐五年（1060）五月二十二日，任度支判官。

历史上有名的包公，也在这一时期出现在司马光与王安石的生活当中。权御史中丞包拯，于仁宗嘉祐四年（1059）三月二十五日，出任枢密直学士、权三司使，正是司马光与王安石的顶头上司。

王安石，字介甫，抚州（治今江西省抚州市）临川（时为抚州州治所在）人。少时好读书，一过目终生不忘；写文章动笔如飞，开始好像不经意，完成后，读者无不服其精妙。朋友曾巩把他的文章拿给欧阳修看，欧阳修大加称赞。后擢进士上第，任判官。依照当时惯例，任职期满可以献文以求试馆职，就是说可以通过提交论文的方式，谋得进馆阁任职的机会。那是个非常体面颇有前途的职务。王安石却没有这样做，他坚决要求继续留在地方，后调任鄞县（今浙江省宁波市东南）知县。在鄞县任上，他"起堤堰，决陂塘，为水陆之利"，又"贷谷与民，出息以偿，俾新陈相易，邑人便之"。意思是说他大搞农田水利基本设施建设，青黄不接的时候，又把公家的粮食借给农民，使出利息，当地百姓认为此举甚好。这实际就是后来青苗法的雏形。他出任舒州（治今安徽省潜山县）通判，因宰相文彦博的举荐，召试馆职，不久，欧阳修又举荐他为谏官。王安石以祖母年事已高，拒绝了。欧阳修再次倾力举荐，遂授任群牧判官；而王安石请知常州（治今江苏省常州市）。任满，调提点江东刑狱。

史书上说王安石"议论高奇，能以辩博济其说，果于自用，慨然有矫世变俗之志"。意思是说王安石标新立异，口才特别好，旁征博引；十分自信，以天下为己任，立志要纠正和转变不良的世风民俗。这种性格曾促使他向仁宗皇帝上万言书。史家认为："后安石当国，其所注措，大抵皆祖此书。"万言书基本就是王安石日后改革时的施政纲领。

王安石人望颇高。之前，馆阁之命屡下，馆阁任职的机会有多次，而王安石一辞再辞。士大夫以为他无意世事，恨不识其面，以不能见王安石一面为憾；朝廷每次授以美官，都唯恐他不肯就任。

宋代的三司是主管全国财政的最高机关，它的长官三司使，地位略低于宰相与枢密使，是直接对皇帝负责的朝廷重臣。三司下面有三个部，即盐铁、户部、度支。盐铁主管工商收入、兵器制造等；户部主管户口、赋税、榷酒等；度支主管财政收支和漕运等。三司使地位崇高，有"计相"之称，下设三个副使分管三部。判官的职权，大体相当于主持该部日常工作的秘书长，地位略低于副使。

据载，一天群牧司内牡丹盛开，包拯摆酒，召诸同僚赏花。后来司马光回忆，当时包公举酒相劝，自己向来不喜欢饮酒，还是勉强喝了几杯；而王安石任凭包公如何劝，始终滴酒不沾，包公也拿他没办法。司马光说："某以此知其不屈。"

仁宗嘉祐五年（1060）十一月二十六日，以直秘阁、判度支勾院司马光，度支判官、直集贤院王安石，同修起居注。

王安石推辞不受。皇帝只好命令阁门吏，将任命的敕告直接送去三司。王安石"避于厕"，阁门吏把敕告放在书案上抬脚就走，王安石派人追上去退还。上疏多达八九次，才接受任命。

司马光接到敕告，当即上疏辞让，说："记注之职，士林高选。若以叙进，则先达尚多；若以才升，则最出众下。岂敢不自揣度，贪冒荣宠？内犹愧怍，人将谓何？承命震恐，殆无容措。"疏三上，不许。司马光只好接受，但很快就听说王安石辞到七八次的时候，得到了准许。司马光非常后悔，认为是自己态度不够坚决，于是立即又上《辞修起居注第四状》，说："况王安石文辞闳富，当世少伦，四方士大夫，素所推服，授以此职，犹恳恻固让，终不肯为，如臣空疏，何足称道，比于安石，相去甚远，乃敢不自愧耻，以当非常之命乎？"意思是说，像王安石那样富有才华的人，都不肯就职，我与王安石相比，差得太远了，怎敢毫不惭愧，不顾羞耻，接受特别的提拔？又说："使臣之才，得及安石一二，则臣闻命之日，受而不辞。"意思是说，假如臣的才能，及得上王安石的十分之一二，臣在受到任命的当时，就会立即接受。可见，司马光对当时的王安石是何等推重。可是得到的批复还是不许。前后五次辞让，始终不许，司马光只得接受。

司马光的堂伯父司马沂早逝。司马沂的妻子李氏生司马咏、司马里及一个女儿，但不久，司马咏与女孩早夭。当时李氏才二十八岁，立誓不再嫁人，含辛茹苦，让司马里四方求学。后司马里中第，官至尚书都官郎中。李氏有一姑妈，年老多病，生活完全不能自理，"常卧一榻，扶然后起，哺然后食"，李氏左右侍候，为她养老送终。仁宗嘉祐五年（1060）九月，李氏在京师去世，享年八十三岁。十一月，夫妇合葬。司马光作《故处士赠都官郎中司马君行状》，其中说："请于今之德行文辞为人信者，以表其墓，庶几传于不朽，而子孙有所法则焉。"所谓"今之德行文辞为人信者"，不是别人，就是王安石。在《宋故赠尚书都官郎中司马君墓表》中，王安石最后写道："虽非其家人所欲论著，吾固乐为道之；又况以起居之贤，尝为吾僚而有请也。"

显然，司马光与王安石的关系非同寻常。此时的王安石，极受司马光的欣赏，而司马光也极受王安石的推重。

王安石撰《司马沂墓表》

我们有理由相信，如果不是因为后来的政见分歧，司马光与王安石可能会做一辈子的好朋友。

不仅司马光对王安石评价甚高，当时举朝上下，几乎无不交口称赞。但也有例外。苏轼的父亲苏洵，早已表示怀疑。

一次司马光请吃饭，客人们大都走了，唯独苏洵没走，他问司马光："适坐有囚首丧面者何人？"意思是说，王安石发不梳如囚犯，面不洗似居丧。司马光回答："王介甫（王安石字介甫）也，文行之士。子不闻之乎？"苏洵不以为然，说："以某观之，此人异时必乱天下，使其得志立朝，虽聪明之主，亦将为其诳惑。内翰何为与之游乎？"苏洵回去即作《辩奸论》，行于世。

我们无法设想司马光当时的反应。眼下，他与这个"囚首丧面"的人交往，是要好的朋友，对他推崇备至。苏洵老先生的判断，是否使他感到震惊？是否会因此想到彼此日后的反目？

○
○

苏辙试卷

嘉祐六年（1061）八月二十五日，仁宗皇帝御崇政殿，选拔敢于直言批评朝政的人才，选拔对象是在职的官员。参加此项考试的人很少，包括著作佐郎王介、福昌县（今河南省宜阳县西）主簿苏轼以及渑池县（今河南省渑池县）主簿苏辙。苏轼的试卷是第三等，王介的是第四等，苏辙的试卷该是第几等，意见有了分歧。

史书上说，苏辙的对策切要而率直，讲话直率，一针见血，大意是自北方停战以来，陛下就弃置了忧惧之心，二十年了。古代的圣人，无事时常心存忧虑，预先有所防备，所以有事时就不惧怕。无事时的忧虑，是为了有事时的不惧。现在陛下无事就无忧，一旦有事，又大惧失措，臣以为有失其宜。臣听说近年来，后宫的嫔妃，至以千数。陛下坐朝时不再征询、谋划，在便殿也不再咨询利弊，都是女宠们糟害的。内则伐性伤和，外则蠹国败政。陛下不能说这只是好色于内，而不妨外事。如今海内困穷，生民怨苦，而宫中赐予，毫无节制。想要就给，宰相大臣不敢进谏，财政部门不敢论争。国家内有养官、养兵之费，外有给契丹、西夏的岁赐，现在陛下自己又另挖一个无底洞，消耗其余，臣恐怕陛下因此遭受诟病，民心将不归。批评直指皇帝的私生活，真是够率直，够大胆的。

苏辙的试卷，身为谏官的司马光定为第三等。宋代的制科考试分五等录取，但一般都是从第三等开始，前两等形同虚设，从未录取过，第三等此前也只录取过一人；司马光定苏辙试卷为第三等，对苏辙是很高的评价。翰林学士范镇提出质疑，认为应该降等。蔡襄说："我身为三司使，愧对'司会'（司会，古官名，主管财政）之名，不敢有怨言。"只有胡宿认为苏辙所答非所问，而且，引唐穆宗、唐恭宗以喻当今盛世，非所宜言，力请黜罢。

司马光在《论制策等第状》中说："臣近日受差赴崇政殿后，覆考应制举人试卷，其中某字（指苏轼的）与某字（指苏辙的）所对策，辞理俱高绝，超出同辈。然而某字号（指苏辙的）所对，'命秩之差、虚实之相养者一两事，与所出差舛'，臣遂与范镇同议，以某字（指苏轼的）为第三等，某字（指苏辙的）为第四等。详定官已定从覆考，窃知初考官以为不当，朝廷又差官重定，复从初考，以某字

（指苏辙的）为不入等。臣窃以国家置此六科，本为取才识高远之人，当然不以文字华丽、记忆博杂为贤。某字（指苏辙的）所试文辞，臣不敢再说什么；但见其指陈朝廷得失，无所顾虑，在四人当中，最为切直，如果不被录取，恐怕天下人都会以为朝廷不过是虚设直言极谏科。某字（指苏辙的）以直言被黜，从此四方必以直言为讳，这对圣王宽明的品德，所损不小。臣区区所忧，正在于此；非为臣已定为高等，就要坚持己见。伏望陛下察臣愚心，特收其入等，使天下人都说，其所对事项虽有疏漏，但陛下特以其切直，录取了他。如此，岂不美哉！"

宋时，为防止通过笔迹作弊，考生的试卷在进入评卷程序之前，先要誊录，然后以某字作为此试卷副本的代号。从司马光的奏疏我们可以看出，当时的考试已有初考官、覆考官及详定官；如果对详定官的裁定有异议，朝廷会另派官员重定。司马光与范镇当时同为覆考官，两人经过商议，达成了一致的意见，以苏轼所对为第三等，以苏辙所对为第四等。蔡襄和胡宿可能同为初考官。

司马光的奏疏上呈以后，执政大臣也将苏辙的试卷进呈，打算黜落。仁宗说："求直言而以直弃之，天下其谓我何！"——求直言却因其率直不取，天下人怎么说我！于是降一等录取，入第四等次。我们刚才说过，宋代的制科分五等录取。第四等次算是为苏辙特别设立的。

显然，司马光的坚持起了作用。

授任官职的时候，知制诰王安石怀疑苏辙尊宰相而专攻皇帝，将他比作谷永，不肯拟写任命文件。宰相韩琦笑说："他的对策中说宰相不中用，要找娄师德、郝处俊这样的贤相来代替呢，你还怀疑他是谷永啊？"于是，改命沈遘拟写。据《汉书》卷八五《谷永传》记载，谷永是汉成帝时人，汉成帝宠爱赵飞燕、合德两姊妹，但当时掌权的是王太后的兄弟；谷永先后劝谏多次，表面上是对皇帝一片忠心，但骨子里是为了王氏家族的利益。王安石将苏辙比作谷永，将宰相韩琦比作王氏家族。事后谏官杨畋去见仁宗，说苏辙是他推荐的，陛下赦免了苏辙的狂直，予以录用，此乃盛德之事，请通报史馆，载入史册。仁宗高兴地同意了。

司马光并不认为此事已经结束。其后，他又上《乞施行制策札子》，说国家当初设置六科，大概要上观朝政得失，下知黎民疾苦，非为士人设此，作为升官的阶梯。臣昨受差覆考应制举人所试策，窃见上等三人所陈国家大体、社稷至计，很有可以采纳的内容，伏望陛下取正本留于禁中，常置左右，数加省览，以为儆戒；副本下之中书省，选择与当今政务切合的，奏而行之。以此使四方之人知道，朝廷求直言之士，并非为饰虚名，而是要取其实用的。

大概认为前一奏疏不够明确，不久，司马光又与同僚王乐道一起，上《论燕饮状》，说臣等窃见今年以来，灾异屡臻——日食，地震，江淮泛滥，风雨成灾，百姓多有菜色。这正是陛下返躬自省、克制自己的时候。而道路传言，都说陛下近来宫中宴饮，稍为过分，赏赐之费，动以万计。

耗散府库，征敛小民；何况酒这种东西，扰乱性情，败坏品德，为禹、汤所禁，为周公所戒。总而言之，大概都不是上承天意、下忧黎民、颐养圣体的做法。陛下恭敬俭约的品德，为万民所周知。舆论以为后宫奢侈放纵，互相攀比，左右近臣贪图赏赐，陛下不愿驳回他们的请求，曲意允从。天以刚健为德，人君务求坚定，为什么要迁就后宫及左右的欲望，上忽上天的警戒，下忘百姓的疾苦，中不为宗庙社稷深自珍重呢？臣等愚惑，窃以为陛下不应如此。伏望陛下当此之际，尽罢宴饮，安神养气，后宫妃嫔，进见有度，左右小臣，赏赍有节，厚味腊毒之物对身体无益的，都不宜多吃损伤体内大和。这样才可以解除上天的谴责，安慰万姓的期望，保全承自上天的无穷年寿。天下众生，不胜幸甚。

此疏上呈，史书上说："帝嘉纳之。"皇帝表示赞许，愉快地接受了。

我们注意到，司马光的奏疏与苏辙的对策，其实在内容上十分接近，都指出了皇帝的性生活过度、赏赐过滥等等。苏辙的对策，遭到了众多的质疑，而司马光等人的建议，仁宗愉快地接受了。一个时代有一个时代的潜规则，你若忽视了它，得到的结果与你的初衷可能就会相去甚远。大约在司马光看来，虽有不可以明确说出的话，却没有不可以明确表达的意思。

○
○

妇人裸戏

我们今天的正月十五元宵节，真可谓源远流长。起码在宋代，人们已经在过这个节日了。不过，那时人们更多地称作"上元节"，据说，这是因为道家以正月十五日为上元。

上元节挂灯，各地都是三夜，只有京师是五夜——自正月十四日至正月十八日。京师多出的两夜，据传是因为后蜀归降，正当乾德五年（967）的正月，宋太祖赵匡胤因为年丰时平，让军民狂欢，诏令开封府特增两夜，从此成为惯例。

宋代的宫城，即皇宫大内，位于皇城的东北角；宫城周长五里，南三门：中为宣德，东为左掖，西为右掖。自宣德楼一直南去，就是"御街"，宽约二百余步，两侧为"御廊"，曾允许生意人于其间买卖，后来禁止。

自前一年的冬至之后，开封府就开始在皇宫前结缚"山棚"，即"灯山"，用木头搭建而成，极高大，以彩绸缠绕，极结实，可站乐队；"山棚"正对着宣德楼；民间艺人则云集御街，"御廊"下奇术异能、歌舞百戏，鳞次栉比，乐声嘈杂达十余里："击丸蹴鞠，踏索上竿，赵野人倒吃冷淘，张九哥吞铁剑，李外宁药法傀儡，小健儿吐五色水，旋烧泥丸子，大特落灰药榾柮儿杂剧，温大头、小曹嵇琴，党千箫管，孙四烧炼药方，王十二作剧术，邹遇、田地广杂扮，苏十、孟宣筑毬，尹常卖五代史，刘百禽虫蚁，杨文秀鼓笛，更有猴呈百戏，鱼跳刀门，使唤蜂蝶，追呼蝼蚁，其余卖药卖卦，沙书地谜，奇巧百端，日新耳目。"至正月初七日，灯山上彩绸，金碧辉煌，交相辉映；面北全以彩绸结"山沓"，上绘神仙故事，或坊市卖药、算卦之人；灯山左右用彩绸扎成文殊、普贤二位菩萨，分别跨坐着狮子、白象，菩萨各于手指出水五道，其手摇动。用辘轳绞水至灯山顶上，储存在木槽子里，逐时放下，如瀑布状。又在左右门上，各以草把扎制草龙，再用青色的帐幕遮了，草上密密麻麻放置灯烛数万盏，远望如两条飞龙蜿蜒。自灯山至宣德楼之间的横大街，约宽百余丈，以棘刺围绕，叫作"棘盆"，内设两长竿，高数十丈，以彩绸缠绕，又以纸糊百戏人物，悬于竿上，风起，宛若飞仙。"棘盆"内设乐棚，差衙前乐人奏乐表演，其中还有左右军百戏，即乐舞杂技。皇帝和嫔妃们在宣德楼上观看，嫔妃们的嬉笑声，下边都能听到。宣德楼下用檀木垒成露台一所，围栏束彩绸，两旁禁卫排立，锦袍幞头簪赐花，各手执骨朵子（古兵器，后用作仪仗，俗称"金瓜"），面向此乐棚；教坊钧容直、露台弟子轮番表演；靠近宣德门的地方，也有"内等子"（皇帝的贴身保镖）班值（宋代御前当值的禁卫军；分行门班、殿前左班、殿前右班、内殿直班、金枪班、银枪班、弓箭班等二十四班，总称诸班直）排立。老百姓都在露台下观看，乐人时引百姓，山呼万岁。

开封府选各种身怀绝技的艺人，在"棘盆"中"飞丸、走索、缘竿、掷剑"之类，皇帝按例，都要赏赐。

仁宗嘉祐七年（1062）正月十二日，司马光等上《论上元游幸札子》，谈到当年的上元节。司马光等说，上元观灯，本非典制礼仪，只因天下太平，年岁丰登，欲与百姓同乐，乃盛世之繁荣景象。而去年四方诸州，多罹水旱灾害，鳏寡孤独，流离失所，辗转道路。伏计陛下念此，未曾稍忘。臣等只是担心，有关部门不明大体，必循惯例，未有减损，不能领会陛下慈爱万民之意，又连日游幸，这对陛下的圣体来讲，也是烦琐很辛苦的事。伏望陛下在往年的基础上，特减去些游览的地方，以悯恤下民，安养圣神。如此，天下幸甚。

减少游览的地方，那些地方就不必挂灯，自然就节省了费用。当然，当时皇帝的身体状况，也颇令人堪忧。司马光的用意，就是要厉行节约，以减少不必要的浪费。

正月十四日，仁宗驾临宣德门观灯，回过头对随从的大臣们说："此因岁时与万姓同乐耳，非朕独肆游观也！"意思是说只是借节日与民同乐，并非自己贪图享受、恣意游观。这些话是专门讲给司马光等人听的。

所谓"妇人裸戏"，既不是三级片，也不是床上戏，而是指女子相扑运动。

现在号称日本国技的相扑，其实早在我国的宋代就早已流行。据说此项运动的有力推动者，正是宋太祖赵匡胤。据史书上说，赵匡胤还在后周军队的时候，就曾制定过一套让军卒角力斗殴，胜者渐增俸缗、迁隶上军的"圣训之法"。大宋建国后，皇宫经常要从各地选拔强勇之人，训练成专业的相扑手。当时，皇帝的贴身保镖"内等子"也都由相扑手充任，选拔制度非常严格，他们的升级比赛，往往由皇帝亲自主持。此外，相扑运动几乎已成为招待外国使节的保留节目；那些使节大概吃饭都吃得战战兢兢，提心吊胆。甚至在皇帝的生日派对上，也要传唤相扑手们集体呼喝，以活跃气氛。

在皇帝的大力推动下，这项运动得到空前的发展，由军队迅速向民间普及，成为一项真正的全民体育运动。《水浒传》中燕青与任原在擂台上的一场搏斗，正是宋代相扑运动的真实反映。南宋名将岳飞，据说也常在军中举行相扑比赛，他的亲随军，都由相扑高手组成。

从出土的宋墓壁画来看，当时相扑手的上身，毫无疑问，完全赤裸；下身除用于遮羞的一点可怜的织物，可以说一丝不挂。值得一提的是，从壁画上看，当时的相扑手是穿着鞋的，这一点与今天的日本相扑不同。这是指男子相扑。但据此推断，所谓"妇人裸戏"的裸，可能也并非全裸，只是赤裸了上身，即腰际以上的部分。

由正月二十八日司马光所上的《论上元令妇人相扑状》我们知道，本月十八日，仁宗曾驾临宣德门，召各色艺人进献技艺，并分别赐给银两绢帛；各色艺人中，就包括了女子相扑。

司马光直言不讳："臣愚，窃以宣德门者，国家之象魏

（古代宫廷外的一对高大建筑，用以悬示法令），所以垂宪度（法度）、布号令也。今上有天子之尊，下有万民之众，后妃侍旁，命妇纵观，而使妇人裸戏于前，恐非所以隆礼法、示四方也。"意思是说，宣德门是国家用来悬示法度、发布号令的地方，而现在上有天子之尊，下有万民之众，后妃侍立，有身份的妇女在场，却让妇女裸戏于前，集体涉黄，这大概不是尊崇礼法、宣示四方的做法。又说："陛下圣德温恭，动遵仪典，而所司巧佞，妄献奇技，以污渎聪明，窃恐取讥四远，愚臣区区，实所重惜。"意思是说，错不在皇帝，而在有关的官员，是他们机巧奸诈，亵渎了圣明，恐怕国家因此为远人所讥，臣对此深表惋惜。然后是他的建议："若旧例所有，伏望陛下因此斥去，仍诏有司严加禁约，今后妇人不得于街市以此聚众为戏；若今次上元始预百戏之列，即乞取勘管勾臣僚，因何致在籍中，或有臣僚援引（引荐）奏闻，因此宣召者，并重行谴责，庶使巧佞之臣，有所戒惧，不为导上为非礼也。"——如果旧例就有，希望陛下因此斥退，并诏令有关部门严加约束，今后妇女不许在街市上聚众相扑；如果今年上元节才首次入选百戏之列，就请调查主管的臣僚，搞清楚为什么会被列入，若是因臣僚引荐上奏，陛下才宣召的，就请将引荐者一并从重惩处，使奸佞之臣有所戒惧，再不敢勾引圣上做非礼之事。

女子相扑即便搁在今天，恐怕也很难接受。据报道，在视相扑为国技的日本，曾有人倡导女子相扑，但后来不了了之。想象一下两个女人撕扯的情形，我们就不难明白，为什么女子相扑发展不起来，更何况还是赤身裸体。今天尚且如此，在以礼乐治国的古代，其影响可想而知。

○
○

谈论财政

仁宗嘉祐七年（1062）三月，司马光被任命为知制诰。接着，又令兼任侍讲。司马光九辞。四月十五日，改为天章阁待制。五月初一日，又命司马光仍知谏院。

七月，司马光上《论财利疏》，专门谈财政问题。

上此奏疏的起因，是这年春天旷日持久的干旱。因为这场干旱，皇帝"忧劳于内"，公卿"惶恐于外"。国家财政已经到了崩溃的边缘。

司马光在奏疏中认为，所以如此，都是公私的积累一向不充实，因此一遇饥馑，就无法应对。司马光问："即不幸有大水大旱，方二三千里，戎狄乘间而窥边，细民穷困而为盗，军旅数起，久未有功，府库之蓄积已竭，百姓之生业已尽，陛下当此之时，将以何道救之乎？"意思是说，万一国家不幸，遇到大范围的自然灾害，外敌窥伺，盗贼横行，军队屡败，国库空虚，民间匮乏，到那个时候，陛下该如何拯救这个国家？司马光提醒皇帝，对这个问题应及早考虑，如果事到临头才想对策，就太晚了，因为圣贤之治，都是日积月累才见成效的，要天下家给人足，也不是一天半天就能办到。

解决的办法，用司马光的原话表述，就是："然则为今之术奈何？曰在随材用人而久任之，在养其本原而徐取之，在减损浮冗而省用之。"意思是说，解决的办法有三：第一，随材用人，使久于其任；第二，培养财源，徐徐取用；第三，裁减冗费，节约开支。

何谓"随材用人而久任之"呢？司马光解释说，人的才性，各有所宜，所以国家应就其所长使用他。现在国家用人却不这样，不问材性所宜，只问出身和资历。国家所以用度匮乏，就是没找对管财政的人。官员要长期从事某项职业，适合与否才搞得清，业绩也要长时间从事，才能做得出来。陈恕在先朝任三司使十多年，至今大家谈论擅治财赋的，仍首推陈恕。是陈恕才智多么超常吗？大概不是，而是因为他能够长期担任那个职务。至于三司副使、判官，只要能够胜任的，当时也没有多加更换。因此先帝屡行大礼，东封泰山，西祠汾阴，广修宫观，但用度仍有盈余。这都是用人专一、任职时间久的缘故。近年来，三司使、副使、判官，多用文辞之士，文辞之士通晓财政的，固然是有，但往往不能专心；而且调动太过频繁，臣曾判三司度支勾院，前后才两年，而上自三司使，下至检法官，都换了个遍，更有甚者，已换了好几任。

朝廷应精选懂财政的官员，不问其出身，或进士，或诸科，或门荫，都可以，先让他从小事做起，有成绩就让他"权发遣三司判官事"；满三年考核，成绩显著，再让他

"权三司判官事"；又三年，又有成绩，才得任正三司判官；没有成绩的，退回常调，按常规晋升，不再破格使用。各路转运使，使他们久于其任，有成绩的，或自权转正，或自转运副使升转运使；没有成绩的，也退归常调，不再破格。三司副使有缺，就从三司判官及各路转运使当中，选择功效卓著的补充；三司使有缺，也从副使中选人补充。三司使久于其任，能使用度宽裕、公私富足的，增其品级，与两府官员相同，但职任不变，这样，将来的用度盈亏，都由他负责，不得推诿，他自然要做长远规划了。

显然，在司马光看来，国家财政之所以出现危机，根源之一是没有找到合适的人才，而且不能让合适的人才长期担任相关职位。这里还有一句潜台词：司马光认为自己不是这样的人才。这个无可厚非，人才各有所长，不必都是全才。

何谓"养其本原而徐取之"呢？司马光解释说，善理财的人，养其所自来，而收其所有余，因此用之不竭，上下富足；不善于理财的人，正好与此相反。农工商贾，财之所自来，农民尽力耕耘，土地就会高产，粮食就会有余；工匠竭力制造，生产的器物就会结实耐用，器物就会有余；商贾尽力流通，互通有无，钱币就会有余。彼有余而我取之，多点也无妨。若让勤于稼穑的逸乐，让游手好闲的困苦，农民自然就会竭尽全力；让结实耐用的产品获利，伪劣侈靡的亏本，工匠自然就会尽其所能；公家的利益，抓大放小，近散远收，商贾自然就会竭力流通。农工商贾皆乐其业、安其富，那公家要什么而不得呢？

农民在租税之外，国家不应再有干扰。最重的衙前役，应募人去做，使轻重互补，不足部分由城镇的上等人户承担；其余轻役，再给农民去做。丰年政府应平价收购，使余粮有所归；凶年应按名册优先赈济农民。有能自力开荒、多产粮的，不计入家庭财产，国家不征税。这样，粮食就会受到重视，自然就会起到鼓励的目的。

工匠们以时俗的好恶为好恶，时俗重实用、轻伪劣，工匠们就会变而从之。时俗以在上者的好恶为好恶，在上者好朴素、恶淫侈，时俗就会变而从之。隶属官府的工匠们，也应择人监督，以工致为上，以华靡为下，器物上镌刻工匠的姓名，以优劣定赏罚，取其实用不取其数量，则器物无不精美。

商贾无非逐利而已。现在朝廷想尽办法变更法令，自食其言，夺其利益，使其无利可图，商贾们当然要弃此而从彼，朝廷如何挡得住？商贾抛弃茶盐，国家的税收减少，都是因为这个。朝廷最终能得到什么？善理财的人绝不这样，他将取之，必先予之，将敛之，必先散之，因此虽日计之不足，而年计之有余。这是白圭、猗顿都明白的道理，国家选择贤能理财，难道还不如白圭和猗顿吗？问题就出在不能久任，他们只求短期效应，不做长远打算。

司马光所说的"养其本原而徐取之"，在意思上与"杀鸡取卵""竭泽而渔"正好相反，非常像是我们今天推行的市场经济：政府只是宏观调控，不过多干预经济活动，充分发挥市场对资源的配置作用。司马光认为只要这样，社会财富就会源源不断地生长出来，而政府只要适当取用就可以了。

何谓"减损浮冗而省用之"呢？司马光解释说，过去太祖初得天下时，只有一百一十一个州，江南、两浙、西川等富饶之地，皆为异域，又上承五代战乱，府库空竭，豪杰棋布海内，戎狄窥伺，戎车岁驾，四方多虞，而当时内给百官，外奉军旅，扫除残余，赏赐巨万，也未曾听说用度不足，如今天这样紧迫。以开国之初的狭隘艰难，用度应不足而有余，以今日的广大安宁，用度应有余而不足，为什么会这样呢？因为浮费太多。司马光归纳为以下几种：

浮费一、赏赐过滥。这倒不是说皇帝本人生活多么奢侈，相反，仁宗非常俭朴。仁宗去世前的一个月，中书省、枢密院在福宁殿西阁奏事，大臣们看到仁宗用的帷幄、褥垫，都很破旧，很久没有换了。仁宗看着宰相韩琦等人，说："朕居宫中，自奉正如此耳。此亦生民之膏血也，可轻费之哉？"——朕在宫中，就这么艰苦朴素。这些都是天下百姓的膏血呀，我能随随便便耗费吗？人之将死，其言也善，仁宗的表现，不像是政治作秀。

但左右、宗戚、贵臣，往往"请求无厌，丐贷不耻，甚者或依凭诏令以发府库之财，假托供奉以糜县官之物，真伪莫辨，多少不会"。就是说他们请求不断，更有甚者，凭借诏令攫取国库，假托供奉浪费公款，真假不辨，多少不计。而仁宗"圣度宽容，不欲拒塞，恶闻人过，不加案诘，至于颁赐外廷之臣，亦皆逾溢常数，不循旧规"。意思是说，仁宗禀性宽容，不愿拒绝，也不喜欢闻人之过，不加追究，甚至对外臣的赐予，也都超越旧规。

浮费二，人口繁衍，闲人众多，风俗奢靡。宫中及贵臣的奢侈自不必说。内自京师士大夫，外及远方之人，下至军中士卒、畎亩农民，衣服饮食器具用度，与数十年前相比，都变得华靡不实了。过去的一切，在人们眼里，都以为鄙陋可笑了。司马光说："夫天地之产有常，而人类日繁；耕者寖寡，而游手日众；嗜欲无极，而风俗日奢，欲财力之无屈得乎哉？"——天地的出产是一常数，而人口越来越多；农民日渐减少，而游手好闲的人越来越多；嗜好欲望无穷，风俗越来越奢靡，指望财富无穷尽，不可能。

浮费三，杂吏侵吞。府史胥徒之类，"居无廪禄，进无荣望"，既没有俸禄，又不能晋升，都靠盘剥为生，凡有大小事情经他们的手，非贿赂不可。百姓纷纷破产，不仅是官府的徭役使然，这些杂吏也是罪魁祸首。

浮费四，贪污横行。国家近年来政令宽松，百职隳废，上边简慢倨傲不加审查，下边侵夺盗窃恣意攫取，因此国家每有营造购买，所费财物往往十倍于前，而所收功效却不及一二。

浮费五，冗官。自古百官都有常员，而现在国家用磨勘之法，够年限就要升迁，日积月累，没有穷尽，以致一个官位就有数百人，俸禄自然有增无减。

浮费六，冗兵。近年养兵，务多不务精。兵多而不精，用处少却多费衣粮。衣粮多则府库耗，府库耗则赐赉稀，因此不足的岂只是百姓？兵卒也同样穷困潦倒。国家失策，莫过于此。

对策只有一个字，就是"省"。司马光说："凡此数者，皆所以竭民财者也，陛下安得熟视而无所变更邪？"——凡此种种，都在吞噬着百姓的财产，陛下怎能熟视无睹，无所变更呢？又说："臣愚伏愿陛下观今日之弊，思将来之患，深自抑损，先由近始。"——愿陛下看到今日的弊病，想到将来的祸患，厉行节约，先从身边的人开始。

具体如何做呢？

针对浮费一，司马光提出，凡宗室、外戚、后宫、内臣，以至外廷之臣，俸禄及赐予一切都照祖宗旧规办理。超越常规，一律杜绝，分毫不许；若祈请不已，应严加惩罚，以警其余。针对浮费二，司马光提出，凡文思院、后苑作所做一切奇巧珍玩之物，不急的、无用的，全部罢省；内自嫔妃，外及宗戚，下至臣庶之家，敢以奢丽之物夸耀攀比及贡献贿遗以求悦媚的，公开治罪，并当众焚毁物品；专以朴素为天下表率，以矫正风俗。针对浮费六，司马光提出精兵。浮费三、四、五都是用人问题，司马光提出，任用廉良，屏退贪残，保佑公直，消除奸蠹，澄清庶官，选练战士，不禄无功，不养无用，如此实行，持久不懈。

宋代有三冗：冗官、冗兵、冗费。冗费不用说了，冗官与冗兵，最终也要归结到经济上。"三冗"压得国家喘不过来气，入不敷出，濒临崩溃。"减损浮冗而省用之"就是我们所说的节流。在传统社会当中，生产技术没有突飞猛进的发展，社会财富不可能有大幅度的增加，这种情况下，要解决财政危机，改变入不敷出的状况，如果不是增加税收或与民争利，节流就是唯一可行的办法。

针对财政管理的各自为政，司马光提出统一管理，他说："如今天下穷乏如此，而宰相不以为忧，恐怕是以为不关自己职责的缘故。请另置总计使，由宰相统领。凡天下金帛钱谷隶于三司的，及不隶三司的，如内藏库、奉宸库之类，总计使都可以总管。小事官长专达，大事与总计使商议后施行。年底将出入数目向总计使汇报。总计使量入为出，若入少出多，总计使应查明究竟，找出可省的费用，奏闻省去；保障每年有三分之一的节余，作为储备，以应付不时之需。凡三司使、副使、判官、转运使及掌内藏、奉宸等库的官员，都交由总计使考核，奏闻赏罚。若总计使久试无效，请罢退，另择他人。"

当时的宰相只管行政，财政主要由三司负责，而内藏库和奉宸库，不在三司的管辖范围之内。统一管理，无疑可以提高效能。

宋朝的财政危机，不是到王安石改革时才出现的，它由来已久。我们已经看到，司马光对此早有考虑，并提出了自己的解决办法。

再论继嗣

在帝王时代，如果皇位的继承人不能确定，将会带来腥风血雨。我们还记得，司马光在并州的时候，曾接连上疏，谈继嗣问题。仁宗嘉祐六年（1061），司马光旧事重提。

这一年的闰八月二十六日，司马光上《乞建储上殿札子》，说臣在至和三年（即嘉祐元年，1056）任并州通判的时候就曾三次上奏，请陛下早定继嗣，以遏乱源。那时臣疏远在外，仍不敢隐忠爱死，数陈社稷大计，何况今日侍从陛下左右，又任职谏官。国家最大最急的事情，无过于此，如舍而不言，专以冗杂琐细来烦渎圣听，应付塞责，那就是心怀奸邪，罪不容诛。伏望陛下取臣当时所进三状，稍加省察，如有可取，请早下决断，早赐施行。如此，天地、神祇、宗庙、社稷、群臣、百姓，全都受益。这只在陛下的一句话而已。

司马光拟好札子，又上殿当面陈奏。仁宗当时可能因为久病体虚，常常缄默不言，执政大臣奏事，也只是点头首肯而已，但听了司马光的话，沉思良久，问司马光："是挑选宗室子弟作继嗣的事吧？那是忠臣之言，只是他人不敢谈及罢了。"司马光说："臣谈这些，以为必死无疑，没想到陛下会采纳。"仁宗说："那有什么？古往今来都有这种事情。"然后就让司马光把札子交到中书省去。司马光说不可以，希望陛下亲自把这个意思告诉宰相。当天，司马光又谈到江淮的盐务，因为要汇报，就到了中书省。宰相韩琦问司马光今天还说了些什么，司马光思忖，这是大事，不能不让宰相知道，正好借此宣传皇帝的意思，就说是宗庙社稷大计。但不等司马光开口，韩琦就表示，自己已经明白，因此不必再说。

谈到太子问题，韩琦心有灵犀，因为他也有相同的主张。

仁宗自至和末得病以来，朝臣多请早立继嗣，但仁宗都没有答应。这样过了五六年，进言的人也日渐懈怠。韩琦曾建议在宫中设立"内学"，选宗室子弟恭谨朴实、好学上进的，升入"内学"读书，希望选到仁宗亲近的贤能，将来好托付国事。韩琦想以此打动仁宗，一有机会就说应早立继嗣。可仁宗说后宫有嫔妃即将生产，还是等等再说吧。后来生下的都是皇女。一天，韩琦又进读《汉书·孔光传》，说汉成帝无子嗣，就立了弟弟的儿子，他不过一中才之主，仍能如此，何况陛下呢？如果以太祖之心为心，那就无所不可。我们都知道，宋太祖没有将帝位传给儿子，而是传给了弟弟，韩琦这样说，是要仁宗早下决心。

当时，韩琦已经明白司马光要说什么。十天以后，就有诏书，令司马光与殿中侍御史里行陈洙共同考察"行户"（加入商行的商户）的利弊。避开众人，陈洙对司马光说："日前陛下大飨明堂，韩琦代理太尉，我为监察，韩琦随口跟我讲：'听说你与司马君实关系不错，君实近曾建议立嗣，可惜没把札子送来中书省，我想重提此议，但苦无凭借。行户的利弊，不麻烦先生，只想你见到先生，转达此意。'"

于是，司马光再上《乞建储上殿第二札子》，说汉孝成帝即位二十五年，年仅四十五岁，因为没有继嗣，就立弟弟的儿子定陶王刘欣为太子。现在陛下即位的年头和岁数都超过了他，怎可不为宗庙社稷而深谋远虑？况且，也不是让他正太子名分，只是希望陛下自择宗室子弟中仁孝聪明的，认为养子，官爵与住所，与众人略有些不同，使天下人都知道，陛下已经意有所属。等将来有皇子出生，再让他退归本宅，又有什么妨害？这实在是天下安危的根本，希望陛下果断施行。

札子上呈之后，司马光又当面陈奏，说："臣上次进言，陛下欣然采纳，本以为很快就会施行，结果却没有任何动静。一定是有小人说陛下春秋鼎盛、年富力强，何必急着做这种不祥之事。小人无远虑，只想仓促之际，扶立和自己关系密切的人，'定策国老''门生天子'之祸能说尽吗？"仁宗恍然大悟，说送中书省。司马光到了中书省，对韩琦等人说："诸位不趁此机会解决，他日半夜宫中传出一小纸条，说以某人为继嗣，天下没人敢不听！"韩琦等拱手，说："敢不尽力！"——怎敢不尽力！

当时，陈洙也有上奏，请选宗室中贤者立为后。奏状发出去后，陈洙就对家人讲："今天我进了一奏状，论社稷大计的，如获罪，重则处死，轻则贬谪，你们要有思想准备。"可是，送奏状的人还未返回，陈洙就暴病身亡了。

九月二十三日，司马光上《乞矜恤陈洙遗孤状》，说陈洙天性忠诚果决、忧公忘私，弥留之际，仍上奏章，朝廷应予嘉奖，异于诸臣，请依例任陈洙一子为官，并诏令灵柩所经诸州，灵柩到时，派人护送，以示朝廷褒直劝忠、善始善终之恩。

此时，江州（治今江西省九江市）知州吕海也有进言，论继嗣事。

司马光的奏章已交中书省，宫内又传出吕海的奏章。一天，宰相韩琦与同僚在垂拱殿奏事，韩琦把司马光、吕海的奏章读了一遍，还没说别的，仁宗就说：朕有此意已久，只是没有合适的人选。接着问左右：宗室中谁比较合适呢？韩琦说：此事非臣等可议，当出自圣择，得圣上亲自定夺。仁宗说：宫中曾养二子，小的很纯朴，但近于愚笨；大的可以。韩琦请问名字，仁宗说：叫宗实，今年三十余。商议已定，正要退下，韩琦又奏：此事甚大，臣等不敢就施行，陛下今晚再考虑考虑，臣等明日听旨。第二天垂拱殿奏事，韩琦再问，仁宗说：已确定无疑。韩琦说：此事应循序渐进，容臣等商议授予的官职。当时赵宗实正为父守孝，于是商议"起复"（官员遭父母丧，守制尚未满期，而应召任职）为秦州防御使知宗正寺。仁宗很高兴，说：甚善！韩琦又说：事情不可中断，陛下既已决断无疑，请从内批出。韩琦的意思，此事应征得皇后的同意。仁宗说：这事哪能让妇人知道，中书省去执行就可以了。

十月十三日，起复前右卫大将军、岳州团练使赵宗实，为秦州防御使知宗正寺。赵宗实，就是后来的英宗皇帝，明道元年（1032）正月初三日生人，四岁时，仁宗养于宫内，宝元二年（1039）豫王出生，又退归濮王府邸。只是豫王后来夭亡了。

据说英宗出生前，父亲曾梦见两条龙，龙在太阳旁嬉戏。转眼，龙与太阳一起掉下来，父亲慌忙用衣服接住，才一寸多点。刚要放进佩囊，忽然又不见了。好半天才发现，已在云中。其中一条龙像人一样说："我非汝所有。"出生的当晚，又见有黄龙三四次出入卧室。

听起来相当荒诞吧，当故事听听好了。范镇在他的书里记下以上内容后，也说："岂不神异哉！"

荒诞归荒诞，但仁宗的态度，已有实质性改变。

但问题又来了，赵宗实不肯就职。十一月初八日，赵宗实上表，请守孝至期满；表四上，乃从其请。仁宗嘉祐七年（1062）正月二十三日，又命皇侄赵宗实为秦州防御使知宗正寺。但三月初六日，大宗正司说右卫大将军、岳州团练使赵宗实，请交还秦州防御使知宗正寺的告敕。五月十四日，大宗正司又说右卫大将军、岳州团练使赵宗实，已经缴还秦州防御使知宗正寺的告敕。七月二十二日，右卫大将军、岳州团练使赵宗实，辞秦州防御使知宗正寺。仁宗的答复很坚决：诏不许。

七月二十七日，司马光上《乞召皇侄就职上殿札子》，说臣伏见陛下以皇侄宗实知宗正寺，宗实辞让多日，不肯就职，陛下两次遣使者召令受敕，朝廷内外，无不欣喜，以为要不是陛下睿智聪明、深谋远虑、自我决断、施行不疑，哪能做到这样。君王以庇护百姓为仁，以稳固基业为孝，仁孝之道，莫大于此。如今陛下可谓一举两得，天下人听到，怎能不高兴？而且，爵禄，人所贪恋，往往斤斤计较，趋之若鹜，甚至不顾廉耻。现在宗实特受陛下选拔，恩宠有加，而宗实以荣为惧，辞让恳切，前后十个月，不肯接受，其见识操行，一定较常人为贤，更加证明了陛下的知人之明，天下人也因此尤为高兴。但陛下之于宗实，论辈分是父，论尊卑是君，按礼，父亲召唤，不存在答应不答应的问题；君命召见，应当立即出发。如今陛下两次遣使宣召，宗实即便不受恩命，也应入宫觐见，当面陈述，怎能躺在家里不起来？陛下应当再遣身边内臣往传圣意，责以礼法，他应当不敢不来；来了以后，陛下再当面敦促，使他知道圣心恳恻，发于至诚，应当不敢不接受。这样，陛下仁孝之德，纯粹光大，始终如一，无以复加。这些本是陛下正在做的事情，臣区区进言，只想陛下守之益坚，行之不倦。

由此推断，因为赵宗实的不肯接受，仁宗可能曾有动摇。那正是司马光所担心的。

八月初二日，右卫大将军、岳州团练使赵宗实，辞秦州防御使知宗正寺。诏许之。当时韩琦跟欧阳修等人商量，以为宗正之命既出，立为皇子是迟早的事情，不如干脆正名。欧阳修也认为如果立为皇子，可以省去不少麻烦。并向仁宗汇报，仁宗似乎更心急，当即表示同意。八月初五日，诏立赵宗实为皇子。八月初九日，赐皇子名曙。但赵曙称病不肯进宫。

八月二十七日，司马光上《请早令皇子入内札子》，认为负责传达诏命的内臣徒然往返，已是失职，应予责降。而皇子的名分，不是官职，不容避让；赵曙既为陛下之子，依礼应朝夕问讯，身为人子，不宜久处宫外。

八月二十七日，赵曙乘肩舆进宫。

史书上说，此前，身边的人问赵曙为什么不愿意进宫，赵曙说只为避祸罢了。那人说："您现在可能已经大祸临头了！如果您坚决不肯接受，大臣们肯定会请选别人代替，到那时候，您还能平安无事吗？"赵曙急忙爬起来，说："吾虑不及此。"

从整个过程中我们看到，司马光很为皇帝的继嗣着急，大概因为他熟读历史，历史上不缺这样的前车之鉴。为了避免危险的后果，必须未雨绸缪，早立继嗣。司马光的出发点是国家的长治久安，为了这个目的，他自知必死还是要说，而且接二连三，不厌其烦。这是公而忘私：为了公事，连自己的性命都顾不得了。

○
○

上疏帝后

嘉祐八年（1063）三月二十九日，仁宗驾崩；四月初一日，皇子赵曙即位，是为英宗，国家的第五任皇帝。

新皇帝现在三十多岁，老练而稳重。辅臣奏事，英宗都要详细询问，然后裁决，无不合理，朝廷内外异口同声，皆称明主。四月初四日，英宗即位的第四天，诏令天下官名、地名及人的姓名，与皇帝名字相同的，改换；部署，也改称总管。看来，国家按部就班，一切正在步入正轨。

可就在四月初四日夜，新皇帝突然得病，认不得人，语无伦次。不得已，又把前一天刚刚责降的部分太医重新召回；这些太医当时获罪，是因为救治仁宗不力。初五日，尊皇后为皇太后。初八日，仁宗大殓，英宗病情加重，大喊狂奔，不能成礼。宰相韩琦连忙扔掉手杖，掀起帘子，抱住英宗，又喊来侍从，嘱咐留意服侍。然后，韩琦与同僚一起，请皇太后下诏，处理政务之日，太后暂同处置。太后推辞不肯接受，过了很长时间，才勉强答应下来。

四月十三日，司马光有《上皇太后疏》，说：如今殿下初摄大政，四方无不观望，臣以为凡名体、礼数，关乎自己的，都应严自裁减，不可尽依章献明肃皇太后（真宗皇后，仁宗即位之初，曾垂帘听政）旧例，以保全您谦逊和顺的美德，与四海之厚望相称。大臣忠诚宽厚如王曾、清廉质朴如张知白、刚严正直如鲁宗道、诚实直率如薛奎，殿下当信用他们，与其共谋天下大事；鄙陋猥琐如马季良、谗间阿谀如罗宗勋，殿下当疏远他们，不可宠以禄位，听信其言。臣闻妇人以夫家为内，以父母家为外，何况后妃与国家同体，休戚与共。若赵氏安，则百姓安，曹氏也将世代永享富贵无疑；若赵氏不安，则百姓涂炭，曹氏虽欲独安，可能吗？所以政者正也，为政之道，莫若至公。臣愿殿下详察群臣，有贤才就提拔，有功绩就奖赏，不称职就废黜，有罪恶就惩治。等皇

宋英宗像

帝圣体平宁，再把安定太平的基业交还给他，然后自居长乐之宫，坐享天下奉养，则殿下圣善之德，将冠绝往古，光照后世。

武则天我们都不陌生，司马光担心的，大概就是再出现个"曹则天"。当时，朝臣们中间普遍存在这种戒备。现在英宗有病，太后出来主政，这是不得已的事情，可又不得不提防着，挺矛盾的是吧？所以司马光的奏疏里，既有建议，又有告诫。

可问题还是来了。四月十六日，翰林学士王珪上奏，说圣上病情已经好转，请皇太后还政。皇太后令王珪草拟还政诏书，但过后却因故没有实行。这自然很容易为别有用心者留下发挥的余地。

四月二十七日，司马光有《上皇帝疏》，说当初先帝的岁数并不是很高，就以宗庙社稷之重，高瞻远瞩，决断不疑，知道陛下仁孝聪明，可守大业，即擢于宗族之中，立为嗣子，授以天下，其恩德隆厚，逾于天地，固非微臣所

能称述。如今先帝不幸，奄弃万国，陛下哀慕泣血，夜以继日，过于礼制，以至成疾；朝廷内外，无不感泣，知道先帝能为天下得人，太平盛世，旋踵可致，群臣百姓，不胜大幸。眼下圣体痊平，初临大政，四海之人，拭目而视，倾耳而听，举措言行，不可不慎。为政之要，在于用人、赏善、罚恶而已。三者运用得当，则远近翕然，闻风而化，可以不劳而成，无为而治；运用不当，则流闻四方，无不解体，纲纪不立，万事隳颓。安危的根源、治乱的关键，全在于此。臣愿陛下难之慎之，精心审虑，就好比射箭，必须确定已完全瞄准，才可射出。陛下思念先朝，欲为报答，奉事皇太后孝谨，慰抚诸公主慈爱，这当然仁厚之至，远过常人，臣愿陛下虽天性如此，再加圣心，夙夜不懈，慎终如始，以结万民之心、垂四方风化，则福禄流于子孙，美名传之久远。古代人君嗣位，一定要到次年才行改元，臣愿陛下严格遵循，年内不作变更。为过世的父母守孝三年，从天子到庶人，都是一样的，汉代以来，才从权宜，以日易月。臣愿陛下虽仰遵遗诏，俯徇群情，二十七日而除服，但宫中音乐游宴吉庆之事，皆等三年，然后复常，以尽慎终追远之义。

英宗得病一定不是因为悲伤过度。毕竟不是亲生，即便悲伤，也到不了那个程度，要不也不会有后来的"濮议"。司马光所以那样说，大概是为了拉近英宗与太后的感情。其中又强调仁宗的恩德，然后谈到报答、改元、守孝等等，说到底，目的只有一个，就是要英宗对皇太后好一点，这样容易处好关系。司马光可能已经听到或者预感到什么，因此要提前做此提醒。

四月二十九日，立英宗的原配夫人京兆郡君高氏为皇后。高氏的母亲曹氏是光献太后的亲姐姐，当然，高氏就是光献太后的亲外甥女，英宗就是光献太后的外甥女婿。英宗是仁宗的亲侄子。皇后四岁时，与英宗一起寄养在宫里，长大后又各自出宫。一天，仁宗对光献说：我们夫妇老而无子，十三（英宗排行第十三）、滔滔（高氏的小名）都长大了，朕为十三、你为滔滔主婚，使相娶嫁。仁宗庆历七年（1047），高氏与英宗在濮安懿王府完婚，封京兆郡君。当时宫里人都说，这是天子娶妇、皇后嫁女。

英宗和光献太后原本算是亲戚，现在名义上又是母子，关系近到不能再近。可再近的关系，也架不住谗言。史书上说，英宗得病以后，举止时有失常，对待宦官尤其刻薄，因此左右有很多人不高兴，于是纷纷挑拨离间，帝后遂生嫌隙。

六月二十二日，司马光有《上两宫疏》，说奸邪之人，专窥上意，若有嫌隙，因而乘之，离间君臣，离间父子，使上下相疾、内外相疑，然后施展诈谋，盗取大权，夺取重利。自古以来，丧国败家，无不由此。如今虽睿圣在上，朝廷清明，中外之臣，皆怀忠良，但祸福的源头，往往极微小，因此举措听纳，不可不慎。臣以为今日之事，皇帝离了皇太后，无以君天下，皇太后离了皇帝，无以安天下，两宫相恃，犹如头目与腹心。皇帝圣体平宁时，奉事皇太后，遵奉顺从，无不依礼；若因治疗未能见效，因而问安侍奉有不到之处，皇太后也应宽容。万一奸人有传言，牵涉离间的，应立即诛戮，以明示天下，使都知道，谗佞之徒不能迷惑圣明。

但两宫的矛盾，还是迅速升级。太后曾派人将一封文书交给宰相韩琦，韩琦打开一看，是皇帝写的歌词以及在宫中的种种过失。等帝前应对时，太后呜咽流泪，具道所以，并说："老身殆无所容！"意思说自己快受不了了。其后，韩琦等觐见英宗，英宗又说："太后待我无恩。"意思说太后对他不好，刻薄寡恩。

十一月二十六日，司马光在《上皇太后疏》中，讲到汉明德马皇后与汉章帝的故事，说如今仁宗新逝，皇帝又久病不起，天下之势，危于累卵，太后应当包容，不可像普通人那样，争执谁说了什么这种小事，影响到宗庙社稷的安危。

同一天，司马光在《上皇帝疏》中，又把那个故事讲给英宗听，劝英宗痊愈之后，亲至皇太后处，克己自责，为之前的过失道歉。

英宗治平元年（1064）三月后，司马光又集中劝谏英宗，连上四个札子，谈奉养问题。

三月十三日，司马光上《言奉养上殿札子》。从这个札子我们知道，当时两宫关系有所缓和，英宗已能奉事皇太后如礼。司马光列举皇太后的大恩德三：一、先帝立陛下为嗣，皇太后有居中之助；二、先帝晏驾之夜，皇太后决定大策，迎立陛下；三、陛下即位数日，得病不省人事，朝廷内外，惶惑失措，皇太后为陛下摄理国政，镇安中外，以待陛下痊愈。司马光说：有此一德，陛下子子孙孙都报答不尽，何况三德兼而有之？

在《言奉养上殿第二札子》中，司马光说皇太后为母，陛下为子，皇太后母仪天下已三十年，陛下却新自藩邸（藩王的宅第）入承大统，若万一两宫有隙，陛下以为谁逆谁顺、谁得谁失？陛下奉事皇太后，当一如奉事濮王。今日回心转意，仍为时不晚，否则，只怕天长日久，嫌隙愈深，将不可弥合。

读《言奉养上殿第三札子》我们得知，司马光此前以父母坟墓久无洒扫，请求到家乡左近的州军任职，即意见不被采纳，因而提出辞职。英宗不准，让宰相转告说，卿过去所说诸事，大体都已施行；暂且还在谏院供职，不可求任外官。司马光说陛下奉事皇太后，还是赶不上当初奉事濮王，尽管如此，两宫仍无由融洽。臣闻为人子，奉事其亲而亲不悦，不敢怨恨，退而自责：是我敬爱不够吗？敬爱已极，还是不悦，就说：是礼节不够谦恭吗？礼节已足够谦恭，还是不悦，就说：是我不够真诚吗？已足够真诚，则大孝之名，达于四海，通于神明，神明尚且助他，何况是人。

不久，司马光再上《言奉养上殿第四札子》。从中可知，当时任守忠等已被降逐出外。起初外界传言，都说任守忠等本不高兴英宗为嗣，在皇太后面前，就说皇帝和皇后的不是，在皇帝和皇后的面前，又说皇太后的过错，使两宫互相猜疑，遂成嫌隙。司马光建议皇帝与皇后，亲至皇太后处叩首谢罪，禀明以前为任守忠等所误，而致屡有违忤，如今任守忠等既已逐去，愿与皇太后母子之恩，一如旧日。

五月十三日，皇太后出手书，付中书省，还政。之前，英宗病情稍有好转。自去年秋天以来，英宗就隔日至前后殿临朝听政。两府大臣每次退朝，再入内东门小殿，向皇太后覆奏如初。韩琦曾一天拿十多件事，禀报皇帝裁决，全都恰当。韩琦向太后覆奏皇帝裁决的十多件事，太后连连称赞。同僚既退，韩琦独留，向太后求去。太后说：相公哪能走？我本应居住深宫，却每天在这儿操劳，都是不得已的。韩琦说后汉的马太后、邓太后，多贤德啊，还是不免贪恋权势，太后如能还政，实在为马、邓所不及，说完再拜向太后道贺。又说台谏官员也有奏疏，请太后还政，不知决定哪天撤帘？太后立即起立，韩琦则厉声命仪鸾司撤帘。帘已落下，御屏风后还能见到太后的衣角。我们还记得，当初请太后垂帘听政的就有韩琦。韩琦此举的动机，自然是不错的，但具体做法，显然有失厚道。

五月十七日，诏皇太后的命令称圣旨，出入唯不鸣鞭（鞭，宋代仪仗中的一种，鞭形，挥动发出响声，使人肃静），其他仪仗护卫，照章献明肃太后旧例；凡有索取，本阁使臣录圣旨付有司，其属中书省、枢密院办的，使臣呈文，皆覆奏，即施行。

五月十九日，司马光上《论皇太后取索札子》，说臣窃闻两府议定，皇太后于诸处索取物品，令本阁使臣以皇太后旨意呈报各处，有司再将旨意奏闻，见到御印，立即供应。臣熟思此一节，事情恐怕不太稳妥：万一使者懈怠轻慢，有司拘泥文字，皇太后急需的药、日用杂物等，不能当时拿到，有伤慈母之心，与陛下以四海奉养皇太后之意不符。事情虽小，当此之际，小有不足，所系甚大。

矛盾都因小事而起，司马光认为即便是小事，也必须慎重。外界的传闻可能有些夸大。圣旨是说要两府办的，使臣通知有关部门的同时，才要向皇帝上奏，批准后施行；而传闻却说凡是太后需求，都要皇帝批准。

五月二十八日，司马光又有《上皇太后疏》，说窃闻道路传言，未知虚实，都说近日皇帝与皇后奉事殿下，恭勤之礼，大过往日，而殿下待他们太严，礼节太过简慢，有时进见，殿下虽然赐座，但情形如待关系疏远的客人，交谈不过数句，就打发他们离去。这样，母子之恩，如何得达？婆媳之礼，如何得施？凡皇帝、皇后进见之际，殿下应温颜相待，从容挽留，随时往来，不加限制，或置酒谈笑，高高兴兴，相待如一家人。如此，则殿下坐享孝养，何乐如之？

没错，司马光确实是在调解家庭纠纷。但我们知道，在帝王时代，帝王的家事就是国事，皇帝与太后的纠纷，自然就是国家最大的大事。换个体制，换个时间，这样的纠纷，就好比总统与国会之间的摩擦，谁敢说那是小事？

谈论民兵

英宗治平元年（1064）秋，西夏数次出兵，侵入秦凤路（包括今天甘肃省的大部及青海省、宁夏回族自治区、陕西省等的一部分；北邻西夏）的泾州（治今甘肃省泾川县北）、原州（治今甘肃省镇原县），劫掠熟户（归附宋方的少数部族），袭扰边寨弓箭手，杀掠人畜数以万计。

西夏此次进犯，可能跟前一年的使节受辱有关。

前一年，仁宗驾崩、英宗即位，西夏国主赵谅祚遣使致祭，并贺新皇帝登基，延州派指使高宜，押伴进京，既是陪伴，也是押送。到了顺天门，使者要佩鱼，要带着仪仗，高宜不许，使者不从，高宜就把他们关在马棚里待了一个晚上，而且不给饭吃，使者出言不逊，高宜就斥责他，使者只得同意仍照旧例。过了很久，高宜才答应让他们进宫。等到殿门赐食，使者提出申诉，诏回延州与高宜辩明。当时司马光与吕海上奏，请将高宜治罪，但朝廷没当回事。此事后由延州通判处理，当时使者质问：高宜说发兵一百万，遂入贺兰穴，是什么话？通判答：听说使者视国主为少帝，高宜才说那些话的；错在你们使者，不在高宜。治平元年（1064）九月二十八日，又赐赵谅祚诏书，告诫他今后精选使者，勿使生事。

不管以前怎样，现在毕竟是两个国家了，使者往还就应当慎重。平心而论，这个高宜太过狂妄，而当时朝廷对此事的处理，也有失恰当，说得不客气点，就是太托大了。

我们都清楚，大宋国家素号"积弱"，正规军规模庞大，数量惊人，但战斗力几乎为零，一有战事，就连吃败仗。

正规军靠不住，于是想到了义勇，就是民兵。

英宗治平元年（1064）十一月十四日，命刺陕西诸州军的百姓为义勇。主意是宰相韩琦出的。起初，宰相韩琦说："古代登记百姓为兵，数量虽多，国家花费却极少，唐代置府兵，与此最为接近。如今的义勇，河北（包括河北东、西二路）将近十五万，河东路（约相当于今山西省，但不包括夏县）将近八万，勇敢剽悍、质朴忠诚，出于天性，又有财产、父母、妻儿所系，如果稍加挑选和训练，与唐代府兵何异？陕西（包括永兴军路及秦凤路，夏县时属陕州，陕州隶属永兴军路）在西部战事之初，也曾三丁选一丁为弓手，后来刺为保捷正军，西夏称臣后，朝廷拣放，至今已所剩无几。河北、河东、陕西三路，皆西北要冲之地，应一视同仁。请于陕西诸州，也点义勇，只刺手背，一时可能不无小扰，但终成长利。"诏从之。于是登记陕西百姓为义勇，共得十五万六千八百七十三人。

宋代的正规军即正军，分为禁军和厢军。禁军负责皇帝和京师的安全，以及征伐与戍边，平时多驻扎汴梁周边；

厢军就是些老弱病残，常驻地方，起初只做些工程之类，后来也训练一部分参战。保捷军属禁军。所谓义勇，属乡兵，就是民兵。弓手或者乡弓手，是义务的公安人员，有点像我们今天的治安联防员；不过那时的公安人员，除了领导，基本都是义务的。

十一月二十二日至十二月初五日，在半月不到的时间里，司马光接连六次上疏，请朝廷罢刺陕西义勇。

在《乞罢陕西义勇札子》中，司马光说他的消息是听来的，不知是实是虚；如果真的如此，就极不恰当。如今提议的人只奇怪陕西独无义勇，却不知陕西的百姓三丁之内已有一丁充保捷军了。自西部战事以来，陕西困于征调，与景祐（1034—1038）以前相比，民力减耗三分之二。加之近年屡遭灾荒，今年秋天小有丰稔，本指望能喘口气，可又值边鄙有警，人心已乱，若再听到此诏，必定大为恐慌，人人愁苦。况且眼下陕西正军甚多，不至缺乏，为何遽做此有害无益之事，重蹈覆辙呢？

在《乞罢陕西义勇第二上殿札子》中，司马光说臣前次上殿，请陛下留意备边，所谓备边，不是仅仅添屯军马积蓄粮草而已，更在于择将帅、修军政。如今陕西沿边的正军，动辄数以万计，朝廷若能择有方略、胆识之人，任为将帅，使淘汰疲弱，选取精锐，勤加教习，明行赏罚，"则虽欲取银（银州，属西夏，治今陕西省榆林市南）夏（夏州，属西夏，治今内蒙古自治区乌审旗南）而税其地，擒赵谅祚而制其命，有何所难"，何况只是禁其劫掠！显然，在司马光看来，官军所以一再失利，不是数量不够多，而是治军无方。

然后，司马光提到朝廷康定（1040—1041）、庆历（1041—1048）年间的作为。他说当时因为元昊犯边，官军失利，朝廷曾登记陕西百姓为乡弓手。起初明出敕榜说，只是守护乡里，肯定不刺充正军、屯戍边境；可是敕榜还未收起，朝廷就全部刺充保捷，命令去边州屯戍了。百姓都生长于太平之世，不识兵革，一旦调发为兵，自陕州以西，闾阎之间，如人人有丧，户户被掠，号哭之声，弥天亘野，"天地为之惨悽，日月为之无色"，往往逃避在外，官府就控制他们的父母妻儿，急加追捕，又出售他们的田产，充作赎金或者赏金。刺面之后，教头等贪图他们的家产，百般搜刮，衣粮不够，要到自家去取，屯戍边境之后，更要千里供送。祖辈、父辈的积累，日销月铄，以至于尽。况且平生所习，只是桑麻耒耜，至于甲胄弩槊，虽日日教习，仍不免生疏，又资性戆愚，加之怯懦，临敌之际，得便就想退走，不仅自己丢了性命，而且影响整个战阵。后来官府也知其无用，遂大加淘汰，发给"公凭"，任其自便。可是这些人游手好闲惯了，不肯再辛苦作务庄稼，而且田产已空，即便想重操旧业，也再无可能，流离失所受饿挨冻，不知所终。老人们至今说起，仍长叹落泪。此为失策，明明白白，足以为戒。

次日，司马光又上《乞罢刺陕西义勇第三札子》。从中我们知道，司马光昨日上殿呈递札子，又当面陈奏，之后，皇帝令送中书省、枢密院商议。司马光到了中书省、枢密院才知道，此事其实拟议已久，敕下本路，也已近十日。司马光说如今虽敕命已下，如果撤销，还是要胜过继续施行。百姓一经刺手（手背上刺字），则终身羁縻，不得自由，人情畏惧，不言可知。料想今日的陕西，已是困窘慌乱、民不聊生了。若朝廷晏然坐视，毫不怜悯，为民父母者就该这样吗？又说登记一路百姓为兵，可谓大事，而两府之外，朝臣中没有一个知道。臣身为谏官，听到以后，不避死亡，为陛下力言，若弃忽不顾，不为变更，今后朝廷号令再有过错，就无法挽回了。如此恐非国家之福。

在《乞罢刺陕西义勇第四札子》中，司马光说臣连日以来，熟思此事，确于民有世世之害，于国无分毫之利。河北、陕西、河东，景祐以前本无义勇，凡州县各类杂役，都由上等有财力人户承担，乡村的下等人户，除夏、秋二税之外，再无大的差徭。如今当差点之际，教头等怎能不搜刮？这是在平常杂役之外，又添一种科徭！而且今日登记之后，州县义勇皆有常数，每有逃亡病死，州县必定补充，则义勇自身已羁縻以至老死，而子孙若有进丁，又不免刺为义勇，这是使陕西百姓，子子孙孙，常有三分之一为兵。所以说于民有世世之害。太祖、太宗时，未有义勇，至于正军，也不及今日的十分之一；然而太祖取荆湖，平西川，下广南，克江南，太宗取两浙，克河东，一统天下，如摇槁拾遗，此岂义勇之力？大概因为当时政治清明、军令严肃、将帅得人、士卒精练。康定、庆历间，三路新置乡兵共数十万，国家何曾得一人之力？义勇虽也有军员、节级之名，但不如正军上下级那么严格；若听说敌寇大举入侵，义勇必将都望风而逃，自顾且不暇，哪有一人能为官府率卒迎敌？以臣观之，正如儿戏而已。所以说对国无分毫之利。

在《乞罢刺陕西义勇第五上殿札子》中，司马光说如今主张义勇有利的，必定说河东、河北不费衣粮，就可得胜兵数十万，皆教习精熟，可以迎敌，又兵出民间，合于古制。臣请言其不然：数十万，不过是虚数；教阅精熟，只是外表；兵出民间，名与古同而实相异。凭什么这样说呢？河北、河东的州县，既承朝廷旨意，各拣刺义勇，只求数多，据账册而言，确有数十万之众；但若万一敌寇逼近，官府急欲点集之时，就一个都不见了。岂不是虚数？平常无事，州县训练之日，观者只见旗号鲜明、钲鼓齐全、行列有序、进退应节，就赞叹不已，以为真的能战斗，殊不知那全属队舞、聚戏之类；若闻敌寇已来，则瓦解星散，不知所之了。岂不是外貌？古代兵出民间，百姓耕桑所得，全作了家庭衣食之费，所以不出则富足，出则精锐。如今既已赋敛农民之粟帛，供养正军，又登记农民为兵，这是让一家人担了两家人的事，百姓如何不穷困？岂不是名与古同而实相异？

从《乞罢刺陕西义勇第六札子》我们知道，昨日上殿奏对，皇帝说命令已行，因此不可更改。退朝以后，司马光不胜郁闷，一夜无眠，次日即上此疏。司马光说："陛下，万民之父母；万民，陛下之赤子。岂有父母误坠其子于井中，却说我已经误了，就忍心不去救他出来？臣愿陛下勿以先入之言为主，心平气和地看看臣前后五次所言，到底为是为非。若其是，即请早日施行，罢刺陕西义勇；若其非，即请依臣之前所奏，特赐降黜，另择贤才来代替。所有命令已行的话，伏望陛下自今往后永以为戒，不可使天下人听见，堵塞善言之路。"

司马光在上疏皇帝的同时，又去中书省与韩琦辩论。

韩琦说："兵贵先声，谅祚正桀骜，听说陕西突然增兵二十万，还不被震服吗？"

司马光反对："所谓兵贵先声，是没有事实，只能骗得一时而已。稍后，敌人探得实情，就没用了。如今我们虽然增兵二十万，实际不可用，过不了十天，西夏人就搞清楚了，还会再怕吗？"

韩琦答不上来，又说："君只见庆历间陕西乡兵开始只刺手背，后来皆刺面充正军，担心这次又会这样罢了。如今朝廷已降敕榜，与百姓约定，永不充军戍边。"

司马光不以为然："朝廷曾经失信于民，都不敢再信了；就是我，也不能不怀疑。"

韩琦保证："有我在这儿，你放心好了！"

司马光质疑："相公永远在这儿，那当然没问题；可万一您走了，别人在这儿了，有相公现成之兵在，派去运粮戍边，不过易如反掌。"

韩琦沉默不语，但终究没有停止。史书上说，其后十年，义勇运粮戍边，率以为常。司马光不幸言中。

宰相不为所动，皇帝也不为所动。英宗治平元年（1064）十二月五日至治平二年（1065）正月九日，司马光又六次上疏，自劾求去。不许。

司马光身为谏官，进谏是他的职责。即便诏令已经颁行，如果他认为有问题，也要向皇帝和宰相再五再六据理力争，而谏议不被采纳，他宁愿辞职。司马光再五再六力争，不是为了个人私利，而是为了一路百姓，他急百姓之所急，俨然是百姓的代言人。司马光所以得人心，原因其实是在这里。

○
○

谈论国防

西北是西夏，北边是契丹——两个令大宋国家君臣上下时常耿耿于怀、颜面扫地、备感羞辱的敌国。

先说西夏。

英宗治平二年（1065），司马光上《言西边上殿札子》，从中我们可以读到西夏的狡黠：近年来，赵谅祚虽然表面上仍遣使称臣奉贡，实际却心怀叵测，窥伺我边境；暗地里用官爵、金帛招诱我国的不得志者，有熟户藩部叛逃而去，他就暗中勾结，如此已有不少，而朝廷不能一一尽知。熟户藩部有违抗不从，谅祚就点发兵马，公然杀掠；弓箭手住在沿边的，谅祚皆迫使迁入内地。将帅之臣，只是坐视，不能救援，遂使其余熟户皆畏惮其淫威，怨恨我国，人人有离叛之心。朝廷遣使诘责，谅祚就拒而不纳，即便有所答，皆侮慢欺瞒之辞，朝廷也隐忍包容，不再追究。谅祚又屡屡虚张声势，惊动边鄙，而将帅之臣，大都怯懦，没有才干退敌御侮，只知多聚兵马保卫自己。一路有警，三路皆悚，腹地州军下一拨换防的士兵，尽皆抽去，置于麾下，使虚耗粮草，数月之后，又没有根据，然后遣还，未及休息，又忽闻有警，再次抽去。如此往还，奔走道路，却终无一事。

然后是司马光的分析。他认为赵谅祚所以依旧遣使称臣奉贡，一则贪图每年所赐金帛二十余万，二则趁机进京商贩贸易，三则要使朝廷不做防备。招诱不得志者，是为刺探虚实，平时用为参谋，入侵则为向导。所以诱胁熟户，驱逐弓箭手，大概以为汉人军队皆不足惧，只有熟户、弓箭手生长边塞，勇悍善战，若先行解决，边人就会失去凭借，进犯的时候，就可以畅通无阻。所以屡屡虚张声势，惊动边鄙，是要使宋疲于奔命，耗费储备，公私匮乏，既而边吏习以为常，不再设防，然后乘虚而入。

接着是他的告诫。凡此诸事，若不早作打算，使其奸谋得逞，窃恐其为国家之患，未可小觑。朝廷当宵衣旰食，深以为忧。不可只见其遣使奉贡，就以为臣节未缺，得其侮玩之语，就以为恭顺，得其欺瞒之语，就以为诚实。朝廷并非不知其本心，只是侥幸尚未暴露，只求目前暂时的安宁，不顾他日长远的祸患。司马光不禁感慨，戎狄谋划之深而当朝君臣虑事之浅。于是谏言皇帝于边鄙之事，常留圣心，特降诏书，谕知内外，凡文武臣僚有久历边任，或曾经战阵知晓军中利害，及戎狄真伪的，都准许上书自陈，勿以其官职疏贱，及语言鄙恶，一一略加鉴察，选择道理较好的，都赐召对，从容询问："目前治兵御戎之策，何得何失？如何处置，即为恰当？"若其言无可取之处，遣还而已；若有可取之处，即付诸实施，并记录姓名，置于左右。然后选其中勇略出众的，擢为将帅，若能称职有功，给以爵位赏赐作为奖励，昏懦坏事的，给以刑罚杀戮作为惩戒。加以选练士卒，留精去冗，申明尊卑等级之法，遏止骄惰之气。果能如此，行之不懈，数年之后，"俟将帅得人，士卒用命，然后惟陛下之所欲为，虽北取幽蓟，西收银夏，恢复汉唐之疆土，亦不足为难，况但守今日之封略，制戎狄之侵侮，岂不沛然有余裕哉"！

显然，司马光对西北的这个敌国，保持着相当的警惕。在司马光眼里，这个敌国阴险狡诈，难以驾驭。对付的办法只有一个，就是军事上强大起来；而军事上要强大，关键是要选好将帅。

我们都还记得，英宗治平元年（1064）秋，西夏因为使节受辱，频频进犯。当时司马光曾上《言备边札子》，谈到与敌国的相处，他说《周书》称述文王之德："大邦畏其力，小邦怀其德。"大概是说诸侯桀骜不驯，就讨伐它；顺从柔服，就保全它。不避强，不凌弱，王者以此治理天下。而我们让西夏使节怨怼归国，一国之人，皆以为耻，今年以来，谅祚招诱亡命之徒，点集兵马，窥伺边境，攻围堡寨，驱胁熟户八十余族，杀掠弓箭手数千人，悖逆如此，而朝廷却又派遣使臣，携诏抚谕。顺从就侮辱它，桀骜就畏惧它，恐怕不是文王号令诸侯的方式吧。

其中又谈到国防。司马光说，如今公私困竭，士卒骄惰，将帅乏人，而戎狄犯边，可忧之事，孰大于此？朝廷却上下晏然，若无其事，什么原因呢？难道是朝廷已有准备，而疏外之臣不得与知吗？实在令人困惑！所谓有准备，不是仅仅添屯军马、积贮粮草而已，而是择将帅而修军政！二者皆无，怎能说有准备？司马光希望皇上召见群臣，询问御边之策，择其善者力行之。"方今救边之急，宜若捧漏瓮沃焦釜，犹恐不及，岂可外示闲暇而养成大患也！"

问题还是出在军事上。顺服了要保全，这个好说；但桀骜了要征讨，谈何容易。大宋国家素称"积弱"，该硬的时候，他硬不起来。其实哪有什么准备，不过是司空见惯、麻木不仁罢了。

再说契丹。

嘉祐八年（1063）九月前后，司马光曾设法阻止赵滋的连任。由《言赵滋札子》我们知道，此前司马光已曾多次弹劾赵滋，说他刚愎狂妄，不可领兵，守边必定坏事。可朝廷对赵滋喜欢得不得了，越加宠任，命再知雄州（治今河北省雄县，北接契丹）。

由《言赵滋第二札子》我们了解到赵滋的狂妄：对契丹使者，骄横倨傲，不遵旧例；本路帅臣也上奏，说赵滋任意行事，恐怕会招惹事端。司马光谈到澶渊之盟："先帝亲屈帝王之尊，与契丹约为兄弟，每年拿些金帛给它，往来致意，以敌国之礼相待，陛下即位，尽遵故约，难道不以为耻吗？是因为心系百姓啊！因此兵革不用，百姓阜安，将近六十年。"然后又谈到相处之道："如今契丹奉事我国，礼节未有不备。作为边臣，应训练军队，修缮器械，以防不测；厚致馈赠，检点礼节，以待使者。内不失备，外不失好，以副朝廷之意。如今赵滋却一再意气用事，傲慢使者，为争小胜恣意挑衅，狂妄自大，求一时声名，却不顾国家的长久祸患。臣担心嫌隙一开，朝廷将不得高枕。祸患常起于细微，而事端时生于所忽。凡两国相交之道，不可不慎。雄州要地，平时使者往来，有事兵马出入，典州之将，不可不精选。"

朝廷的态度起码说明，大宋君臣希望国家强大起来，这个愿望非常迫切。压抑了太久的情绪，总要找到出口，但这种表达方式，实在太过危险。相比之下，司马光的态度要理智得多，也现实得多，他清楚国家的家底，因而也知道赵滋的狂妄可能给国家带来怎样的窘境。

英宗治平二年（1065）六月二十八日，司马光在《言北边上殿札子》里专谈契丹。他首先提到国家外交上的缺陷："窃见国家御戎狄之道，似未尽其宜。当其安静附顺时，好与之计较细枝末节；及其桀骜暴横之后，又从而姑息，不能征讨，使戎狄更加轻视我国，因此皆厌倦柔服，而乐于背叛。近来西戎之祸，生于高宜，北狄之隙，起于赵滋。而朝廷至今终未醒悟，仍然认为他们做得正确，而以循礼守分者为错误。因此，边鄙武臣皆锐意生事，或以开拓荒弃之地十数里为功劳，或以杀掠老弱之虏三五人为勇敢。朝廷夸他们有才能，骤加提拔，既而虏心愤恨，前来报复，屠杀熟户，劫掠边民，伤亡动辄千计，而朝廷只知惊骇，增兵聚粮。招来敌寇的人，朝廷不予追究，守边之臣，也不予谴责。如此还希望戎狄宾服、疆场无虞，好比添柴煽火，却要水不开一样。窃以为真宗皇帝亲自与契丹约为兄弟，仁宗皇帝赦免赵元昊背叛之罪，册封为国主，每年拿出百万之财，分送二虏，岂是乐此不疲、高兴那样吗？实在是因为委屈自己事小，而爱民以仁事大。"

然后才是契丹："近来听说契丹有平民在界河里捕鱼，及在白沟以南砍伐柳树，这都是些边鄙小事，何足介意！而朝廷因为前任知州李中祐不能禁止，没有才干，另选州将代替。臣担心新将到任之后，必定会以中祐为戒，而以赵滋为法，妄杀虏民，战争将无休止。况且如今民力凋敝，仓库虚竭，将帅乏人，士卒不练，夏国既有愤怨，屡来侵扰，祸根已成，若又加上契丹失欢，臣恨国力将不支。伏望陛下严戒北边将吏，若契丹不循惯例，小小相侵，如渔船、柳树之类，只可以文牒照会，以道理晓谕，让对方官府自行禁止，不可轻以刀兵相加。若再三晓谕不听，则上奏朝廷，即便专遣使臣至其王庭，与之辩论曲直，也无妨害。若又不听，则莫若广求贤才，增修德政，等公私富足，兵强马壮，然后奉辞征讨，可以驱逐漠北，恢复汉唐疆域，与争执渔柳胜负相比，不是相去甚远吗？"

司马光的意思大概是说，和西夏的关系肯定是不好了，战争肯定是在所难免。以宋朝的军力和国力，对付一个都吃力，何况两个？因此与契丹如果只是些小摩擦，最好通过外交手段解决，不要把矛盾激化，引起战争，那样，国家会吃不消。

宋与契丹、西夏，像极了三国时代的魏蜀吴：三方鼎立，此消彼长。司马光把英宗皇帝比作周文王，又把契丹和西夏称作虏，可见他心气有多高！可偏偏宋朝那么羸弱。翻检史料，我们会惊奇地发现，国家设计者的初衷完全不是这样。

据史书上说，宋太祖既定天下，召赵普等二三大臣，要他们说说已施行的法令当中，哪一项可以利及子孙后代。赵普等历言大政数十，太祖都让再说些更重要的。赵普等想了半天，终是不得要领，只好请太祖自己说。太祖道："吾家之事，唯养兵可为百代之利，盖凶年饥岁，有叛民而无叛兵，不幸乐岁变生，有叛兵而无叛民。"赵普等顿首，说："此圣略，非下臣所及。"太祖的意思是说，万一遇到饥荒，就招募饥民当兵，可避免饥民作乱；平常年景，即便军队作乱，百姓也不会参加。这实际是把军队作为收留饥民的难民营，以求得社会的暂时安定。事实证明，这项法令不仅没有利及子孙后代，而且恰恰相反，简直就是贻害无穷。那样做的结果是，军队的数量越来越大，而质量却越来越差，遂形成宋代的痼疾之一——"冗兵"。

不仅如此。有一次，宋太祖听到国子监集合诸生讲书，很高兴，遣使赐给大家酒和水果，说："今之武臣，亦当使其读经书，欲其知为治之道也。"这当然是个不错的主意，但由此却畸形地演变出一项国策——以文制武。

"冗兵"再加上以文制武的国策，就形成了宋朝的"积弱"。英明神武的太祖皇帝，大概做梦都不会想到，他亲手缔造的这个国家，竟会是这么一副弱不禁风的文弱样。

○
○

成立书局

如果说英宗还有可称道的地方，就是《资治通鉴》这部大书的编纂。治平三年（1066）四月十八日，英宗命龙图阁直学士兼侍讲司马光，编历代君臣事迹。

此前，司马光进呈《通志》八卷。在《进〈通志〉表》中，司马光说：

> 臣光言，臣闻治乱之原，古今同体，载在方册，不可不思。臣少好史学，病其烦冗，常欲删取其要，为编年一书，力薄道悠，久而未就。今兹伏遇皇帝陛下丕承基绪，留意艺文，开延儒臣，讲求古训，臣有

先所述（著）《通志》八卷，起周威烈王二十三年，尽秦二世三年，《史记》之外，参以他书，于七国兴亡之迹，大略可见。文理迁疏，无足观采，不敢自匿，谨缮写随表上进。（《传家集》卷十七）

可以看出，司马光做一部编年体通史的想法，其实由来已久。司马光现在兼任侍讲，负责为皇帝讲解典籍。在这种情况下，他进呈了《通志》八卷。

接到诏令，司马光又奏："臣自小以来，略涉群史，窃见纪传体史书文字繁多，即便专门的学者，也往往不能尽读，何况帝王日理万机，要遍知前世得失，实在不是件容易的事。臣不自量力，常想上自战国，下至五代，正史之外，旁采他书，凡关国家盛衰，系生民休戚，善可为法，恶可为戒，帝王应知道的，略依《左氏春秋传》的体例，修成一部编年体史书，名叫《通志》；其他多余的文字，全都删去不载。这样一来，或听或读都不辛苦，就可以闻见广博。可是仅凭一人之力，无力办到，空有此志，而无所成。臣近曾以战国时八卷呈进，幸蒙赐览。今所奉诏旨，不知是令臣续成此书，还是另外编集？若续成此书，请仍以《通志》为书名。此书上下贯串千余载，肯定不是愚臣所能独修，翁源县令、广南西路经略安抚司勾当公事刘恕，将作监主簿赵君锡，均以史学为众所推，请特差二人与臣同修，大概可以早日成书，且不至疏略。"

诏从之，令接续所进呈八卷编写，书成后，再赐给书名。

后来赵君锡因为父亲去世，不能赴任，于是命太常博士、国子监直讲刘攽代替。

从司马光的奏章里我们可以看到，他编这样一部书的目的，实际上很明确，就是要为帝王编一部教科书。至于编辑方法以及体例，都有相当成熟的设计。因为工作量太大，申请了两个助手，皇帝很快答应。我们今天不得不说，皇帝真是英明，要不是英宗，我们不可能读到《资治通鉴》。

这样书局就成立了，设在崇文院。崇文院大致相当于国家图书馆。按规定，书局的编辑可以借阅龙图阁、天章阁、三馆以及秘阁的所有书籍。皇帝又赐给亲笔题字、御笔、御墨、御用缯帛，还有御前钱——大家可以拿来随意买些水果、点心之类的东西。另外，又以内臣为承受，就是办事人员，负责处理一些日常的杂务。司马光说这样的待遇，"眷遇之荣，近臣莫及"。

来认识书局的最初成员吧，他们都是司马光的重要助手。

先说刘恕。

刘恕，字道原，筠州（治今江西省高安市）人。父名涣，字凝之，曾任颍上县（今安徽省颍上县西北）县令，因刚直不能奉事上司，于是弃官而去，隐居庐山，时年五十。欧阳修与刘涣为同年进士，赞赏其高节，为作《庐山高》诗。刘涣居庐山三十多年，家徒四壁，天天喝粥，但精神生活特别充实，神游八极，超然物外，无疾而终。

刘恕年少聪颖，过目成诵。八岁，有客人说孔子没有兄弟，刘恕应声道："以其兄之子妻之。"着实把客人震了一下。十三岁，打算应考制科，向人借阅《汉书》及《唐书》，一个月就看完归还了。曾去拜谒宰相晏殊，提问题并反复诘难，直至晏殊答不上来。刘恕在巨鹿（今河北省巨鹿县）的时候，晏殊把他召到府上，隆重地接待他，请他讲《春秋》，晏殊自己则亲率官属认真听讲。

司马光认识刘恕是在那年的贡举上。我们都还记得，当时刘恕十八岁，是考生，司马光是贡院的属官。当时有诏，能讲解经义的，可另行呈报，应诏的才数十人。问《春秋》《礼记》大义，刘恕答对最为精详：先列注疏，次引先儒异说，最后是自己的论断。总共二十问，所对皆如此。主考官非常吃惊，擢为第一。这年刘恕所作的赋、诗、论、策也入高等。但殿试不中格。又下国子监试讲经，再次第一。遂赐进士及第。

初任巨鹿主簿，迁和川县（今山西省安泽县北）县令，打击豪强，揭发隐秘，一时能吏自以为不及。刘恕为人重情义，守承诺。郡守因为得罪上司而遭弹劾，属吏也都连坐下狱，刘恕独自周济他们的妻小，如同自己的骨肉；又当面指责转运使，说他利用法律条文的苛细，加罪于人。

刘恕笃好史学。自太史公所记，至后周显德（954—959）末年，纪传之外至私记杂说，他无所不读，上下数千年间，事无巨细，了如指掌。司马光编修《资治通鉴》，英宗命自择馆阁英才同修，司马光说："馆阁当中，文学之士，确实不少，至于专精史学，臣知道的，只有和川县令刘恕一人。"即召为局僚。后来书成，司马光又说："凡数年间，史事之纷错难治者，则以诿之道原，光受成而已。"——史事纷繁错杂不易弄清楚的，就交给刘恕处理，我不过坐享其成罢了。这不完全是客气话。刘恕对于魏、晋以后的史事，考证最为精详。

刘恕和王安石是旧交。王安石打算让他参与制定三司条例，刘恕以不熟悉财政为由谢绝了，并说天子委公国政，应发扬尧、舜之道，辅佐明主，不应以利为先。王安石虽不答应，也不怒。后来朝廷内外对新法多有议论，刘恕去见王安石，条陈不得人心的变更，劝他恢复，王安石大怒，脸色铁青，刘恕丝毫不退让。有时左右都是王安石的人，刘恕高声论其过失，毫不避讳。王安石遂与之绝交。当时王安石执掌朝政，眨眼成祸福。初持异论最终附和、当面赞誉背后毁谤、口是心非的人，比比皆是，而刘恕全然不顾，直论其事，得失无所隐。

司马光出知永兴军后，刘恕以老母年迈，求监南康军酒，以就近侍养。朝廷准他在任上继续修书。司马光判西京御史台，奏迁书局至洛阳。后数年，刘恕请往洛阳，与司马光讨论修书事，获得朝廷的批准，在洛阳留数月后南归。还没到家，听说母亲去世，就得了"风疾"，右手右足瘫痪，非常痛苦，但呻吟的间隙，就爬起来修书。病危，才把书稿捆好，托人送回书局。神宗元丰元年（1078）九月卒，官至秘书丞，年仅四十七岁。

刘恕治学，自历数、地理、官职、族姓，甚至前代的官府公文，都拿来研究，以为佐证。求书不远数百里，且读且抄，废寝忘食。在洛阳的时候，与司马光同游万安山，路旁有碑，是五代一列将的，不知名，刘恕即能说出他的生平事迹。回来查验旧史，果然丝毫不差。宋次道曾任亳州知州，家中藏书颇富，刘恕特地绕道去借阅。宋次道为尽地主之谊，每天让人做很多好吃的招待他，刘恕说："此非吾所为来也，殊废吾事，愿悉撤去！"——我来不是为了这个，太耽误我的事了，都撤掉吧！他把自己关在房间里，夜以继日，口诵手抄，留了十天，"尽其书而去，目为之翳"，眼睛也给读坏了。刘恕好著书，计划中的书很多，可惜不幸早逝。已完成的有《十国纪年》四十二卷、《包羲至周厉王疑年谱》一卷、《共和至熙宁年略谱》一卷、《资治通鉴外纪》十卷，其他都未及完成。

刘恕家里穷，但丝毫不妄取于人。从洛阳南归，当时已是十月，相当冷，司马光见他没有御寒的衣物，就拿出自己的衣、袜一两件，以及一件旧貂褥送给他，刘恕坚辞，司马光强给他，才勉强接受，但走到颖州（治今安徽省阜阳市），又全部封还。司马光说："于光而不受，于他人可知矣。"

刘恕"好攻人之恶"，喜欢批评人，每自省平生有二十失、十八蔽，又作文自警，但终不能改。

刘恕死后七年，《资治通鉴》书成，追录其劳，以其子羲仲为郊社斋郎。

再说刘攽。

刘攽，字贡父，临江新喻（今江西省新余市）人。此人最大的特点，就是特别诙谐幽默。《渑水燕谈录》卷十说：当时士大夫好谈水利，有人就建议把梁山泊排干，改作农田。其他人就问：梁山泊就是古代的钜野泽，方圆数百里，排干改为农田，夏秋之交雨水四集，怎么办？刘攽正好在场，慢悠悠地说："在旁边再凿个大池子，大小正好相同，不就得了！"在场的人，全体笑倒。

刘攽与王汾两人同在馆阁供职，都喜欢开玩笑。一天，刘攽去拜访王汾，跟他说："您已改赐章服（标志官阶品级的礼服），所以特来道贺！"王汾很惊讶，说没接到诏命呀！刘攽说："今天早上刚听到的传报，你去问问好了。"王汾派人私下打听，确实是有圣旨，但内容是：诸王坟得用红泥涂之。——诸位王爷的坟墓，可以用红泥抹一下。

显然，这样容易得罪人。性格即命运这句话，可以在刘攽身上得到验证。刘攽在州县做了二十年的地方官，才得任国子直讲。因欧阳修等人的推荐，召试馆职，但他与御史中丞王陶有旧怨，王陶率侍御史苏寀一起排挤他，刘攽官都做到员外郎了，才任馆阁校勘。

王安石在讲筵时，请求坐下来讲。刘攽说："侍臣讲论于前，不可安坐，避席立语，乃古今常礼。君使之坐，所以示人主尊德乐道也，若不命而请，则异矣。"意思是说站着讲是古今常礼，君主赐座，那是君主表示尊德乐道，如果没有赐座自己请求，就不一样了。礼官一致赞同，于是成为定制。

刘攽曾做考官。当时，另一考官吕惠卿，把阿谀时政的都列在高等，而直陈时政缺失的都列其下。刘攽覆考，全都倒过来。他还曾写信给王安石，说新法不好，王安石大怒，于是新账老账一起算，将刘攽贬为泰州（治今江苏省泰州市）通判。后以集贤校理、判登闻检院、户部判官知曹州，曹州当时盗贼横行，重法不能禁，刘攽说："民不畏死，奈何以死惧之！"到任后行政尚宽平，盗贼却渐渐销声匿迹。出任京东转运使的时候，属吏执行新法不力的，刘攽竭力保全。另一人继任，能奉行法令，罗致财赋。于是刘攽被追究废弛之罪，贬为监衡州（治今湖南省衡阳市）盐仓。

哲宗即位，刘攽起知襄州（治今湖北省襄樊市）。然后，入朝任秘书少监，以病求去，遂加直龙图阁、知蔡州（治今河南省汝南县）。中书舍人苏轼等奏：刘攽博闻强记能文章，从政直追古代循吏，多才多艺，坚韧不拔，朝廷应多准他点假，使留京师。因此到蔡州仅数月，又召拜中书舍人。不久一病不起，年六十七而卒。

刘攽著书百卷，尤精于史学。所著《东汉刊误》，为人称道。司马光修《资治通鉴》，刘攽负责汉史。

司马光打算做一部通史，如果这件事由他独力来做，那性质就属于私修。英宗皇帝很有历史眼光，给予司马光大力支持，使私修变成了官修。司马光再不是单枪匹马，他有了两个助手，都是一时之选。这里有个有趣的现象：两位助手都姓刘，而且都与王安石同乡。司马光与王安石政见不同，但与王安石的两个同乡，相处得却十分融洽。

第
六
章

东京梦华 （下）

坚辞翰林

治平四年（1067）正月初八日，英宗驾崩；二十岁的
皇太子赵顼（xū）即位，是为神宗。

英宗刚刚晏驾的时候，急召太子，太子还没到，英宗
的手突然又动了一下。曾公亮愕然，慌忙告诉韩琦，要他
等一下，别急着召太子。但韩琦断然拒绝，说先帝要是复
活，就是太上皇了！

英宗只活了三十五岁，可谓英年早逝，在位的时间也
很短，只有三年多。为什么呢？有人认为，问题出在仁宗
的陵寝上。仁宗永昭陵的所在，地名"和儿原"（在今河南
省巩义市），当时就有人说："地名和儿原，非佳兆。"果
然，三年后英宗就晏驾了。这大概算我们中国人独有的思
维习惯吧，对一些无法解释的现象，追根溯源，总会找到
祖先的坟墓上去。

神宗，英宗长子，母亲宣仁圣烈皇后高氏。庆历八年
（1048）四月，生于濮王宫，即位时实际年龄十九岁不到。
庆历八年八月，赐名仲鍼。嘉祐八年（1063），侍英宗入居
庆宁宫。英宗即位，授安州观察使，封光国公。五月，于
东宫听授经籍。神宗天性好学，终日勤苦，废寝忘食，英

宗不得不经常派遣内侍，前去制止他。侍讲王陶进讲，神宗率弟弟赵颢拜之。九月，加授忠武军节度使、同中书门下平章事，封淮阳郡王，改名为赵顼。治平元年（1064）六月，进封颍王。治平三年（1066）三月，娶前宰相向敏中的孙女为夫人。十二月，立为皇太子。

宋神宗坐像

神宗此前的经历大致如此。

　　治平四年（1067）闰三月二十六日，龙图阁直学士兼侍讲司马光被授官为翰林学士。同时升任此职的还有龙图阁直学士知蔡州吕公著。

　　司马光的此次升职，可能跟此前参知政事欧阳修的举荐有关。当时欧阳修上奏："臣伏见龙图阁直学士司马光，德性淳正，学术通明，自列侍从，久司谏诤，谠言嘉话，著在两朝。自仁宗至和（1054—1056）服药之后，群臣便以皇嗣为言，五六年间，未有定议。最后光敷陈激切，感动主听。仁宗豁然开悟，遂决不疑。由是先帝选自宗藩，入为皇子。曾未逾年，仁宗奄弃万国，先帝入承大统。盖

欧阳修晚年写给司马光的信（局部）

以人心先定，故得天下帖然。今以圣继圣，遂传陛下。由是言之，光于国有功为不浅矣。而其识虑深远，性尤慎密。光既不自言，故人亦无知者。今虽侍从，日承眷待，而其忠国大节，隐而未彰。臣忝在政府，详知其事，不敢不奏。"

　　欧阳修主要表达了两层意思：一是司马光德才兼备，任谏官已久，成绩突出；二是司马光最后促使仁宗下定决心，将皇位传给了英宗皇帝，因此陛下现在才能继承大统。总结出来感觉特别枯燥，不像欧阳修的言辞讲究，古文家就是古文家。而且，欧阳修的表达很含蓄，曲折委婉。不过，神宗肯定能领会到这些内容。

　　前面已经看到，"濮议"当中，司马光与欧阳修针锋相对，水火不容，互称对方为奸邪。但事情过去之后，欧阳修对司马光又能诚心举荐，不遗余力。这当然是一种政治高度文明的表现。

　　翰林学士隶属翰林院。翰林院设翰林学士承旨、翰林学士、知制诰、直学士院、翰林权直、学士院权直。翰林学士承旨是翰林院的长官，"不常置，以学士久次者为之"，常常空缺，是个论资排辈的职位。凡以别的官职入院又未授任学士，叫作直院；学士俱缺，以别的官职暂行院中文书，叫作权直。翰林学士"掌制、诰、诏、令撰述之事"，皇帝"乘舆行幸，则侍从以备顾问，有献纳则请对，仍不隔班"，相当于皇帝的高级秘书兼顾问。

翰林院可以说是宰相的摇篮。宋人叶梦得在《石林燕语》中写道："祖宗用人，多以两省（中书省与枢密院）为要，而翰林学士尤号清切；由是登二府者，十常六七。"由翰林学士进入两府的，十人当中就有六七人。经学士院而任宰相的人数，宋人李心传在《朝野杂记》中曾有专门的统计，他说自建隆至熙宁，在翰林院的共一百零九人，而做到宰相的，就有二十一人。其中，太祖时九人，一相；太宗时二十三人，四相；真宗时十五人，四相；仁宗时五十二人，九相；神宗时十人，三相。

提拔谁不喜欢？何况宰相的位子，已经遥遥在望。可是，三天后的闰三月二十九日，司马光上《辞翰林学士第一状》：

> 右臣窃闻已降敕告在阁门，除臣翰林学士者。臣闻人臣之义，陈力就列，不能者止。臣自从仕以来，佩服斯言，不敢失坠。顷事仁宗皇帝，蒙恩除知制诰，臣以平生拙于文辞，不敢滥居其职，沥恳固辞。仁宗皇帝察其至诚，遂赐开许。今翰林学士比于知制诰，职任尤重，固非愚臣所能堪称，闻命震骇，无地自处。

况臣于先皇帝时，以久宦京师，私门多故，累曾进状，乞知河中府，或襄、虢、晋、绛一州，后值国有大故，及所修《君臣事迹》，并未经奏御，以此未敢更上文字。日近方欲再有陈乞，不意忽叨如此恩命，臣虽顽鄙，粗能自知，非分之荣，必不敢受。伏望圣慈察臣非才，不堪此任，特赐哀矜，遂其微志，许以旧职知河中府，或襄、虢、晋、绛一州，若此数处未有阙，即乞于京西、陕西路，除一知州差遣。如此则上不累公朝之明，下不失私家之便，诚为大幸。干冒宸严，臣无任惶恐恳切之至。

"陈力就列，不能者止"，就是说如果你自觉能够胜任，就尽职尽责，努力把事情做好；但如果自觉不行，那就干脆别干。这是司马光坚守的原则。以前本着这个原则，司马光辞掉了知制诰，此次翰林学士的任命，自然也不能接受。

不久，司马光又上《辞免翰林学士第二状》，谈到翰林学士这个职位，他说："唐室以来，士人所重清要之职，无若翰林，自非天下英才，声称第一，详识典故，富有文章，虽欲冒居，岂厌众意？"也就是说唐代以来，清要的官职，知识分子最看重的，就是翰林学士了，要不是天下英才，声誉第一，详知典章，富有文采，即便他想滥竽充数，又如何能够服众？然后说到自己："臣禀赋顽钝，百无所堪，在于属辞，尤为鄙拙，安敢强颜，辄为此职？人虽不言，能不内愧?"意思是说自己反应迟钝,百无一用,至于文章,尤其粗恶,怎敢强颜就职?即便别人不说,自己能不有愧于心?这是司马光的自我评价,但别人理解,当然是些自谦的话,不能信以为真。起码神宗皇帝不信。因此,仍然不许。

四月十三日,司马光再上《辞免翰林学士上殿札子》,说:"臣不是不知道美官难得、诏旨难违,所以再三烦扰,实在因为人的材性,各有短长,人君当量能授官,人臣当尽职尽责,这样就无事荒废,上下合宜。臣自幼以来,虽稍曾读书,但禀性愚钝,拙于文章,若使解经述史,或者略有所长,至于代言草诏,最为所短。如今若贪图荣宠,妄居此职,万一朝廷有重大诏令,或者任命稍多,臣才思枯竭,必至搁笔;即便勉强草就,必定极为鄙恶,宣布四方,使共传笑,岂只彰微臣之丑,恐怕也是朝廷之耻。这就是臣所以宁犯谴怒,而不敢当清要之选的原因所在。陛下若察臣至诚,知非矫饰,特赐怜悯,收回成命,就是掩臣所短,全臣所长。况且臣自通判并州归来,居留京师十有余年,去年堂兄司马里过世,孤儿遗孀无人照管,臣曾多次奏乞先帝,于家乡近便处任一官,也蒙恩获准,等修书略成规矩,就授外任。不久先帝驾崩,臣哀痛慌乱,就没再提起,近日正要将所修《前汉纪》三十卷进呈,然后再行请求,不料忽然有此恩命,实在不是愚臣本心所愿,忧愁惶恐,不知如何。伏望圣慈依臣前奏,只以原职于晋州、绛州,或京西路、陕西路,授一知州差遣。"

与神宗的问答，可能就在这次上殿时。

神宗对司马光说："古代的君子，有的有学识但缺乏文采，有的有文采但缺乏学识，只有董仲舒和扬雄两人，兼而有之。卿既有文采，又有学识，还推辞什么？"

司马光答："臣不能作骈文。"

神宗宽容："那就像两汉那样制诏好了！"

司马光很为难："本朝无此先例。"

神宗表示疑惑："卿能举进士取高等，却说不能作骈文，为什么？"

司马光疾步出殿，神宗派内侍追至阁门，硬要司马光接受敕告。司马光下拜，但不接受。内侍催司马光入谢（接受任命后，向皇帝表示感谢），说圣上正等着先生呢！司马光进至廷中，仍坚辞。神宗让内侍将敕告塞进司马光怀里，司马光不得已才接受。

后来有一天，神宗问王陶："吕公著、司马光任翰林学士，合适吗？"王陶答："两人臣都曾有举荐啊！这样用人，还愁治理不好天下吗？"

○
○

押班问题

治平四年（1067）四月初八日，御史中丞王陶弹劾韩琦、曾公亮不押常朝班，甚至说韩琦跋扈，并引汉代霍光、梁冀的专横故事，作为比喻。所谓押班，是指百官朝会的领班，管理百官朝会的位次。宋代两省官员及文武百官，每日在文德殿朝见皇帝，叫作常朝。

此前，御史台曾申报中书省，说查阅了《皇祐编敕》（就是仁宗皇祐年间的敕令汇编），常朝日，应轮流由一名宰相押班，但现在没有，窃虑此编敕另有黜降官职的惩戒条款，请明示。中书省没有答复。王陶又申报宰相，仍然没有答复。

公正地说，王陶明显有找茬的意思，但中书省及宰相置之不理，也过于傲慢了。

史家认为，王陶的弹劾其实醉翁之意不在酒。当初，王陶对韩琦十分恭敬，韩琦也特别器重他。神宗做太子的时候，因为韩琦的举荐，王陶做了太子的属官。神宗即位后，对大臣专权很不高兴，王陶估计人事上必将有所调整，就想取宰相而代之，所以视韩琦为仇敌，拼命攻击。王陶做事，显然太急功近利了。

四月十七日，韩琦、曾公亮上表待罪。神宗把王陶的奏章给韩琦看，韩琦说："臣不是跋扈的人，陛下遣一小宦官来，就可以把臣绑去！"神宗听后，为之动容。

可是王陶依旧连连上章，弹劾不已。神宗问知制诰滕甫，滕甫说："宰相固然有罪，但指为跋扈，臣以为就属于欺骗和诬陷了。"

四月十九日，为回避矛盾，神宗让司马光和王陶调换了职务，王陶改任翰林学士，而司马光权御史中丞。

四月二十日，司马光入谢，说近来宰相权重，如今王陶因论宰相而被免职，那么将来的御史中丞，就只有拱手了。希望等宰相押班，然后就职。神宗答应了。

当时，司马光任御史中丞的敕告已进呈，而王陶任翰林学士的敕告，中书省却迟迟没有下文。二十一日，吴奎、赵概上朝，坚决请求把王陶贬到地方上去，神宗不许；又退而求其次，请求让王陶去做群牧使，许之。既而神宗又改变了主意，直批下中书省，任王陶为翰林学士。当时韩琦请假在家。吴奎立即上奏，说唐德宗怀疑大臣，宠信一帮小人，斥退陆贽而以裴延龄等为心腹，天下称为昏君。如今王陶恃旧恩，排挤正直，像韩琦、曾公亮不押班，大概从来相承，并非由他们废止，现在如果又行内批，任王陶为翰林学士，就是他因有错，反获美迁，天下人会怎样看待陛下呢？王陶不黜降，陛下无法要求内外大臣尽忠竭诚。二十二日，吴奎即称病，请求免职。

从司马光四月二十二日所上的《乞王陶只除旧职札子》我们得知，前一天皇帝召见了司马光，给他看过吴奎的札子，又讲了吴奎与王陶的种种情形，司马光依据见闻，作了陈奏。神宗起初打算让王陶仍任旧职，后来又打算让他任侍读学士，征求司马光的意见，司马光一时仓促，未有答对。回来之后，司马光想了一夜，并写下这个奏札。司马光说，侍读学士与翰林学士的资级基本一样，若授予王陶这个职位，恐怕吴奎还是不肯就职。陛下新即位，屡有大臣不安其位，吴奎素有朴直之名，万一因此刺激，再有过火的举动，若当即罢免，士大夫会很失望；若屡诏不肯就职，更有损陛下的威严。况且，王陶本因论事不听，辞免御史台的职务，待罪之际，若又授以美官，窃料王陶也不敢接受。希望只还给王陶做御史中丞前的旧职。这样，吴奎已有商量，不敢不就职；王陶既是旧职，受之也心安。如此可免再起纷争，重创朝廷大体。

可是，神宗把吴奎的札子也给王陶看了。王陶于是又弹劾吴奎依附宰相、欺瞒天下等六大罪状。侍御史吴申、吕景也上疏请留王陶，继续做御史中丞，并弹劾吴奎有无君之心，历数其五大罪状。神宗以手札赐知制诰邵亢，催他进呈王陶任翰林学士的敕告，邵亢于是说御史中丞的本职就是弹劾，阴阳不和，错在执政；吴奎颠倒是非，有失大臣之体。神宗因此有逐吴奎之意。龙图阁直学士韩维说，宰相跋扈，按律当诛。若王陶所言为是，宰相怎能无罪；若王陶所言为非，怎能仅仅免职而已？任翰林学士，是升迁啊！希望让群臣当廷辩论，分清是非。

二十三日，神宗批示中书省：王陶、吴申、吕景诋毁大臣，王陶出知陈州（治今河南省淮阳县），吴申、吕景各罚铜二十斤；吴奎位居执政却弹劾中丞，又把手诏当作内批，并扣留三天，罢相出知青州（治今山东省青州市）。神宗这样做，等于各打五十大板。

四月二十四日，司马光上《留吴奎札子》，说："外界议论纷纷，都认为吴奎不应被贬，所以如此，大概因为吴奎的名望，向来重于王陶。虽然他如今封还诏书，径归私第，举动语言，颇有过失，但朝廷之外，不知原委，只见陛下因为王陶，就免了吴奎，惩罚太重，能不惊骇？臣担心其他大臣们，因此皆不自安，纷纷求去。陛下新登大宝，先帝梓宫（棺材）在殡（待葬），若举朝大臣纷纷尽去，于四方视听，似乎不大合宜。希望陛下收回青州敕告，且留吴奎在政府，以慰士大夫之望，安众大臣之意。这样，陛下以吴奎违诏而黜之，威令已行；嘉吴奎率直而留之，用意尤美。吴奎初受严责，为陛下英断慑服；终蒙开释，对陛下感恩戴德。上下欢悦，实无所损。陛下素知臣不是朋附大臣的人，所以敢不避嫌疑，极意尽言，只求顾全朝廷大体。"

此前神宗让张方平接替吴奎的位置，张方平拒绝了，并说韩琦长期休假，如果吴奎被免，韩琦一定不肯出来。韩琦对王室有功，希望陛下恢复吴奎的职务，并手诏韩琦，使善始善终。二十四日，曾公亮入对，也请留吴奎。神宗许之。

二十五日，皇帝召吴奎至延和殿，安抚一番，使官复原职，说："成王岂不疑周公邪？"

王陶到了陈州，在谢上表中继续攻击宰相，中书省拟再贬王陶。司马光说王陶的确有罪，但陛下要广开言路，屈己爱陶，唯独宰相不能相容吗？中书省才作罢。

此前，司马光曾上《乞更不责降王陶札子》，说："臣窃闻政府因为王陶谢上表中，言辞狂率，恣意诋毁，多过其实，欲有奏陈，请再加责降。果然如此，恐不可许。为什么呢？自仁宗皇帝以来，委政宰辅，宰辅之权，实为太重；加上台谏官员遭贬，多因指摘大臣过失，很少因为犯颜直谏，因此威福之柄，日渐下移。王陶虽确有罪，此前出知陈州，陛下大概因为先帝梓宫在殡，特为大臣屈意实行。如今若又因表文诋毁大臣，再加责降，臣恐人主之权愈去，大臣之势遂成。兴衰的关键，正在于此，不可不察。"

五月初四日，韩琦、曾公亮请下太常礼院详定：宰相到底该不该押常朝班？

在《乞罢详定宰臣押班札子》中，司马光说："如今王陶既补外官，宰相已赴押班，臣以为朝廷可以没事了，而宰臣又有此奏，万一礼官迎合，以为宰相不该押班，御史中丞若沉默不言，朝廷仪制遂废，若辩论是非，与前日情形又有何异？争议必将无休无止。如今灾异屡降，饥馑接踵，官多用寡，兵众不精，冗费日滋，公私困竭，戎狄桀骜，边鄙无备，百姓流亡，盗贼将起，朝廷夙夜所忧，应以此数者为先，而以余事为后。伏望陛下特降诏旨，令宰臣依国朝旧制押班，所有下礼院文字，乞再不令详定。"

初六日，诏自今往后，昼刻辰（上午七点至九点）正，垂拱殿奏事未毕，宰相可以不去文德殿押班，令御史台散朝退下；未及辰正，都要按祥符敕令，去文德殿押班，永为定制。

当月司马光又上《论宰臣押班札子》，认为从来垂拱殿议事，中书省、枢密院及其他臣僚奏事毕，少有不过所定时辰的，那么从今往后无事之日，宰臣就永远不去文德殿押班了。请诏宰臣依国朝旧制押班，或更改所定时辰。

司马光的奏折没有得到批复。虽不圆满，但似乎也只好如此了。可事情还不算完。不久，韩维、吕景相继求去，请求到地方上任职。

五月十二日，司马光又上《留韩维、吕景札子》，说："韩维沉静方雅，在陛下旧日宫僚当中，最有美誉，如今无故称病求去，外人都不知究竟。吕景浑厚刚正，今日言事之臣当中，亦为难得，身为台官，坐言事罚铜，确使他羞辱，难以立朝，不如贬窜来得痛快。二人都是陛下腹心耳目之良臣，一旦俱从外补，对二人自然方便，只是臣为陛下感到可惜。伏望陛下且留之左右，使拾遗补阙，定有所裨益；若必不可留，台官请再莫推举他人，只在旧台官吕大防、郭源明、马默等数人中，选择一人以补其阙。"司马光最后说："所贵得质直之人，克厌众心。"当然，这是选择御史的根本原则。

宋制两府大臣常朝日要押班，但到了治平四年（1067）的时候，这项制度很久没执行了。王陶无事生非，要找两府大臣的茬，而两府大臣大权在握。一边是两府大臣，一边是自己的东宫旧臣，神宗皇帝左右为难。司马光说自己不是依附大臣的人，他是以独立的姿态发言，想皇帝之所想，急皇帝之所急，司马光是皇帝的好参谋。司马光说眼下国家大事很多，相比较而言，押不押班就是细枝末节，他的全局意识特别强烈。就整个事件处理来看，司马光的建议无不公允。

○
○

农民可怜

治平四年（1067），河北大旱，饥民源源不断，流入京师。六月十三日，待制陈荐请将便籴司的陈米贷给百姓，每户两石。皇帝从之。

六月十七日，司马光上《言赈赡流民札子》。

从中我们可以读到当时的情形：朝廷派遣官员，支拨粳米，在永泰（京师汴梁北四门之一，其余为通天、长景、安肃）等门，遇有河北路流民经过，就按大人一斗、小孩五升的标准支给（不再是每户两石），并耐心劝说，京师难以容纳，速往附近丰稔州军谋生。

司马光说，这样处置，"欲以为恤民之名、掩人耳目则可矣，其实恐有损无益"。为什么呢？此前听说河北讹传京师散米，于是饥民源源而来，现在这样做，正好使传言得到证实，只会招来更多的流民。京师的米有限，而河北流民无穷；既而无米可给，饥民将不免聚集而饿死。今年秋天很可能歉收，一斗五升米，只能维持数日，怎能应付饥馑？且趋利避害，人之常情，如果京师可以活命，就是驱赶，老百姓也不肯离开，如果外州可以活命，就是强迫也不肯留下，绝对不是凭口舌就能说服得了的。

所以有流民，司马光认为问题出在平时。他说：民之本性，怀土重迁，难道他们就愿意背井离乡、舍弃亲戚田园、流离道路、向人乞讨吗？只因丰收年景，粮食山积，公家既不肯收籴，私人也不敢积蓄，粮食随手散尽，春天指望着夏收，夏天又指望着秋收，上下偷安，不做长远打算，因此稍遇天灾，就粮食已绝，公私索然，无以相救。指靠官府，不能周遍；向富户借贷，又借不到。错在无事之时，不在凶荒之年。加之地方长官，多不得其人，看到百姓穷困，却毫不怜悯，增收没名头的赋税，征调不紧急的劳役，官吏因缘为奸，蠹弊百出，百姓困穷，无以为生，不免有四方之志，以为他处必有饶乐之乡、仁惠之政可以安居，于是砍伐桑枣，拆毁房屋，宰杀耕牛，典卖良田，累世之业，一朝破产，然后相携上路。若所到之处，又无所依，进退失望，老弱不转死沟壑，壮健不起而为盗，还有其他归宿吗？

司马光认为，解决问题的关键，在于得人："以臣愚见，莫若谨择公正之人，去做河北监司，使察访灾荒州县，长官不胜任的，就撤换掉。然后多方筹集粮食，赈济本州县灾民。若粮食少，不能周遍，就先救土著农民；根据户籍，先从下等开始，依次赈济。这样供给的粮食有限，可以预先节制。若富户有积蓄，由官方担保，任其贷出，适当收取利息；等丰收后，官府代为收缴，示以必信，不可诓骗。如此，将来百姓必定争相蓄积。饥民知道本地有活路，自然不会抛弃旧业流落他乡；居者已安，出外的人就会考虑返回。每个县都这样，哪还会再有流民？"

司马光的建议很快被采纳：皇帝下诏河北转运使司约

束所辖州县，备加存恤。

流民当然都是不得已。每逢荒年，很多农民不得不辗转道路，客死他乡，充满了辛酸。而且对社会来讲，流民也是个很大的不安定因素。司马光的方法，是要从源头上解决问题。

说过了流民问题，再来说农民的负担。

治平四年（1067）六月二十五日，诏天下官吏，有能知差役利弊，并可以宽减的，条分缕析，密封奏闻。

此前，三司使韩绛说，害农之弊，无过于差役法。最重的衙前役，往往导致农民破产；其次是州役，也花费不菲。曾听说京东有父子二丁，要服衙前役了，父亲对儿子说："我应去死，好使你们母子免于冻饿。"于是上吊自尽。又听说江南有人嫁祖母，及与母亲分家，以逃避差役。又有人出卖田地以降低户等，田地归了官户，它们不用负担差役，而差役则分摊给现存的同等人户。希望令中外臣庶，条陈利弊，由侍从台省官员集议裁定，使力役没有偏重的毛病，农民可以安居乐业。

神宗采纳了韩绛的建议，因此有以上的诏令。关于役法的讨论，由此开始。

我们都知道，五代以来，以衙前负责官物的供给或运输；以里正、户长、乡书手催收赋税；以耆长、弓手、壮丁抓捕盗贼；以承符、人力、手力、散从供官府差遣，负责跑腿。此外，县曹司至押录，州曹司至孔目官，下至杂职、虞候、拣掐等，各以乡户，按户等差充，都由百姓充当。百姓不胜其苦，其中尤以衙前为甚。

九月，司马光上《论衙前札子》。

司马光首先赞叹："此诚尧舜之用心，生民之盛福也！"从此札子我们得知，约在十年以前，国家实行的是里正衙前，就是由里正承担衙前役，后来民间苦于里正，里正遂被废除。继而置乡户衙前，就是以各乡的上等人户，轮流承担衙前役。接着，又因各乡贫富不同，于是确定衙前人数，有缺就从县中诸乡选家产最多的一户补充。如此实行十多年，民间反而越加贫困。当时有论者认为，一州一县，利弊不同，如今统一立法，未必最好；而里正只管催税，人们都愿意做，衙前会导致破产，当然都不愿意做，百姓所苦在衙前，不在里正，今废里正而存衙前，是废其所乐而存其所苦；又过去每乡只有里正一人，假如有上等十户，一户服役，其余九户还可以休息，专心营生。

司马光认为，所以劳逸不均，"盖由衙前一概差遣，不以家业所直为准。若使直千贯者应副十分重难，直百贯者应副一分重难，则自然均平。今乃将一县诸乡，混同为一，选物力最高者差充衙前，如此则有物力人户，常充重役，自非家计沦落，则永无休息之期矣"。意思是说，要承担的重役（比如衙前）比例，应当与家庭资产多少挂钩，资产千贯的，承担十分，资产百贯的，承担一分，这样就平均了，不至于让人破产了。现在的做法，使资产多的人户总承担着重役，除非家庭败落，资产减少，永远也别想休息。

"有司但知选差富户，为抑强扶弱，宽假贫民，殊不知富者既尽，赋役不归于贫者，将安适矣？借使今日家产直十万者充衙前，数年之后，十万者尽，则九万者必当之矣。九万者尽，则八万者必当之矣。自非磨灭消耗，至于困穷而为盗贼，无所止矣"！谁富谁倒霉，因此富户反不如穷户，富的要设法变穷，穷的要设法维持。司马光认为，因此置乡户衙前以来，老百姓更加贫困了。

接着司马光说："我曾在村里行走，见农民都很穷。询问原因，都说是不敢富，想多种一株桑，多买一头牛，储存两年的口粮，藏十匹帛，邻里已视你为富户，选你去充衙前了，哪还敢再增加田亩、修葺房屋？臣听了特别伤心，哪有圣明帝王在上，四方无事，却立法让老百姓不敢为长久之计的？凡治国，就怕只看眼前利益，不考虑长远危害，所以当初置乡户衙前，大家都没看出危害，到今天了才发现。若因循不改，时间越久，积患越深。希望特降诏旨，下诸路州县，比较上述里正衙前与乡户衙前，各具利弊奏闻，各随所便，另立条法，一定要让老百姓敢营生计。"

司马光的方法，概括地说，就是因地制宜。从奏札中我们看到，司马光对农民很有感情，他提出那些建议，固然是为国家长治久安，同时也是为农民的安居乐业。

诱降多患

治平四年（1067）六月二十五日，陕西转运使薛向上奏：知青涧城（今陕西省清涧县）种谔招降的西夏人朱令陵，是横山（今陕西省横山县一带）最有势力的酋长，已给田十顷、住宅一所，乞再授予一官职，使夸示诸羌，以诱降横山其他部族。皇帝诏增给田五顷。种谔在英宗时，曾献《西陲利害》十五篇，去年冬天又上疏陈御边五策。当时边臣屡有上奏，称横山部族可以招降。当天，召薛向入朝。凡薛向所陈计策，神宗要他别跟两府讲，只听自己手诏直接指挥。

神宗所以这样做，大概为了保密；再者，可能担心公开后，会招致反对。薛向的计策中，就包括了诱降嵬名山。

西夏将领嵬名山的部落在绥州，他的弟弟夷山归降了种谔。种谔派人通过夷山，去诱降嵬名山，用金盂贿赂他。嵬名山手下一小吏李文喜，接受了金盂，答应投诚，而嵬名山根本就不知道这回事。种谔立即上奏，说赵谅祚连年用兵，人心离叛，谅祚曾打算将横山部族全部迁往兴州（治今宁夏回族自治区银川市，时为西夏京师所在），部族怀土重迁，他们的首领嵬名山，打算以横山部族，擒赵谅祚来降。神宗信以为真。延州知州陆诜，以情况真假尚未搞清，告诫种谔切勿轻举妄动。但种谔坚信不疑，言之凿凿。诏陆诜召种谔询问，并与转运使薛向，共同商议招降事宜。经商议，设计出三种方案，派幕佐张穆之入奏。张穆之行前曾接受薛向的授意，就说事情一准能成。神宗认为是陆诜不合作，就把他调到秦凤路任职了。

虽是单线联系，相当隐秘，可那么大的事情，怎么隐瞒得了？九月十七日，司马光上《言横山札子》，表示反对：

> 臣窃闻陕西边臣，有上言欲招纳赵谅祚国内人户，渐图进取者。臣窃惟谅祚骄僭之罪，宜伏天诛，为日固久，今国家新遭大忧，陛下初承宝命，公私困匮，军政未讲，恐征伐四夷之事，未易轻议也。况谅祚虽内怀桀骜，而外存臣礼，方遣使者，奉表吊祭，尚未还国，而遽令边臣诱纳其亡叛之民，臣恐未足以亏损谅祚，而失王者之体多矣。伏望陛下且以抚循百姓为先，以征伐四夷为后，速诏边臣，务敦大信，勿纳亡叛，专谨斥候，防其侵轶而已，俟谅祚咎恶既熟，中国兵谷有余，然后奉辞伐罪，不为晚也。（《传家集》卷四十一）

札子很简短。反对的理由有二：一，无备，皇位刚刚完成新旧交替，公私匮乏，军政未修；二，理屈，谅祚虽内怀桀骜，但外表仍奉臣礼，诱其叛臣，有失王者之体。

神宗没有批复。司马光以为是札子太过简短，道理没讲清楚，九月二十四日，又上长逾两千言的《论横山疏》。

司马光首先说：“臣闻王者之于戎狄，或怀之以德，或震之以威，要在使之不犯边境，中国获安，则善矣，不必以逾葱岭，诛大宛，绝沙漠，禽颉利，然后为快也。”我们都清楚，后者正是汉武帝的选择。后世往往只称道汉武帝如何开疆拓土，如何英雄神武，却很少有人提及，当时的国家是怎样的民不聊生、一塌糊涂，那是开疆拓土的代价。相比之下，彼此相安无事，要更理智些，尤在素以“积弱”著称的宋代。

然后谈到西夏的民风：“臣闻夷狄之俗，自为儿童，则习骑射，父子兄弟，相与群处，未尝讲仁义礼乐之言也，唯以诈谋攻战相尚而已。故其民习于用兵，善忍饥渴，能受辛苦，乐斗死，而耻病终。此中国之民所不能为也。是以圣王与之校德，则有天地之殊，与之校力，则未能保其必胜也。”大宋国家所以“积弱”，原因很多，但我们得承认，民风是一个基础性因素。

接着，司马光又谈到大宋开国以来，对西夏作战的苍白记录以及征伐与怀柔的利弊：太宗时讨伐李继迁，战争持续十余年，结果终不能克，“发关中之民，飞刍挽（wǎn，用车运送）粟，以馈灵州及清远军，为虏所钞略，及经沙碛饥渴死者什七八，白骨蔽野，号哭满道，长老至今言之，犹嘘唏酸鼻”。真宗即位，当时李继迁被杀，真宗遂吊抚其孤，赐之节钺。“讫于天圣（1023—1032）、明道（1032—1033），四十余年，为不侵不叛之臣，关中户口滋息，农桑丰富”。后来元昊反叛，“国家发兵调赋，以供边役，关中既竭，延及四方，东自海岱，南逾江淮，占籍之民，无不萧然，苦于科敛。自其始叛，以致纳款，才五年耳，天下困敝，至今未复。仁宗屈己赐以誓诏，册为国主，岁与之物，凡二十五万，岂以其罪不足诛，而功可赏哉？计不得已也！"国家穷于应付，最后不得已，册封元昊为西夏国主，又赐给岁币每年二十五万。

因此，不宜主动挑起争端。"王者之于诸侯，叛则讨之，服则抚之，是以诸侯怀德畏讨，莫不率从"。去年谅祚攻大顺城（今甘肃省华池县东北），杀掠吏民，今年春天朝贡又未按时送来，当时不能征讨，"今朝廷既赦其罪，与其赐物，受其使者，纳其贡献，又从而诱其叛臣，激其忿心，是常欲其叛，而不欲其服也！信义赏罚，将安在乎？"有人或许以为，他诱我百姓，我诱他臣子，以牙还牙，以眼还眼，有何不可！司马光说："是特闾阎小人之语，非知国家大体者也！"接着打了个比方："譬如邻人窃己之财，己以正议责之可也，岂可复窃彼之财以相报邪？"听说谅祚常有据关中、窥河东之心，而我新遭大丧，国库空虚，关中百姓，自经西部战事，财力凋敝，熟户屡经杀掠，损失大半，即便现存的，也往往存有二心，"当此之际，陛下深诏边吏，敦信誓，保分界，严守备，明斥候以待之，犹惧谅祚狼子野心，不识恩义，乘我衅隙，侵噬疆场，又况彼不动而扰之，不来而召之乎？"此种情形之下，自然不宜多事。

即便真的来降，也无益处。名山所以归降，"盖亦私有忿恨，或别负罪恶，反侧不安，欲倚大国之威，以逼其主，其所部之民，未必肯尽从也"。他声称自己如何有权势，士卒如何多，如何多谋善战，又如何为民拥戴之类，恐怕都是吹牛，为求自售而已。退一步讲，"借令实能举兵以与谅祚为敌，战而胜之，则是灭一谅祚，生一谅祚也"！若不胜，必引余众来投，"谅祚悉起境内之兵以追之，怒气直辞，长驱入塞，当是之时，非口舌文移所能解也！臣恐朝廷不惟失信于谅祚，又将失信于嚷侧（嵬名山）也"！到时候，"若嚷侧余众无几，犹可以缚而送之，以缓谅祚之兵，然形迹已露，谅祚必叛无疑也；若嚷侧余众尚多，还北不可，入南不受，穷无所归，必不肯如山遇束手就死，将突据边城，以救其命，更为中国之患，未有涯也"！不论哪种结果，都是后患无穷。

欲立功于外，必先治其内。"为今之计，莫若收拔贤俊，随材受任，以举百职；有功必赏，有罪必罚，以修庶政；慎择监司，澄清守令，以安百姓；屏绝浮费，沙汰冗食，以实仓库；询访智略，察验武勇，以选将帅；申明阶级，剪戮桀黠，以立军法；料简骁锐，罢去羸老，以练士卒；完整犀利，变更苦窳（yǔ，粗劣、不结实），以精器械"。现在八者未有其一，"臣恐不能得其降者数百，而虏骑大至，覆军杀将，边城昼闭，朝廷乃为之宵衣旰食，焦心劳思，兴兵运财，以救其急"。终将无可奈何，"然后忍耻以招之，卑辞以谕之，尊其名以悦之，增其贿以求之，其为损也，不亦多乎？"这样的结果，所失大于所得。

九月二十七日，司马光再上《言横山上殿札子》：

臣近曾上言，赵谅祚即今称臣奉贡，朝廷不宜纳其叛臣，以兴边事，未审圣意以为如何？臣之所言，非谓谅祚无罪，不可讨也，又非能保其不叛也，但以国家今日内政未修，不可遽谋外事故也。伏望陛下察臣所言八事，举百职，修庶政，安百姓，实仓库，选将帅，立军法，练士卒，精器械，然后观四夷之衅，乱者取之，亡者侮之，何患不能复大禹之故迹，雪祖宗之宿愤也！（《传家集》卷四十一）

司马光语言背后的意思是说，诱降虽然可以获得某些利益，但很可能因此导致战争，以国家目前的状况，损失必定远远大于所得，那么，我们最好还是舍弃这些利益吧。他的建议多少有点让人泄气，但我们不得不承认，他说的都是事实。

据史书上说，司马光奏罢，神宗却矢口否认："这是外人讹传。"司马光不相信："陛下可知薛向的为人？"

神宗答："自然不是正人君子，只因他懂财政及边防。"司马光不以为然："财政确实懂，边防却未必！"

神宗还想继续保密，他准备同意诱降嵬名山，但种谔已等不及神宗的同意。十月二十八日，知青涧城种谔攻取绥州。当时种谔不等朝廷批复，就率部长驱直入，包围了嵬名山的营帐。嵬名山大惊，提枪欲战，弟弟夷山大喊："兄长答应投诚，为什么还这样？"名山反问："我何时答应投诚？"夷山说："兄长已接受金盂！"名山问："金盂何在？"李文喜才拿出金盂给他看。嵬名山把枪扔到地上，失声痛哭，遂率众随种谔降宋。共得部落首领三百人、一万五千户、士卒万人。但据当事人讲，路上就不断有人逃走，等到入塞，仅剩四千余人。种谔计划在当地筑城，陆诜以无诏出师，召种谔返回。到达怀远（今宁夏回族自治区西吉县附近），西夏四万人集结城下，种谔出兵击退，于是筑城绥州。种谔攻取绥州，花费六十万，西部用兵，从此开始。

种谔攻取绥州后，西夏诈称谈判，诱杀知保安军（治今陕西省志丹县）杨定等。朝廷打算征讨，终以财力匮乏，又担心契丹乘机出兵而作罢。接着，打算放弃绥州，知延州郭逵反对，神宗不听。十二月二十五日，二十一岁的赵谅祚病死，儿子赵秉常即位，时年七岁，梁太后摄政。当月，判永兴军兼陕西路经略安抚使韩琦到任，诏韩琦斟酌绥州是否可留，韩琦上奏说，贼人已诱杀杨定等，绥州不可放弃。等谅祚病死，秉常即位，韩琦又上奏说，当此变故更不能放弃绥州。因为韩琦的坚持，绥州终于没有放弃。坚持诱降嵬名山的是神宗，坚持放弃绥州的还是神宗，我们起码可以说，皇帝做事欠考虑。

幸亏赵谅祚死得及时，司马光担心的后果才没有出现。

皇帝作序

先要说到张方平。因为张方平弹劾，司马光又做回翰林学士，并兼任侍读学士。

治平四年（1067）九月二十六日，韩琦、吴奎、陈升之被免职。韩琦历任三朝宰相，有人说他专权。自王陶弹劾之后，韩琦就称病求去。但神宗不许，以诏书抚慰。英宗的陵寝完成后，韩琦就不再去中书省办公了，求去，很坚决。神宗夜召张方平商议，然后，韩琦等被免职。次日，以翰林学士承旨张方平、知谏院赵抃参知政事。虽然只是副宰相，但宰相空缺，因而实际行使宰相的职权。

张方平任秦凤路经略安抚使兼秦州知州的时候，司马光曾弹劾他缺乏军事才能，请求撤换他。前文已有提及，神宗相当赏识张方平的文章。神宗夜召与他商议宰相去留，可见神宗对张方平的高度信任。

九月二十七日，司马光上《言张方平札子》，说："臣伏见陛下用翰林学士承旨张方平参知政事，方平文章之外，别无所长，奸邪、贪婪、鄙陋，众所共知。两府大臣，关乎国家安危，任非其人，为害不小。臣职在绳纠，不敢缄默。伏望圣慈，追寝方平新命，以协舆论。"

这一天在延和殿奏对，司马光先谈对嵬名山的诱降，然后就谈到张方平。奏罢，神宗问道："有什么根据吗？"

司马光答："就说说臣亲眼所见吧！"神宗脸色变得很难看，他很生气："每有任命，就议论纷纷，对朝廷不是什么好事！"司马光不以为然："这正是朝廷的好事！帝尧且以知人为难，陛下刚刚即位，万一用一奸人，台谏再缄默不言，陛下从哪儿知道去？"神宗又问："吴奎朋附宰相吗？"司马光答："不知道。"神宗再问："结交宰相与结交人主，哪个好？"司马光答："结交宰相是奸邪！但完全迎合，观察人主意图，然后顺从的，也是奸邪！"

年轻总是气盛，气盛就容易生气。神宗后来的问话，让人摸不着头脑，揣摩半天，我觉得神宗的意思大概是说，吴奎结交宰相，而张方平结交人主，所以张要比吴好。你司马光之前替吴奎说话，现在却弹劾张方平。而司马光认为，张方平迎合神宗。

九月二十八日，权御史中丞司马光，复为翰林学士，兼侍读学士。以滕甫权御史中丞。这很容易使人想到，此种调换是因为对张方平的弹劾。

十月初一日，司马光上《言张方平第二札子》，说："臣近曾上奏，认为张方平参知政事不协众望，今所言之事未蒙施行，却听说授予翰林学士兼侍读学士。若臣言果是，则方平当免；若非，则臣为诋毁忠贤，也当远贬。今两无所问，而臣又迁翰林，并加美职，臣实愚懵，不知为何。伏望圣慈察臣前论方平事，究竟为是为非，早赐施行。所有新命，未敢祗受。"

司马光等的诰敕行下，通进银台司吕公著将任命的诰敕驳回，以此表示对司马光的支持。我们知道，银台司负责文件的上传下达。

神宗手诏告谕司马光："朕以卿经术行义，为世所推，今将开迩英之席，欲得卿朝夕讨论，敷陈治道，以箴遗阙，故换卿禁林，复兼劝讲，非为前日论奏张方平也。吕公著封还，盖不知此意耳。"意思是说，所以任命你为翰林学士兼侍读学士，不是因为对张方平的弹劾，而是因为你的学术品行，为当世推重，要开讲筵了，希望能和你朝夕讨论，给我讲治国之道，以查漏补缺。于是不经通进银台司，将诰敕直付阁门，催司马光等接受。吕公著说诰敕不经本司，那么封驳之职，因臣而废！神宗在他的奏章上批示："俟开迩英，当谕朕意。"——等开了讲筵，再把我的意思，给你讲清楚。

十月初二日，司马光又上《除兼侍读学士乞先次上殿札子》，说："臣虽木石，亦将开悟，况含血气，得为人类！"意思是说臣就是块木头、石头，也该开窍了，何况还有点血气，还是人呢！接着又说："然臣尚有私恳，须当面陈，欲望圣恩，先许上殿敷奏，禀取圣旨，然后退受敕告，不胜死生幸甚。"意思是说臣还有一私人请求，希望先准上殿陈奏，听您的意见后再受敕告。

皇帝当天就批准了。从十月初二日所上的《乞免翰林学士札子》我们知道，司马光的私人请求，就是免去自己的翰林学士，理由是将来的讲筵上，神宗要他读《资治通鉴》，可书的卷数还少，必须加紧编修，恐怕难以承担翰林学士的工作。但是，"伏蒙圣恩宣谕，但令权免学士院文字"。就是皇帝恩准司马光，暂时不用承担实际工作。司马光说，臣自忖，如果担着翰林学士的名分，却不供职，窃位素餐，无过于此，心里特别不安。况且侍读学士与翰林学士的资级，完全一样，俸禄还算优厚。希望圣上恩准，臣只以侍读学士专修《资治通鉴》，"如此则材器稍宜，职业无旷，遂其私愿，粗免愧心，不胜幸甚"！

十月初四日，神宗初御迩英阁，召侍臣讲读经史。后屏退侍臣，独留吕公著，说："朕以司马光道德学问，欲常在左右，非以其言不当也。"吕公著还是坚决请求免职，神宗只好答应。转天，神宗又问吕公著："光方直如迂阔何？"意思文司马光的正直，是不是近于迂阔。吕公著答："孔子上圣，子路犹谓之迂，孟轲大贤，时人亦谓之迂，况光者岂免此名？大抵虑事深远，则近于迂矣，愿陛下更察之。"——孔子上圣，子路还说他迂，孟子大贤，时人也说他迂，司马光又怎能幸免？大概虑事深远，就接近迂了，希望陛下明察。

然后，我们要说到皇帝作的序。

十月初九日，翰林学士司马光，首次进读《通志》于迩英阁，看来翰林学士没有免；赐名《资治通鉴》，亲作序，赐司马光，令候书成日写入；又赐颍邸旧书二千四百零二卷。颍邸是神宗作太子时的府邸。

那篇序文属"上自制自书"，也就是说，不仅文章是皇帝亲自写的，字也是。司马光接受，读了，再拜。然后，进读《三家为诸侯论》，神宗"顾禹玉等，称美久之"。禹玉，即王珪。神宗对所读章节，称赞不已。

有点小问题，《续资治通鉴》上说，《资治通鉴》的书名是十月初九日赐给的，可是，司马光在十月初二日的《乞免翰林学士札子》里，已经提到这个书名，当时他说："臣今日上殿，曾有敷奏，以圣旨令读《资治通鉴》……"可能的情况是，《资治通鉴》这个书名，早在十月初二日以前神宗即已拟定，并告诉了司马光，但直到十月初九日，才正式赐给。

我们已经知道，神宗皇帝生于庆历八年（1048）四月，按照今天的算法，治平四年（1067）十月，应该就是十九岁半。现在，我们来看年轻的神宗皇帝，在九百五十多年前，写下的这篇序文：

《资治通鉴》序（御制）

朕惟君子多识前言往行以畜（xù，蕴蓄）其德，故能刚健笃实，辉光日新。《书》亦曰："王，人求多闻，时惟建事。"《诗》《书》《春秋》，皆所以明乎得失之迹，存王道之正，垂鉴戒于后世者也。

汉司马迁绅石室金匮之书，据左氏《国语》，推《世本》《战国策》《楚汉春秋》，采经摭传，周罗天下放失旧闻，考之行事，驰骋上下数千载间，首记轩辕，至于麟止，作为纪、表、世家、书、传，后之述者不能易此体也。惟其是非不谬于圣人，褒贬出于至当，则良史之才矣。

若稽古英考，留神载籍，万机之下，未尝废卷。尝命龙图阁直学士司马光论次历代君臣事迹，俾就秘阁翻阅，给吏史笔札，起周威烈王，讫于五代。光之志以为周积衰，王室微，礼乐征伐自诸侯出，平王东迁，齐、楚、秦、晋始大，桓、文更霸，犹托尊王为辞以服天下；威烈王自陪臣命韩、赵、魏为诸侯，周虽未灭，王制尽矣！此亦古人述作造端立意之所繇也。其所载明君、良臣，切摩治道，议论之精语，德刑之善制，天人相与之际，休咎庶证之原，威福盛衰之本，规模利害之效，良将之方略，循吏之条教，断之以邪正，要之于治忽，辞令渊厚之体，箴谏深切之义，良谓备焉。凡十六代，勒成二百九十六卷，列于户牖之间而尽古今之统，博而得其要，简而周于事，是亦典刑之总会，册牍之渊林矣。

荀卿有言："欲观圣人之迹，则于其粲然者矣，后王是也。"若夫汉之文、宣，唐之太宗，孔子所谓"吾无间焉"者。自余治世盛王，有惨怛之爱，有忠利之教，或知人善任，恭俭勤畏，亦各得圣贤之一体，孟轲所谓"吾于《武成》取二三策而已"。至于荒坠颠危，可见前车之失；乱贼奸宄，厥有履霜之渐。《诗》云："商鉴不远，在夏后之世。"故赐其书名曰《资治通鉴》，以著朕之志焉耳。

（治平四年（1067）十月初开经筵，奉圣旨读《资

治通鉴》。其月九日，臣光初进读，面赐御制序，令候书成日写入。）（宋·司马光主编《资治通鉴》）

第一段皇帝写自己对史学的看法，他认为读史对自己的修养大有益处；而且，《诗》《书》《春秋》，都可以拿来资治。第二段是对司马迁的褒奖。第三段的褒奖主要给了司马光，其中说到修书的缘起、始于周威烈王的原因、书内容的丰富以及自己的评价："博而得其要，简而周于事，是亦典刑之总会，册牍之渊林矣。"意思是说，本书广博但提纲挈领，简要但叙事周密，属于典范的总汇、典籍的集合。第四段是赐名《资治通鉴》的缘由。

我们已经看到，皇帝先提到司马迁和《史记》，然后是司马光和《资治通鉴》，他第一次将两个人、两部书相提并论，这应该算是后世"史界两司马"说之滥觞。这位年轻的皇帝当时或许已经想到，他为之作序的这部大书，将与《史记》一起，成为中国传统史学的巅峰之作。

随后，司马光有《谢〈赐资治通鉴序〉表》，其中除对皇帝的感谢外，他还说："至于'博而得其要，简而周于事，典刑之总会，册牍之渊林'，臣实何人，克堪此语。若乃嘉文，宣以作则，援正观而为师，兹实生民之福，岂伊微臣之幸。"意思是说，臣什么人呀，哪当得起这样的褒奖。如果皇帝您肯以汉代的文帝、宣帝作自己的榜样，努力看齐，那实在是百姓的福气，岂止是微臣的幸运。司马光谦虚之余，还不忘劝谏。

司马光最后说到对这篇序的借重，他说自己当然无法与先贤比肩，但"便蕃茂泽，独专后世之荣，退自揣循，殆无容措，遂使萤爝未照，依日月以永存，草木常名，附天地而不朽，臣不任恳款之至"。意思是说我在后世独享荣誉，自己想来，进退失据，无地自容，自己就好比萤火虫或者爝火那么点微光，却依靠日月而得永存，又好比极普通的草木，却依附天地而得不朽。

我们知道，后来这部大书，真的因为这篇序而免遭毁版的厄运。但现在，这些全都反过来了：要不是司马光和他的《资治通鉴》，这篇皇帝作的序，几乎没有可能进入我们的视野。

○
○

谋杀案件

治平四年（1067）九月二十三日，神宗下诏召江宁（治今江苏省南京市）知府王安石为翰林学士。

神宗熙宁元年（1068）四月初四日，诏翰林学士王安石越次入对。当初，因为朋友韩绛、韩维、吕公著等人的极力举荐，神宗特别想见王安石；即位之初，就命王安石知江宁府；几个月后，又召为翰林学士兼侍讲，至此才上朝入对。

当时神宗问："治国当以何为先？"王安石答："选择治术。"神宗又问："唐太宗怎样？"王安石答："陛下当以尧、舜为榜样才对，唐太宗算什么？尧舜之道极简极要极易，只是后世搞不明白，以为高不可及罢了！"神宗说："你这是从严要求我了。"看得出来，王安石的回答很对皇帝的脾气。可能正是此次对话，年轻的皇帝决定要重用王安石。

眼下，司马光与王安石同为翰林学士，他们要奉旨讨论谋杀案：登州阿云案。

神宗熙宁元年（1068），登州（治今山东省蓬莱市）发生一起谋杀未遂案。凶手名叫阿云，是个年轻女子；被害人名叫韦阿大，是她的未婚夫。事情的经过是这样：阿云在为母服丧期间，"聘"于韦，与韦阿大订婚。这在当时属违法。阿云嫌韦阿大相貌丑陋，于是趁夜黑风高，手提"腰刀"，向酣睡在田舍的韦阿大连砍近十刀，一说十余刀，并砍断韦阿大一根手指。可是韦阿大命大，虽受重伤，却没死。县尉很快怀疑到阿云，命弓手逮捕了她，问："是不是你砍伤了你丈夫？从实招来，不打你！"阿云害怕用刑，就如实招供了。

案情一点也不复杂，审理过程也很简单。但在适用法律条文及定罪量刑上，出现了两种截然不同的意见。

当时的登州知州是许遵。《宋史》上说许遵"进士及第，又中明法"，既是进士又有法律方面专长。又说"遵累点刑狱，强敏明恕"，法律工作经验也很丰富，算个不错的法官。但"及为登州，执政许以判大理，遵欲立奇以自鬻"。就是说，当时的执政大臣答应提拔他，让他到大理寺任职，而许遵急于搞出政绩，就在阿云案上故意哗众取宠。

许遵将案件上报中央，认为阿云订婚之日，母服未除，仍在居丧期间，因此订婚无效；阿云"应以凡人论"，不能算作韦阿大的妻子。审刑院与大理寺断为"谋杀已伤，绞罪"，就是说性质属谋杀，且已造成伤害，应处绞刑，定罪依据是宋代刑法《刑统》的如下条款："谋杀人者徒三年，已伤者绞，已杀者斩。"又"因违律为婚奏裁"，即阿云订婚显然不是自愿，而谋杀即由此而起，所以应减轻刑罚。裁决的结果是"贷命编管"。即免去死刑，只处编管，即流放远方州郡，编入当地户籍，并由当地官吏管束。显然裁决时已考虑到以上情节，并相应减轻了刑罚。但许遵不服，反驳说："云被问即承，应为按问。审刑、大理当绞刑，非是。"意思是说审刑院、大理寺的判决错误，阿云被问到就立即招供了，应算"按问"，当依照相关条款，减轻刑罚。宋代法律规定，首问即招供的，有相应的减罪条款，以示鼓励。案件到了刑部，核定的结果与审刑院、大理寺一致。最后，许遵"诏以赎论"，许遵受到处罚被罚铜。当时许遵正被召判大理寺，御史台因此弹劾了许遵。不久，许遵判大理寺，而"耻用议法坐劾"，觉得当时遭到弹劾很丢面子，于是旧案重提，援引《刑统》条款："因犯杀伤而自首，得免所因之罪，仍从故杀伤法。"认为谋是杀的因，阿云应算自首，当按"故杀"，即故意伤害，并适用"按问欲举"的条款，再减二等；并请下两制议，即请"两制"官员们共同讨论。于是诏翰林学士司马光、王安石同议。两人意见也不能统一，司马光赞同刑部，王安石赞同许遵，最终各自上奏。

在《议谋杀已伤案问欲举而自首状》中，司马光首先说："右臣窃以为凡议法者，当先原立法之意，然后可以断狱。"意思是说，凡讨论法律，应先搞清楚立法的意图，然后才可以断案。

然后谈到具体的法律条款：《刑统》在"于人损伤，不在自首之例"条下注释："因犯杀伤而自首者，得免所因之罪，仍从故杀伤法。"所谓"因犯杀伤"，是指因犯别的罪，本来无意伤害，事不得已，才有造成伤害，除盗窃之外，如劫囚、劫掠贩卖人口之类都是。既然伤害罪不得因自首获免，担心有因犯别的罪而造成伤害的，有关部门拘泥，连别的罪也不许自首，所以特加申明。而伤害之中，自有两等，轻重不同，"其处心积虑，巧诈百端，掩人不备者，则谓之谋；直情径行，略无顾虑，公然杀害者，则谓之故。谋者尤重，故者差轻"。比如有人因犯别的罪而造成伤害，别的罪可因自首获免，但伤害罪不能因自首获免；若按"谋杀"则太重，若按"斗杀"则太轻，所以酌中，令按"故杀"。全于只犯伤害罪，再无别的罪，只有未造成伤害可以自首；但凡已造成伤害，都不能自首。

谋杀、斗杀、故杀都是法律用语，"斗杀"指打架斗殴造成伤害。

接着说许遵的荒谬：如今许遵要把谋和杀，分成两件事，按谋杀、故杀，都是杀人，若将谋与杀当成两件事，那么故与杀，也就是两件事了。而且，法律称得免所因之罪，劫囚、劫掠贩卖人口，都是已有所犯，因而又有杀伤，所以劫囚、劫掠贩卖可因自首获免，而伤害罪不行。若只是平常谋划，并无实际行动，有什么罪可因自首获免？由此知道，"谋字止因杀字生文"，不得另作所因之罪。若以劫、斗与谋，都作所因之罪，按"故杀"处理，那么"斗伤"自首，反倒是罪加一等了。

最后，司马光谈到社会惩罚机制的原则："凡议罪制刑，当使重轻有叙。"就是说凡定罪量刑，轻罪就用轻刑，重罪就用重刑。如今若使谋杀已伤的可以自首，从故杀伤法，假设有甲、乙二人，甲因斗殴，把人鼻子打出了血，既而自首，处以杖六十；乙与人有仇，欲置之死地，趁夜伺机将仇家推进河里或井里，幸而不死，又不见血，若来自首，只处以杖七十。二人所犯绝殊，而处罚相近，果然如此，"岂不长奸？"何况阿云案中，情理并无可悯，朝廷"贷命编管"，已是宽恩，而许遵一再耽延，为之申辩，欲令天下今后再有类似案件，都作减二等处理，"窃恐不足劝善，而无以惩恶，开巧伪之路，长贼杀之原，奸邪得志，良民受弊，非法之善者也"！

而王安石上奏以为：谋与劫囚、劫掠贩卖人口一样，都是杀伤的因，只有故意杀伤无所因。《刑统》中"因犯杀伤而自首，得免所因之罪，仍从故杀伤法"。其意以为，所因之罪既因自首获免，而杀伤不许自首，但罪名又未有所从，只有故意杀伤为无所因而杀伤，所以令按故意杀伤法。又认为"谋杀人者徒三年，已伤者绞，已杀者斩"。其中的谋与已伤、已杀为三等罪名，由此可见谋为所因。他主张：

"谋杀已伤，按问欲举，自首，合从谋杀减二等论。"

秋七月初三日，诏："谋杀已伤，案问欲举自首者，从谋杀减二等论。"神宗最终还是采纳了王安石的意见。

但众论不服。御史中丞滕甫请再选官定议，诏送翰林学士吕公著、韩维及知制诰钱公辅。吕公著等奏："臣等以为宜如安石所议便。"制曰："可。"这个结果立即遭到法官齐恢、王师元、蔡冠卿等人的反对，"皆劾奏公著等所议为不当"。又诏王安石与法官共同评议。双方反复争论，久而不决。熙宁二年（1069）二月初三日，诏："自今谋杀人已死自首及按问欲举，并奏取敕裁。"就是说今后再有类似案件，一律奏裁，由皇帝决断。很明显，这是要将问题搁置，暂息争论。

但争论并没有因此暂息。判刑部刘述、丁讽奏庚子诏书不够明确，并将诏书封还中书省。于是王安石上奏，以为："律意，因犯杀伤而自首，得免所因之罪，仍从故杀伤法；若已杀，从故杀法，则为首者必死，不须奏裁；为从者，自有《编敕》奏裁之义，不须复立新制。"与唐介等人多次在神宗前争论，唐介说："此法天下皆以为不可首，独曾公亮、王安石以为可首！"王安石说："以为不可首者，皆朋党也！"争论到此，已经超出了法律的范围。最终还是王安石胜出，"卒从安石议"，二月十八日，诏："自今谋杀人自首及按问欲举，并以去年七月诏书从事。其谋杀人已死，为从者虽当首减，依《嘉祐敕》：'凶恶之人，情理巨蠹及误杀人伤与不伤，奏裁'。"就是说从今往后，都按去年七月的诏书执行；谋杀人致死，从犯若自首，依敕奏裁。收回二月初三日的诏书。

事情还不算完。侍御史知杂事兼判刑部刘述等又奏，认为不应仅以敕颁御史台、大理寺、审刑院及开封府而不颁之诸路，请中书、枢密院共同商议。中丞吕诲、御史刘琦、钱𫖮（yǐ）皆请如刘述等奏，下之二府。神宗以为没有必要，而曾公亮等"皆以博尽异同、厌塞言者为无伤"，于是以众议付枢密院。文彦博认为："杀伤者，欲杀而伤也，既已杀者不可首。"吕公弼以为："杀伤于律不可首。请自今已后，杀伤依律，其从而加功自首，即奏裁。"二人倾向于司马光。陈升之、韩绛的意见与王安石略同。当时富弼入相，神宗令富弼与王安石商议。富弼对王安石说："谋与杀分为二事，以破析律文，盍从众议！"富弼的主张也很明确，他赞同司马光。王安石不以为然。富弼大概认为既然说服不了王安石，多说也无益，"乃辞以病"。八月，诏："谋杀人自首及按问欲举，并依今年二月甲寅敕施行。"当初二月十八日敕下，刘述率同僚丁讽、王师元，两次封还敕令，以示不能接受。王安石把这一情况讲给神宗，于是诏开封府推官王尧臣弹劾刘述、丁讽，而刘述率侍御史刘琦、监察御史里行钱𫖮，共同上疏，弹劾王安石。王安石又上奏请贬刘琦、钱𫖮。八月初九日，刘琦贬监处州（治今浙江省丽水市西）盐酒务，钱𫖮贬监衢州（治今浙江省衢州市）盐税。王安石又赢了。

八月十一日，司马光上《论责降刘述等札子》。我们从中得知，当时刘述、丁讽、王师元都被"差官取勘"，即接受审讯。司马光说："中外闻之，无不惊愕。"又说谋杀已伤自首的刑名，天下皆知其非，如今朝廷既违众议而行，又开罪忠于职守的官员，臣恐将深失天下人心！豢养鹰鸇（zhān，一种似鹞鹰的猛禽），就为求其凶猛，若因凶猛而烹杀，那还用它什么？陛下即位以来，以宽仁待臣下，甚至像皮公弼，陛下明知其贪婪，阎充国，陛下明知其鄙陋，二人都以知县权发遣三司判官公事，等得罪而出，都还是知州。如今刘琦、钱颛所犯，不过狂直，只因触犯大臣，就降为监当。那么就是狂直之罪，重于贪猥，得罪大臣，甚于得罪陛下了。窃恐来者侧目钳口，以言为讳，威福移于臣下，聪明有所壅蔽，恐非国家之福！伏望圣慈深察愚衷，赦免刘述等，再不审讯，刘琦等另给一般资序的差遣，这样，或许可以稍息众议。

神宗没有批复。

当初，王安石的意见得以施行，司勋员外郎崔台符举手加额，说："数百年误用刑名，今乃得止！"王安石喜欢他阿附自己，次年六月，提拔崔台符判大理寺。

八月二十八日，刘述贬知江州（治今江西省九江市），丁讽通判复州（治今湖北省天门市），王师元监安州（治今湖北省安陆市）税。此前，开封府判罪定案，同判刑部丁讽、审刑院详议官王师元，皆"诬伏"，即无辜而服罪。唯独侍御史知杂事兼判刑部刘述，认为朝廷不该弹劾言事官，三次讯问，拒绝招承。王安石要将他下狱，司马光、范纯仁力争，才得幸免。

多年以后，苏辙在他的笔记里谈到这个案子：

> 知润州许遵尝为法官，奏谳妇人阿云谋杀夫不死狱，以按问欲举，乞减死。旧说，斗杀、劫杀，斗与劫为杀因，故按问欲举可以减。谋而杀，则谋非因，故不可减。士大夫皆知遵之妄也。时介甫在翰苑，本不晓法，而好议法，乃主遵议。自公卿以下争之，皆不能得，自是谋杀遂有按问……（宋·苏辙《龙川略志》卷四《许遵议法虽妄而能活人以得福》）

当日的是是非非，其实并不难判断。此次讨论所涉，虽然只是纯粹的法律问题，但神宗因为要重用王安石，就采纳了他的意见。这在神宗皇帝，大概是要表示用人不疑，疑人不用；但给我们的感觉，却是"爱屋及乌"。

谋杀案当然与改革无关，与之相关的只是两个人的性格与由此决定的处事方式以及皇帝的心理倾向。

○
○

不要赏赐

熙宁元年（1068）的大宋国家，可谓多灾多难：

六月，黄河泛滥，河水在恩州（治今河北省清河县西）溢出，又在冀州（治今河北省衡水市冀州区）决口，向北流入瀛州（治今河北省河间市）。七月，黄河再次泛滥，河水在瀛州溢出。七月十二日，因恩州、冀州黄河水灾，赐给死难人家缗钱，相当于抚恤金，及下等人户粮食，相当于救济粮。紧接着，七月十四日，京师地震。七月二十日，又震，大雨，当夜出现月食。七月二十一日，因河朔大地震，命沿边安抚司及雄州刺史，注意辽国动向，奏闻，并赐给死难人家缗钱；同日，京师又震。七月二十二日，遣御史中丞滕甫、知制诰吴充，安抚河北。七月二十三日，疏导深州（治今河北省深州市南）洪水。八月初二日，京师又震；诏京东、京西两路，存恤河北流民。八月初四日，京师再震。

为应付接二连三的灾难，七月二十七日，降空名诰敕七十道，付河北安抚司，向民间征集粮食。八月十五日，再降空名诰敕，付河东路及鄜延路安抚司，向民间征集粮食，充实边防。这容易让人想到卖官鬻爵。可见，国家已经困穷到了什么程度。

八月初九日，司马光上《乞听宰臣等辞免郊赐札子》。从中我们知道，此前，宰臣曾公亮等奏：河朔罹灾，调用繁冗，希望将来郊祀大礼毕，两府臣僚，不再按惯例赐给银绢。

司马光在札子中认为，国库素已空虚。今年河北的灾害，又特别严重；黄河决口，加上地震，官府民居，夷为平地，继以霖雨，粮食腐烂。军队尚且缺粮，何暇顾及百姓。冬春之交，百姓生活必定非常困难。国家肯定不会坐视，肯定要救济。而且，城防要修复，决口要堵上，百役并兴，所费不菲。当此之际，朝廷上下应同心协力，痛加裁损，以救一方之急。

然后，司马光说："凡布施恩泽，应从下开始；而裁减用度，应从上开始。只因郊礼陪位，就受数百万的赏赐，我心里很是不安。臣此前所说的赏赐无节，这也是其中之一；即使臣下不辞，也应裁减，何况自辞，裁之何损？"

又说："君子尚义，小人重利。治国者应以义褒奖君子，而以利取悦小人。如今大臣因为灾害，辞赏以救百姓之急，其义可褒；陛下因而听从，是厚遇而非刻薄。但公卿大夫，也不可全无赐予。臣以为，文臣自大两省以上，武臣及宗室自正任刺史以上，内臣自押班以上，将来大礼毕，所赐都宜减半，等将来丰稔，自依旧制；文武朝臣以下，一概不减，似为酌中。"

最后司马光强调："臣亦知此物未能富国，诚冀国家因此渐思减损其余浮费，自今日为始耳！"司马光希望以此为契机，作为治理"三冗"问题的开始。

八月十一日，迩英进读毕，神宗问两府辞郊赐的札子为何不呈上来。

司马光回答说同僚中有人请假了。

神宗问此事如何，司马光答："臣此前已有奏状，臣的见解就是那样，请再广泛征求近臣们的意见，由陛下裁定。"神宗问："谁有不同意见？"司马光答："只臣有此愚见，其他人不以为然。"神宗说："朕的意思也和你一样，准许辞赏，是成其美，不是薄待；但减半无益，大臣既然恳辞，不如就全免了。"司马光说："今郊赐下至军队都有，而公卿没有，恐怕于体未顺。"神宗说："已赐金带、马匹了。"司马光说："求尽纳是人臣的志愿，赐其半是人主的恩德。"

从这段对话来看，神宗当时的想法，比司马光更彻底，他要全部省了那些赏赐。可是没过几天，皇帝就改变了主意。

几天后，司马光与王珪、王安石一同在延和殿进呈郊赐札子。在神宗的面前，司马光与王安石发生了争论。

司马光说："当今国用不足，灾害屡臻，裁减冗费应从高官及近臣开始，应准许两府辞赏为便。"

王安石反对："国家富有四海，大臣郊赐所费无几，吝惜不给，不足以富国，徒伤大体！以前常衮辞赐馔，当时的舆论以为，常衮既然自知不能胜任，就应该辞职，而不是仅仅辞赐馔。今两府辞郊赐，正与此同！况且国用不足，不是眼下着急的事！"

司马光反驳："常衮辞禄位，尚知廉耻，与固位贪禄者相比，不是要好吗？国家自真宗末，就用度不足，近年尤甚，怎能说不是急事？"

王安石说："国用不足，是因为没找到善于理财的人。"

司马光不以为然："善于理财的人，不过大肆聚敛，搜刮百姓而已；这样老百姓困穷，流离为盗，对国家有什么好处？"

王安石纠正："这不是善于理财的人！善理财的人，不增加老百姓的赋税，就能使国用丰饶。"

司马光针锋相对："这是桑弘羊蒙骗汉武帝的话！司马迁记下它，是为了讽刺汉武帝的不明白！天地所生，就那么多，不在民间，就在官府，桑弘羊能使国用富足，不取于民，从何而来？真如桑弘羊所言，汉武帝末年，怎会盗贼肆虐，国家到处追捕？不是老百姓疲极而为盗吗？这种话怎能引以为据！"

王安石转移话题："太祖时赵普等做宰相，赏赐有时上万，今郊赐不过三千，哪能算多？"

司马光反问："赵普等运筹帷幄，平定诸国，赏以万数，不也很合适吗？今两府助祭，不过跑跑龙套，走走过场，和赵普等能比吗？"

两人争论了很久。

王珪像是辩论赛的主持人，他最后总结："司马光说裁减冗费从贵近开始，司马光说得对；王安石说花费不多，恐伤国体，王安石说得也对，请陛下裁定吧。"

神宗裁定："朕的意见也和司马光相同，但现在，暂且以不许批复吧。"

当天正好轮到王安石当制，由他值班起草制诰，于是草拟批答，引常衮事责两府，两府也不再辞赏。次日迩英讲读罢，神宗独留王安石说话，两府大臣都不敢先退，就那么等着，至晡（申时，下午三点至五点）后乃出。不数日，王安石任参知政事。

司马光在《论财利疏》中说："古之王者，藏之于民；降而不能，乃藏于仓廪府库，故上不足则取之于下，下不足则资之于上，此上下所以相保也。"司马光主张藏富于民，这样才能保证国家的长治久安。至于解决目前的财政危机，司马光不主张增加赋税，而是裁减不必要的费用；换句话说，眼下国家的财政出现危机，在司马光看来，不是赋税不够多，而是国家不必要的开支太多了，因此解决的办法不是增加赋税，而是裁减不必要的费用。面对司马光的质问，王安石无言以对。在传统的自然经济条件下，社会财富增长缓慢，有限的财富，不在民间，就在官府；王安石的办法，只能是取之于民。但是很显然，王安石的话深深打动了神宗。至于争论的结果，神宗并不关心，桑弘羊的是与非，甚至汉武帝末年的社会情形，神宗概不关心。汉武帝时代的战功，才是神宗最关心的。

神宗已经改变主意，不仅仅是在郊赐问题上。

神宗的突然转变，也可能与司马光一个月前的札子不无关系。熙宁元年（1068）七月初三日，司马光曾上《辞免裁减国用札子》，札子很短，但很重要，照录如下：

　　臣近曾乞别选差官，裁减国用，奉圣旨不许辞免。臣以非才，叨忝美职，月受厚俸，常自愧恐，无有报称，若果能有益于国，臣何敢辞？

　　窃惟方今国用所以不足者，在于用度太奢、赏赐不节、宗室繁多、官职冗滥、军旅不精。此五者，必须陛下与两府大臣，及三司官吏，深思其患，力救其弊，积以岁月，庶几有效，固非愚臣一朝一夕所能裁减也。

若但欲知庆历二年裁减国用制度，比见今支费不同数目，只下三司令供析闻奏，立可尽见。

臣愚以为不必更差官置局，专领此事。

况臣所修《资治通鉴》，委实文字浩大，朝夕少暇，难以更兼钱谷差遣。（《传家集》卷四十二）

从札子的内容来看，当时神宗打算成立一个专门机构，由司马光来负责，裁减开支。但司马光先是请换作他人，神宗不许；司马光再辞，神宗就同意了，那个机构没有成立。

神宗很年轻，很着急，大概希望司马光大刀阔斧，一眨眼就砍掉困扰国家的种种冗费，让国家从困顿的泥沼中摆脱出来。但司马光拒绝了，说那根本不可能，不是一个机构就能解决的问题，它需要高层的努力，必须皇帝本人、两府执政大臣以及三司的主管官吏三方共同努力；而且需要时间，必须假以时日，不是一下子就能办到的。皇帝可能相当失望，因为他有太多的计划，那些计划都不能等。可能正是这种失望，让神宗倒向了或者说把神宗推向了王安石。那个没有成立的机构，也将以制置三司条例司的面目出现。

正是这次推辞，使司马光在后世备受垢病，最有代表性的指责就是：让他干他不干，而别人（王安石）干，他又说三道四！司马光在札子里曾说到，自己忙于纂修《资治通鉴》，所以没有精力和时间再兼任经济工作。我们今天假设，如果不是编修《资治通鉴》，司马光会去负责那个机构吗？恐怕也不会。司马光多次说过，自己的长处是匡正，经济不是他的特长，他不会做不擅长的工作。退一步讲，如果那个机构成立了，司马光也愿意担任此项工作，裁减开支也需要时间，不可能一蹴而就。神宗渴望国家迅速富强，司马光不能满足他的愿望，但皇帝认为王安石可以。这就是历史际遇，所以才有后来的王安石改革。这个不容假设，不得不如此。时也势也，历史的走向，由时势所决定。

○
○

迩英辩论

熙宁二年（1069）十一月十七日，神宗在迩英殿听讲，司马光进读《资治通鉴》。

读到曹参代萧何为相，尽遵萧何旧规，就是我们所熟知的典故"萧规曹随"，司马光说："曹参无为而治，得守成之道，所以孝惠、高后时，天下安宁，财富增殖。"

神宗问道："假如汉代常遵萧何之法，长久不变，可以吗？"

司马光答："何止汉代！道，万世不衰，夏、商、周的子孙，若能常遵禹、汤、文、武之法，哪会有衰乱？因此武王灭商，说：'乃反商政，政由旧。'那么，即便周室，也延用了商的旧政。《书》说：'无作聪明，乱旧章。'《诗》说：'不愆不忘，率由旧章。'那么，祖宗旧法，如何可废？汉武帝接受张汤建议，多改旧法，汲黯面斥张汤：'你竟取高皇帝规章纷纷更改呀！'汉武帝晚年，盗贼蜂起，是因为法令太烦苛了。宣帝延用高祖旧法，只选良吏使之治民，天下大治。元帝元年，采用众僚属建议，大改宣帝旧政，丞相匡衡上疏说：'窃恨国家释乐成之业，虚为此纷纷也！'依陛下看，宣帝、元帝治国，哪个更好些？荀子说：'有治人，无治法。'因此，治国的关键在得人，不在变法。"

神宗说："人与法也互为表里。"

司马光说："若得其人，不愁法不好；不得其人，即便有好法，施行出来也会次序颠倒、完全变形。应急于求人，缓于立法。"

从这段对话来看，神宗的倾向很明显，他主张变法。而司马光的倾向也很明显，他不主张变法；他认为治国，人才是内在的根本，法只是外在的表现，治国的关键在人，选对了人，自然就会有好法。

此前的九月二十九日，因为王安石的举荐，吕惠卿又被任命为太子中允、崇政殿说书，有权为皇帝讲解经书及顾问应对。

十一月十九日，神宗再御迩英殿，吕惠卿、王珪、司马光侍讲。这天的讲筵成了一场高端辩论赛。

吕惠卿先讲，说："法不可不变，先王之法，有一年一变的，'正月始和，垂于象魏（宫廷外的一对高大建筑，用以悬示法令）'即是；有五年一变的，'五载一巡狩'，'考制度于方岳'即是；有一世一变的，'刑罚世轻世重'即是；有百世不变的，'父慈、子孝、兄友、弟恭'即是。前天，司马光说汉遵萧何之法就治，变了就乱，臣窃以为不然。惠帝废三族罪、妖言令、挟书律，文帝废收孥令，怎么能叫不变？武帝因穷兵黩武，奢淫厚敛，而盗贼起；宣帝因核定名实，而天下治；元帝因任用弘恭、石显，杀萧望之，而汉道衰，都不是因为变法与不变法。弊则必变，岂能坐视？《书》所谓'无作聪明，乱旧章'，是说不聪明却要强装，不是说旧章不可变。司马光的用意，大概决不枉然，必定因为国家近日多变革旧政，因此规讽，又因为臣制置三司条例及看详中书条例，所以发此议论。希望陛下细究司马光的话，若是，就应听从；若非，陛下也应告诉，不为隐匿。请召司马光诘问，使议论归一。"

神宗召司马光，问："卿听到吕惠卿的话了吧？如何？"

司马光答道："惠卿的话，有是有非。惠卿所说汉代惠、文、武、宣、元五帝的治乱情形是对的；但说先王之法，有一年一变、一世一变，就不对了。《周礼》所说'正月始和，垂于象魏'的，是旧章，不是一年一变；这类似于州（五党为州）长、党（五百家为党）正（长）、族师（长），在岁首四时的首月，集合百姓宣读邦法。天子担心诸侯变礼、易乐、坏旧章，因此五年一巡视，考察他们，有变乱旧章的，就削黜，不是说五年一变法。刑罚世轻世重，大概新国、乱国、平国，随时而用，不是说一世一变。

"而且，臣所说的率由旧章，不是说坐视旧法之弊，而不作变更。臣前天固然说过：道，万世不衰。禹、汤、文、武之法，皆与道合；后世子孙逐渐变更，遂至失道。及遇中兴之君，必应变革；后世所变，是要恢复禹、汤、文、武之治，合于道而止。这就是所谓的率由旧章。至于挟书律、妖言令，又怎能奉行不变？所以变法，变以从是；旧法非则变之，是则不变。如果不论是非，一概变之，以示聪明，就是所谓的作聪明、乱旧章。

"拿宅子来作比方吧，住得久了，屋瓦漏了就要整理，圬墁破了就要修补，梁柱斜了就要扶正，也还可以住。若非大坏，难道就要全毁了另造不成？若要另造，必须良匠，又须良材，然后可为。如今既无良匠，又无良材，只因少许缺漏，就要全都毁了，又要另造，臣担心将无以遮风挡雨了。

"而且，变法岂是容易的事！《易·革》说：'己日乃孚，元亨利正（避仁宗讳，贞改作正），悔亡。'元，善之长；亨，嘉之会；利，义之和；贞，事之干。四德兼备，然后变革，仍不免后悔；若不兼备，未尝无悔。即便四德兼备，也应循序渐进，假以时日，而后百姓从之。汉元帝数更法令，随即又改，因为不能无悔。

"臣承乏讲筵，只知读经史，经史有圣贤功业，可以裨益圣德，臣就委婉开陈，以助万分。本来无意讥讽惠卿制置三司条例及看详中书条例，惠卿却以为臣讥讽他了。臣不敢私议。现在讲筵官员及左右臣僚都在，请陛下问问他们，不知此二局，果真应置还是不应置？国家设三司，掌管天下财政，倘若不称职，就应黜去，再选贤者，以代其位，而不应夺其职业，让两府来管。如今两府各选一人，引设僚属，制置三司条例，那么三司条例皆为无用。中书省，政事所从出，应以道辅佐人主，而用区区条例，又派官员看详，若事事都检条例执行，胥吏就足够了，何必再择贤才做宰相！那么，二局不应置，在理甚明；而臣前日之论，则确无意讥讽惠卿。"

要论历史知识的渊博，没人比得过司马光，吕惠卿要与司马光讨论历史，那是自不量力。司马光表达了三层意思：不是不要变，而是不要离开那个"道"；不是不要变，而是要具备相当的条件；不是不要变，而是要慎之又慎。显然，在司马光看来，变法的时机还不成熟，变法也不够谨慎，而且变法的方向有问题。

司马光的渊博和滔滔不绝，可能让吕惠卿觉得特没面子，他有点恼羞成怒了："司马光备位侍从，见朝廷事有未便，即应指出。有职守的，不能尽职则去；有言责的，不能尽言则去，岂可不了了之？"

司马光针锋相对："此前，有诏书要侍从之臣言事，臣曾上疏（指《上体要疏》），指陈当今得失，如制置条例司之类，尽在其中，不知得达圣听否？"

神宗答："见了。"

司马光气愤："那么，臣不是不说！至于不被采纳而不去，确是臣之罪！惠卿责臣，实当其罪，臣不敢逃！"

神宗劝解："共议是非而已，何至于此？"

王珪赶忙打圆场："司马光所说，大概认为朝廷所改诸事当中，有为利甚小、为害甚多的，也不必改。"同时，示意司马光退下。

从此处的对话来看，按照神宗的考虑，变法肯定是必须的，但同时他也不希望反对变法的人离开，而是作为一种制衡力量，对即将到来的变法，起到制约与监督的作用。

接着，王珪进读《史记》，司马光进读《资治通鉴》。然后，降阶，将退。神宗命移坐墩至御榻前就座。王珪礼辞，不许。于是众人再拜，就座。左右避去。神宗问："朝廷每改一事，则举朝汹汹，皆以为不可，又不能指明不便之处，究竟为何？"

王珪等答："臣等疏贱，在阙门之外，朝廷事不能尽知；闻之道路，又不知虚实。"

神宗坚持："就据见闻说说吧。"

司马光说："最近听说朝廷在散青苗钱，此事不便。如今乡里富民乘贫者匮乏之际，贷给钱，等到收获，再以谷麦偿还。贫者寒耕热耘，仅得斗斛之收，未离场圃，已全被富室夺去。他们都是平民百姓，没有公差的权势、刑罚的威慑，只以富有的缘故，尚能蚕食小民，使之困瘁，何况官府严加督责？这是孟子所谓的又举债增加其负担。臣担心将会民不聊生。"

吕惠卿反对："司马光不知道，这事由富室来做，就害民；如今由官府来做，就利民。过去，青苗钱令百姓愿取者贷给，不愿者不强迫；收获之际，令以市价折合谷麦缴纳。这是为了救贫者的无息、富人的贪暴。如今常平仓原价甚贵，十余年才一粜，或腐朽以害主吏，或价贵人不能粜，所以不如散青苗钱有利。"

司马光反驳："臣听说'作法于凉，其弊犹贪，作法于贪，弊将若何？'常平仓，谷贵不伤民，谷贱不伤农，公私俱利，至善之法；等到衰败，吏不得人，谷贱不粜，反为民害。何况青苗钱，不及常平远甚！过去太宗平河东，减轻租税，戍兵甚众，命和粜粮草供给。当时人稀物贱，米一斗值十余钱，草一围值八钱，百姓都乐意与官方交易，不以为病。后来人愈众、物愈贵，而转运司常守旧价，不肯增加，或折成茶布，或支移折变；饥年租税皆免，但和粜不免，至今为百姓患，如膏肓之疾。朝廷虽知其害民，但因用度匮乏，也不能制止。臣担心将来诸路青苗钱害民，也像河东的和粜一样。"

神宗说："听说陕西路行之已久，民不以为病。"

司马光反对："臣家在陕西路，有从乡里来的，都说去年转运司不听朝廷指挥，擅散青苗钱，今年夏天麦不甚熟，但上司督责严急，百姓不胜愁苦。朝廷既明有指挥，他会公然施行吗？转运使本以聚敛为职，取之无名，还要搜刮，何况取之有名？那些负责青苗钱的官员来到陛下眼前，说百姓欣然，赖此钱为生等等，都由他一张嘴说，臣听到的却是民间事实。"

吕惠卿辩解："司马光所说的，都是吏不得人，所以为害百姓；若使转运司、州、县，皆得其人，哪还有这些毛病？”

问题的关键就在这儿，要保障全国那么多州县都所用得人，很难。司马光表示赞同："如惠卿所说，正是臣前日所说有治人无治法，朝廷应急于求人，缓于立法。"

神宗又问："坐仓籴米如何？"

王珪等起立，答："坐仓甚不便，朝廷近已取消，甚好。"

神宗纳闷："没取消啊！"

司马光说："坐仓之法，大概因为小郡仓中缺米，而库有余钱，因此反向军人籴米，以给次月之粮，出于一时急计而已。如今京师仓有七年之储，而府库无钱再籴军人米，使积久陈腐。此事利弊，非臣所知。"

吕惠卿反对："若京师坐仓得米百万石，就可以减东南每年漕运百万石，转换为钱，以供京师，还愁没钱吗？"

司马光反驳："臣听说如今江淮以南，百姓缺钱，称为'钱荒'，而土壤适宜粳稻，当地人吃不完，地又低洼潮湿，不能储存，若官籴不取以供京师，就无法处置，必甚贱伤农。而且，民有米而官不用米，民无钱官必让出钱，岂是通财利民之道？"

吴申评价："司马光之言，可谓至论！"

司马光继续："此等小事，都是官吏应该具体研究的，不足以烦圣虑；陛下只应择人而任，有功则赏，有罪则罚，这是陛下的职责。"

神宗深表赞同，说："不错。正如《尚书·立政》所谓

'文王罔攸，兼于庶言，庶狱庶慎，惟有司之牧夫是训用违……'，正指此!"

神宗又与大家讲论至道。至晡后，王珪等请起，神宗命赐汤，又对司马光说："卿别因为之前吕惠卿的话不高兴啊。"司马光答："不敢。"

于是退下。

此次经筵上的争论，对手不是变法派的头等人物，而是次一等的吕惠卿。司马光在辩论中获胜，神宗却仍然倾向变法。变法如箭在弦，司马光已无能为力。

○
○

坚辞枢副

熙宁三年（1070）二月十二日，司马光被任命为枢密副使，相当于国防部副部长。

此时，王安石在告，就是请假在家。为什么呢？这得从韩琦的奏疏说起。

二月初一日，河北安抚使韩琦上奏，说按照青苗诏书，青苗法是要优待百姓的，为减少兼并，公家是无所利的，可现在每借一千，令还一千三百，这是官府自己在放钱取息，与当初抑兼并、济困乏的初衷，已经完全背离。而且，乡村每保必须选出有财力之人为甲头，青苗钱虽说不许强行摊派，但上户肯定不愿意贷，下户有的愿意贷，将来催收肯定比较难，不免要行刑督责，同保内其他人户就得跟着倒霉。陛下只要率先躬行节俭，自然国用不乏，何必让兴利之臣纷纷四出，招来天下人的疑惑呢？请尽罢诸路提举官，依常平旧法施行。二月初二日，神宗从袖子里取出韩琦的奏疏，给执政大臣们看并说："朕始谓可以利民，不意乃害民如此！"王安石勃然大怒，上疏极力辩解。曾公亮、陈升之都说城镇不应散青苗钱，与王安石辩论很久。神宗因为韩琦的奏疏，对青苗法终究有些怀疑。于是，王安石称病不出。

随后，王安石又请外任。翰林学士司马光草拟批答，说："今士夫沸腾，黎民骚动，乃欲委还事任，退取优安，卿之私谋，固为无憾，朕之所望，将以委谁？"意思是说如今你搞得天下沸腾，却要撂挑子，对你自己来说，当然很好，可是我呢，我找谁收拾这个烂摊子？王安石大怒，立即抗章自辩，神宗封还了他的奏章，又手札向他道歉，说诏书中的两句话，失于详阅，现在看了，很觉惭愧，随后派王安石的铁杆搭档吕惠卿谕旨。但王安石坚持请罢职。神宗坚持挽留。直到二月二十一日，王安石才复出治事。

神宗打算重用司马光，曾征求王安石的意见，王安石坚决反对，说："光外托劘（mó，劝谏）上之名，内怀附下之实，所言尽害政之事，所与尽害政之人，而欲置之左右，使预国政，是为异论者立赤帜也！"意思是说司马光托名劝谏，其实附下，谈论的都是反对变法的事，交往的都是反对变法的人，如果把他安置在身边，参与国家大政，那就等于为不同政见者树起了一杆大旗。

等到王安石请假，神宗以司马光为枢密副使。

二月十二日当天，司马光即上《辞枢密副使札子》。从中我们知道，当天司马光先是接到阁门告报，说已除任枢密副使；接着又有勾当御药院陈承礼传宣，令即日领受敕告。

二月十五日，司马光又上《辞枢密副使第二札子》。从中我们得知，当天神宗又命勾当御药院黎永德宣圣旨，令司马光即日入见。神宗似乎很着急，他大概要趁王安石请假下达命令，到时候王安石反对也没用了，可司马光迟迟不接受。

二月十九日，司马光再上《辞枢密副使第三札子》，先说人的材性各有所能有所不能，"人主量材，然后授官；人臣审能，然后受事"，因此"官不旷而事无败也"。接着历数自己入仕以来，曾辞免的与未曾辞免的任命，说自己辞枢密副使，并非如有些人想象，以为是"不慕荣贵"，或者"饰诈邀名"，而是"正欲辞所不能而已"。加之自己"素有目疾，不能远视"，近日以来，又"颇多健忘"，日常供职，"犹惧废阙"，何况以衰病之身，难当重任。

熙宁二年（1069）闰十一月十九日，应条例司之请，差官提举诸路常平仓、广惠仓，兼管勾农田水利差役事，开始推行青苗法。当时全国常平仓钱粮，共计一千四百万贯石，诸路共置提举管勾官，凡四十一人。

在封建时代，农业是国家的根本。当时对付自然灾害的方法不多，靠天吃饭，收成很不稳定。丰年谷贱伤农，灾年谷贵伤民。这就要由国家来平抑物价：丰年谷贱，国家拿一笔钱出来，平价收购粮食，储存在官仓里，等到灾年谷贵时，再把这些粮食平价出售。这样可以防止奸商、富户的囤积居奇。这种办法，就叫作常平法；专门用于储存平抑物价粮食的官仓，就叫作常平仓。广惠仓始建于仁宗嘉祐二年（1057）。当时，由于地主死亡无人继承等原因，各地都有一些无主的土地。这些土地，以前都是由官府出售。当时的枢密使韩琦建议，这些土地由国家雇人来耕种，所得专门用于救济境内的老弱病残，以及用于救灾。所谓青苗法，就是将常平仓、广惠仓的钱和粮食作为本钱，每年青黄不接的时候，由国家向农民发放贷款，取利二分，就是收取百分之二十的利息，收获后连本带息一并偿还。这种贷款以农民田里的青苗作为抵押，因此叫作青苗钱。

二月二十日，司马光上《乞罢条例司常平使疏》，认为青苗法将可能导致民间的普遍贫穷，国家的投入也可能血本无归，并且，十年之后，国家有可能出现动乱。在提出他的请求之后，司马光动情地说："如此，臣虽尽纳官爵，但得为太平之民，以终余年，其幸多矣！苟言不足采，陛下虽引而置诸二府，徒使天下指臣为贪荣冒宠之人，未审陛下将何所用之？"意思是说如果废除条例司、追回常平使，臣余生即便做个太平之世的老百姓，也特感幸运。但如果不这样做，陛下就是把我安置在两府，不过白白地使天下人指责臣贪恋荣华，对陛下来说，有什么用呢？

二月二十一日，司马光又上《辞枢密副使第四札子》。

从中我们获知，当天神宗又派勾当御药院陈承礼传宣，令司马光即日入见。司马光说："臣仰烦圣恩重沓如此，虽顽如木石，亦当迁变"，然后说到自己的坚持，他说所以如此，是因为"荷盛德者必有以酬报，居重位者不可以无功"。当今为害天下的，唯有制置三司条例司，及诸路提举勾当常平、广惠仓使者。"若陛下朝发一诏罢之，则夕无事矣！"倘若以为是，请早赐施行；若以为非，则自己是"狂愚之人"。如今英俊满朝，却要提拔狂愚，使污枢府，"岂不为圣政之累也"。

二月二十二日，司马光再上《辞枢密副使第五札子》。由此可知，神宗当天再命勾当御药院李舜举传宣，令司马光即日赴阁门领受敕告。我们读到司马光的不安："陛下圣恩无穷，愚臣辞避不已。逮下之德愈盛，慢上之罪愈深。忧惶失图，无地自处。"他重申二十日的奏疏，说陛下若能施行，胜过任自己为两府大臣，而自己若得此言施行，也胜过居两府之位。但倘若所言无可采，"臣独何颜敢当重任"！

由"贴黄"我们知道，神宗曾命李舜举传圣旨，说枢密院"本兵之地"，各有职分，不应再以他事为由推辞。司马光说自己如今若已受枢密副使的敕告，即诚如圣旨，不敢再谈职外之事；但既未受恩命，那自己还是侍从之臣，于朝廷阙失，无不可言。何况所说两件事，都是去年已有上奏，因其无效，故而不敢当今日新恩。因此自己不算"侵官"，请圣明裁察。兼臣右膝下现生一疮，有碍拜起，不能入见，伏望圣慈再不差使臣宣召，只候膝疮稍愈，即

"自乞入见，面奏恳诚"。

二月二十七日，司马光最后上《辞枢密副使第六札子》。这一天神宗再派勾当御药院刘有方传宣、慰问，并问司马光计划哪天入见，令早。司马光表示感激："圣恩深厚，不忘微贱，存恤勤至。臣蝼蚁之命，无足报塞，惶恐无措。"然后，他说自己现在膝疮虽稍减轻，但尚未痊愈，仍然有碍拜起，所以也不知道可以入见的具体日期。不仅如此而已，自己近曾上疏，请罢制置三司条例司，及追还诸路常平、广惠仓使者，但未听说朝廷"少赐采录"，只听说条例司"愈用事"，催散青苗钱"愈急"，内外人心"愈惶惶不安"，自己这种时候，"独以何心敢当高位"！所以"宁被严谴，未敢辄出"。听说古代国有大事，"谋及卿士，谋及庶民，参酌下情，与众同欲"，因此"事无不当，令无不行"，未尝有四海之内，"卿士大夫、农商工贾，异口同辞，咸以为非"，却"独信二三人之偏见，而能成功致治者也"。希望陛下将臣近所上疏宣示内外臣庶，使共决是非，"若臣言果是，乞早赐施行；若臣言果非，乞更不差使臣宣召，早收还枢密副使敕告，治臣妄言及违慢之罪，明正刑书，庶使是非不至混殽，微臣进退有地，不为天下之所疑怪"。

司马光表达得已经足够明白，除非废除新法，否则他不会就任枢密副使。

三月初八日，神宗又遣刘有方告谕司马光，令供职。当天，司马光入对。

司马光说："臣自知对朝廷没有帮助，朝廷施行的，都与臣所说相反。"

神宗问："何事相反？"司马光答："臣说条例司不应设，又说不宜多派使者干扰监司，又说散青苗钱害民，岂非相反？"神宗说："都说不是法不好，只是所派非其人而已。"司马光："以臣看来，法也不好！"神宗强调："原敕不令强行摊派。"司马光说："敕虽不令强行摊派，但使者都暗示令摊派。如开封府所辖十七县，只有陈留县令姜潜张榜公布，听任自来，请就发给，终无一人来请。由此看来，其余十六县，恐怕都不免摊派！"

神宗敦谕再三，司马光再拜，坚辞。

王安石已于二月二十一日复出治事，推行青苗法，更加坚定。神宗暂时还无意废除新法，所以不再坚持让司马光上任。司马光第六次辞免枢密副使之后不久，得旨听许。

三月十七日，知通进银台司范镇被免职。当时，韩琦极论新法之害，诏送条例司分条辩驳；李常请罢青苗钱，诏分解辨析。范镇全部封还。诏五下，范镇坚持如初。司马光辞枢密副使，神宗许之，范镇又封还诏书，说："臣所陈，大抵与光相类，而光追还新命，则臣亦合加罪责。"神宗令再送范镇行下，范镇又封还，说："陛下自除光为枢密副使，士大夫交口相庆，称为得人，至于坊市细民，莫不欢庆。今一旦追还诰敕，非惟诏命反汗，实恐沮光谠论忠计！"反汗，出尔反尔。神宗不听，以诏书直付司马光，不再经由银台司。范镇说："臣不才，使陛下废法、有司失职。"遂请解职。许之。

我们知道，范镇和司马光是多年的朋友；但范镇此举，已经远远超出朋友情义的范畴。

○
○

私信安石

熙宁三年（1070）二月二十七日，司马光作《与王介甫书》。司马光试图说服神宗皇帝放弃变法，但似乎希望不大，他因此转而劝说王安石。这是个充满暖意的春天，但司马光显然没有心情领略春的惬意。

这是一封约三千三百余言的长信。在司马光的一生中，这种长信并不多见。

从信中看，起码自王安石参知政事以后，两人就断了来往："光居尝无事，不敢涉两府之门，以是久不得通名于将命者。"

司马光先谈到彼此十数年的交往，认为自己于王安石应当算是益友："孔子曰，益者三友，损者三友。光不材，不足以辱介甫为友；然自接侍以来，十有余年，屡尝同僚，亦不可谓之无一日之雅也。虽愧多闻，至于直谅，不敢不勉；若乃便辟、善柔、便佞，则固不敢为也。"然后，谈到他们的分歧，认为属于君子的"和而不同"。接着说："曩者与介甫议论朝廷事，数相违戾，未知介甫之察不察，然于光向慕之心，未始变移也。窃见介甫独负天下大名三十余年，才高而学富，难进而易退；远近之士，识与不识，咸谓介甫不起而已，起则太平可立致，生民咸被其泽矣。天子用此起介甫于不可起之中，引参大政，岂非亦欲望众人之所望于介甫邪？"除去政见的不同，司马光与王安石，就人格修为来说，都堪称当世典范。司马光的此番话，不是客套的恭维，而是完全发自真心。

接下来，要谈到非议："今介甫从政始期年，而士大夫在朝廷及自四方来者，莫不非议介甫，如出一口，下至闾阎细民、小吏走卒，亦窃窃怨叹，人人归咎于介甫。"为什么呢？司马光认为："介甫固大贤，其失在于用心太过，自信太厚而已。"王安石执政以来，所以怨声载道，司马光认为，是他太过用心，又太过自信。

什么是"用心太过"呢？司马光解释：自古以来，圣贤治国，"不过使百官各称其职，委任而责成功也"，养民"不过轻租税、薄赋敛、已逋责也"，而王安石以为这些都是"腐儒之常谈"，于是，"财利不以委三司而自治之"，又立制置三司条例司，"聚文章之士及晓财利之人，使之讲利"。其中又破格用人，往往暴得高官，于是言利之人，"皆攘臂圜视，衔鬻争进"，各斗智巧，变更祖宗旧法。"大抵所利不能补其所伤，所得不能偿其所亡，徒欲别出新意，以自为功名耳！"又置提举常平、广惠仓使者四十余人，先散青苗钱，次欲使每户出助役钱，次又欲搜求农田水利而有所施行。所派虽然都选择才俊，但也有"轻佻狂躁之人"，他们欺压州县，骚扰百姓，于是"士大夫不服，农商丧业，谤议沸腾，怨嗟盈路"。综上所述，"夫侵官乱政也，介甫更以为治术而先施之；贷息钱鄙事也，介甫更以为王政而力行之；徭役自古皆从民出，介甫更欲敛民钱，雇市傭而使之"。三者常人都知道不可以，唯独王安石以为可以，因为"直欲求非常之功，而忽常人之所知耳"！然后是总结："此光所谓用心太过者也。"

什么又是"自信太厚"呢？司马光解释：自古人臣才智出众，无过周公与孔子，但周公、孔子也未尝无过，未尝无师。王安石虽是大贤，但与周公、孔子相比，总还有一定的差距，如今却自以为天下无人能及。"夫从谏纳善，不独人君为美也，于人臣亦然"。王安石每于神宗前议事，"如与朋友争辩于私室，不少降辞气，视斧钺鼎镬无如也"。王安石将神宗当作哥们儿弟兄。而宾客僚属谒见论事，"则唯希意迎合，曲从如流者，亲而礼之"；有人所见小异，婉言新令不好的，王安石就勃然大怒，"或垢詈以辱之，或言于上而逐之，不待其辞之毕也"。王安石不是能听反对意见的人。然后是总结："此光所谓自信太厚者也。"

之后，提到了孟子和老子。司马光说过去与王安石相处，安石博览群书，而特好孟子与老子之言。我们都知道，孟子主张仁义。而王安石从政，首建制置条例司，大讲财利，又命薛向在江淮推行均输法，"欲尽夺商贾之利"，又遣使者散青苗钱收取利息，"使人愁痛，父子不相见，兄弟妻子离散"。这岂是孟子的志向？我们还知道，老子主张无为。而王安石尽变祖宗旧法，"先者后之，上者下之，右者左之，成者毁之，矻矻焉穷日力，继之以夜而不得息"。结果"使上自朝廷，下及田野，内起京师，外周四海，士吏兵农工商僧道，无一人得袭故而守常者，纷纷扰扰，莫安其居"。这岂是老子的志向？司马光不胜疑惑："何介甫总角读书，白头秉政，乃尽弃其所学，而从今世浅丈夫（应指吕惠卿）之谋乎？"

我们知道，本月初因为韩琦的奏疏，王安石曾请求外任，当时司马光负责草拟批答。现在，他要对此做些解释："近者藩镇大臣，有言青苗钱不便者，天子出其议以示执政，而介甫遽怏怏然不乐，引疾卧家。光被旨为批答，见士民方不安如此，而介甫乃欲辞位而去，殆非明主所以拔擢委任之意，故直叙其事，以义责介甫，意欲介甫早出视事，更新令之不便于民者，以福天下；其辞虽朴拙，然无一字不得其实者。"

接着，司马光谈到枢密副使的任命，以及自己的请求："光近蒙圣恩过听，欲使之副贰枢府，光窃惟居高位者，不可以无功，受大恩者，不可以不报，故辄敢申明去岁之论，进当今之急务，乞罢制置三司条例司，及追还诸路提举常平、广惠仓使者。主上以介甫为心，未肯俯从。"司马光反对变法，他态度鲜明，即使是对王安石，也绝不藏着掖着。

然后，是写此信的目的："光窃念主上亲重介甫，中外群臣无能及者，动静取舍，唯介甫之为信。介甫曰可罢，则天下之人咸被其泽；曰不可罢，则天下之人咸被其害。

方今生民之忧乐、国家之安危，唯系介甫之一言，介甫何忍必遂己意而不恤乎？夫人谁无过，君子之过，如日月之食，过也人皆见之，更也人皆仰之，何损于明？介甫诚能进一言于主上，请罢条例司、追还常平使者，则国家太平之业，皆复其旧，而介甫改过从善之美，愈光大于日前矣，于介甫何所亏丧而固不移哉？"神宗对王安石的确非常信任，可以说是言听计从，但那些变法的措施，也正是王安石极力主张的，所以劝说的结果，不可能理想。

司马光再次提到君子和而不同："光今所言，正逆介甫之意，明知其不合也。然光与介甫趣向虽殊，大归则同。介甫方欲得位以行其道，泽天下之民；光方欲辞位以行其志，救天下之民，此所谓和而不同者也。故敢一陈其志，以自达于介甫，以终益友之义。其舍之取之，则在介甫矣。"这大概可算是说服工作的基础。司马光对结果早有预料，所以还要这样做，是为尽朋友之谊，同时，寄希望于万一，死马当作活马医。

司马光写下以下的话，作为这封长信的结束："国武子好尽言以招人之过，卒不得其死，光常自病似之，而不能改也。虽然，施于善人，亦何忧之有？用是故敢妄发而不疑也。属以辞避恩命，未得请，且病膝疮，不可出，不获亲侍言于左右，而布陈以书，悚惧尤深。介甫其受而听之，与罪而绝之，或诟詈而辱之，与言于上而逐之，无不可者，光俟命而已。"司马光做好了最坏的打算。

三月初三日，司马光又有《与王介甫第二书》。

光以荷眷之久，诚不忍视天下之议论恟恟（喧扰不安状），是敢献尽言于左右。意谓纵未弃绝，其取诟辱必矣。不谓介甫乃赐之诲笔，存慰温厚，虽未肯信用其言，亦不辱而绝之，足见君子宽大之德，过人远甚也。

光虽未甚晓孟子，至于义利之说，殊为明白。介甫或更有他解，亦恐似用心太过也。《传》曰："作法于凉，其弊犹贪；作法于贪，弊将若何？"今四方丰稔，县官复散钱与之，安有父子不相见、兄弟离散之事？光所言者，乃在数年之后，常平法既坏，内藏库又空，百姓家家于常赋之外，更增息钱、役钱；又言利者见前人以聚敛得好官，后来者必竞生新意，以朘（搜刮）民之膏泽，日甚一日，民产既竭，小值水旱，则光所言者，介甫且亲见之，知其不为过论也。当是之时，愿毋罪岁而已。

感发而言，重有喋喋，负罪益深。（《传家集》卷六十）

由这封信来看，王安石收到司马光第一封信之后，曾有回信。从司马光此信的内容推断，王安石的回信应不激烈，相反，很客气，但也坚决；曾提及孟子，但彼此的理解，却大相径庭；又说目前并没有父子不相见、兄弟离散的事情。我们现在知道，司马光的回答，真是一语成谶：

数年之后，那些惨状，王安石将亲眼目睹。

再然后，就是我们熟知的《答司马谏议书》。

　　某启：昨日蒙教，窃以为与君实游处相好之日久，而议事每不合，所操之术多异故也。虽欲强聒，终必不蒙见察，故略上报，不复一一自辩。重念蒙君实视遇厚，于反覆不宜卤莽，故今具道所以，冀君实或见恕也。

　　盖儒者所争，尤在于名实。名实已明，而天下之理得矣。今君实所以见教者，以为侵官、生事、征利、拒谏，以致天下怨谤也。某则以谓受命于人主，议法度，而修之于朝廷，以授之于有司，不为侵官。举先王之政，以兴利除弊，不为生事。为天下理财，不为征利。辟邪说，难壬人，不为拒谏。至于怨诽之多，则固前知其如此也。

　　人习于苟且非一日，士大夫多以不恤国事同俗自媚于众为善。上乃欲变此，而某不量敌之众寡，欲出力助上以抗之，则众何为而不汹汹？然盘庚之迁，胥怨者民也，非特朝廷士大夫而已。盘庚不为怨者故改其度，度义而后动，是而不见可悔故也。如君实责我以在位久，未能助上大有为，以膏泽斯民，则某知罪矣。如曰今日当一切不事事，守前所为而已，则非某之所敢知。无由会晤，不任区区向往之至。（清·蔡上翔《王荆公年谱考略》卷十六）

昨日来信，今日回复，真是好快。我们可以读出文字背后的剑拔弩张，虽然它的语气非常平和。彼此的诸多分歧，王安石只概括为一句话："所操之术多异故也"。因此回信的内容，主要集中在辩清名实上，而不是变不变法上。

王安石此信曾被选入中学课本，我们许多人至今可以倒背如流。大多数人对司马光的认识，可能都是通过这封信想象而来的。想象中的司马光顽固、守旧，甚至残忍，因为他竟无耻地阻拦王安石变法，以强国富民。但今天我们知道，事实并非如此。在人们的思想深处，长久以来有一种根深蒂固的误解，以为凡是变法都是好的。这是个天大的误解。其实变法有好的，也有不好的；前者催生国富民强，后者可能导致国破家亡。

最后，是司马光的《与王介甫第三书》。

　　光惶恐再拜，重辱示谕，益知不见弃外，收而教之，不胜感悚！不胜感悚！

　　夫议法度以授有司，此诚执政事也，然当举其大而略其细，存其善而革其弊，不当无大无小，尽变旧法以为新奇也。且人存则政举，介甫诚能择良有司而任之，弊法自去；苟有司非其人，虽日授以善法，终无益也。介甫所谓先王之政者，岂非泉府赊贷之事乎？窃观其意，似与今日散青苗钱之意异也；且先王之善政多矣，顾以此独为先务乎？今之散青苗钱者，无问民之贫富、愿与不愿，强抑与之，岁收其什四之息，谓之不征利，光不信也。至于辟邪说，难壬人，果能如是，乃国家生民之福也；但恐介甫之座，日相与变法而讲利者，邪说、壬人为不少矣。彼颂德赞功、希意迎合者，皆是也。介甫偶未之察耳。盘庚曰："今我民用荡析离居。"又曰："予岂汝威？用奉畜汝众。"又曰："无或敢伏小人之攸箴。"又曰："非废厥谋，吊由灵。"盖盘庚遇水灾而迁都，臣民有从者，有违者，盘庚不忍胁以威刑，故勤劳晓解，其卒也皆化而从之，非谓废弃天下人之言而独行己志也。光岂劝介甫以不恤国事，而同俗自媚哉？盖谓天下异同之议，亦当少垂意采察而已。

幸恕其狂愚。不宣。光惶恐再拜。(《传家集》卷六十)

读这封信我们能明白，什么叫作见仁见智。司马光的初衷是要说服王安石的，但越到后来他就越明白，那根本无异于与虎谋皮。单向的说服成了双向的辩论。司马光此信，不过是对王安石辩解的反驳。

王安石说："为天下理财，不为征利。"为国家理财是为公，所以不叫取利。王安石变法的目的，是要将民间财富，迅速集中到国家手中，不取利是不可能的。王安石说，集中是为了国家，所以不叫取利。实际就是这个实际，只是叫法不同而已。按照王安石的设计，国家作为经济实体，参与到经济活动中去，国家就是最大的国有企业，这好比我国曾经实行的计划经济。司马光主张国家无为而治，反对国家参与经济活动，市场的事由市场说了算，这又好比我国正在推行的市场经济。

变法将在全国全面铺开，司马光所能做的，只有离开。

○
○

让我离开

熙宁三年（1070）四月以后的一系列任免，显得颇为反常。

四月初八日，御史中丞吕公著以言新法不便，及吕惠卿奸邪不可用，出知颍州（治今安徽省阜阳市）。吕公著与王安石"素相厚"，王安石曾说："吕十六（吕公著排行十六）不作相，天下不太平。"后来举荐吕公著为御史中丞，又说吕公著有"八元""八凯"之贤。相传古帝王高辛氏有才子八人，称为"八元"；高阳氏也有才子八人，称为"八凯"。可是半年不到，吕公著不赞成王安石变法，王安石又说吕公著有"欢兜""共工"之奸。我们还记得，此前河北安抚使韩琦曾极言青苗法不便，神宗不听。孙觉当时对神宗说："今藩镇大臣如此论列而遭挫折，若当唐末、五代之际，必有兴晋阳之甲，以除君侧之恶者矣。"吕公著与孙觉都有一副好胡须，都是美髯公，神宗只记住了美髯。时间长了，就错把吕公著当成了孙觉，对辅臣们说，公著上殿，言朝廷挫折阻挠韩琦太甚，将兴晋阳之甲，以除君侧之恶。王安石就乘机以莫须有的罪名，将吕公著贬出。

四月十九日，以前秀州（治今浙江省嘉兴市）军事判官李定，为太子中允、监察御史里行。

李定，字资深，扬州（治今江苏省扬州市）人，早年受学于王安石。登进士第，任定远县（今安徽省定远县）县尉、秀州判官。熙宁二年（1069），因孙觉举荐，召至京师。李定初至京师，先去拜谒了谏官李常，李常问："你从南方来，老百姓认为青苗法怎么样？"李定说："都认为很好，没有不喜欢的。"李常告诫："朝廷上下正争论此事，你别这样说。"李定立即跑去跟王安石讲了，并说："李定只知说实话，不知京师却不许。"王安石大喜，立即推荐上朝应对。神宗主意始定。王安石让李定知谏院，宰相说以李定的资历，没有这种先例，于是改为太子中允、监察御史里行。知制诰宋敏求、苏颂、李大临，都认为这不符合程序，拒绝起草任命文件。诏谕数四，坚持不肯。最终，三人以屡违诏命，被免去知制诰，时称"熙宁三舍人"。

不久，御史陈荐上疏，说李定任泾县（今安徽省泾县西北）主簿的时候，得到母亲仇氏的死讯，隐匿不为服丧。诏下江东、淮、浙转运使调查，奏说李定曾以父亲年老求归侍养，没说是为生母服丧。李定辩称不知自己为仇氏所生。曾公亮认为李定应当补服。王安石力主李定出任御史里行。于是陈荐又被免职，改任李定为崇政殿说书。御史林旦、薛昌朝都说李定不孝，不宜居劝讲之地，并认为王安石有罪，上奏六七次。王安石又请免二人职。李定不自安，请求解职。最终，李定以集贤校理、检正中书吏房、直舍人院同判太常寺。

五月初二日，司马光上《论李定札子》，我们从中得知，当时宋敏求等已多次封还"词头"，数日以来，外间都说朝廷已因此撤销了任命，但当天又有传闻，说有札子行下舍人院，令必须草拟。司马光担心此举会让朝臣们变得苟且，会塞绝言路。在"贴黄"中司马光又补充说，国家破格用人，自无常法，但必须要让众人心服才好。臣与李定素不相识，不知其品行才能如何，陛下若确知其贤，"何不且试之以渐，俟其功效显著，众皆知之，然后不次擢用"，到时候谁还能说不行？何必今日与臣下力较胜负！"殆非人君广大之体也"。此时的神宗皇帝，像是被绑架了一样，全由王安石说了算。

四月二十三日，以淮南转运使谢景温为工部郎中，兼侍御史知杂事。谢景温"雅善"王安石，两人关系不错。谢景温的妹妹嫁给了王安石的弟弟工安国，是姻亲。

当初，王安石屡劝神宗独断，神宗遂专门信任他。苏轼曾为开封府试官，策问进士以"晋武平吴以独断而克，苻坚伐晋以独断而亡，齐桓专任管仲而霸，燕哙专任子之而败，事同而功异，何也"？王安石看了很不高兴。苏轼此前曾多次上疏，论时政得失，王安石已大为不快。当时诏举谏官，范镇举荐了苏轼。谢景温怕苏轼做了谏官会对王安石不利，就弹劾苏轼，说当年苏轼的母亲去世，他归蜀服丧，多占舟船，贩运私盐、苏木。这相当于倒卖国家专营物资，为当时法律所禁止。朝廷派人缉捕艄公、船夫，却查无实据。苏轼觉得很受伤，不久，乞外任，遂出判杭州。

大概正是这些不寻常的任免，促使司马光做出决定，离开京师。

八月初八日，垂拱殿奏对，司马光请知许州，或西京留司御史台、国子监。

神宗说：卿怎能外任，朕正要重申前命（指枢密副使的任命），卿且接受了。司马光婉辞：原职臣且不能供，请求外补，又哪敢当提拔？

神宗问：为什么？司马光答：臣绝不敢留。

神宗沉吟良久，说：王安石素与卿友善，卿为何猜疑？司马光说：臣是素与安石友善，但自安石执政以来，抵触甚多。今违逆安石如苏轼等，安石完全抛弃操守，陷以酷法。臣不敢避削黜，苟全操守。臣与安石友好，岂如吕公著？安石举荐吕公著时说什么？后来诋毁他又说什么？不过同一个人，为何前是而后非？肯定有一种说法不真实。

神宗说：安石与公著关系密切，如胶似漆，但至其有罪，不敢隐恶，这说明安石极公正啊。神宗又说，青苗法已有显著成效。司马光说：此事不对，天下共知，只有安石之党以为是罢了。

神宗转而言他：苏轼不好，卿错识了人。鲜于侁在远地，苏轼传给他奏稿；韩琦赠银三百两他不要，却贩盐及苏木、瓷器。

司马光认为不可能：凡批评人应先弄清他的意图，苏轼贩卖所得，岂能多过赠银？安石一向恨苏轼，陛下岂不知？以姻亲谢景温为鹰犬，攻击苏轼，臣岂能自保？不可不早去。苏轼虽不好，岂不胜过李定？李定不服母丧，禽兽不如，安石却喜欢他，要用为台官。

从这段对话来看，司马光大概认为，与其遭到攻击被迫离开，不如趁早自请外任。

九月二十三日，延和殿奏对，司马光再请许州及西京留台。

神宗问：必须许州吗？司马光答：臣哪敢必须，只要稍近乡里，即臣之幸。

神宗又问：西京怎样？司马光又答：恐非才士不行，不过，若朝廷差遣，不敢辞。

然后，拜谢而退。

从以上对话来看，当时神宗曾打算让司马光去西京留台任职。

但很快有了变化。

九月二十六日，司马光得到消息，已除端明殿学士、知永兴军。几天后，消息得到证实，十月初五日，敕受永兴军敕告。后又受宣永兴一路都总管、安抚使，凡事长施行及传宣永兴军（指京兆府，治今陕西省西安市）、同（治今陕西省大荔县）、华（治今陕西省华县）、乾（治今陕西省乾县)、商（治今陕西省商洛市）、虢（治今河南省灵宝市）、解州（治今山西省运城市盐湖区解州镇），陕（治今河南省三门峡市西）、河中（治今山西省永济市蒲州镇）、庆成军（治今山西省万荣县荣河镇）依此。也就是说，司马光的都总管及安抚使的管辖权，限于以上十个腹地州军。

司马光已经接受任命，但他还不能立即赴任，有些事情他必须做出安排。

首先是书局。四月，刘攽因写信论新法不便，被贬为泰州（治今江苏省泰州市）通判，要离开书局。六月初四日，司马光请差前知龙水县（今四川省资阳市西南）范祖禹，同修《资治通鉴》。许之。

范祖禹，字淳甫、梦得。祖禹出生时，母亲梦到一"伟丈夫"，身穿黄金甲，进入寝室，说："吾汉将军邓禹。"遂以为名。祖禹幼年失怙，由叔祖范镇养大。祖禹相当自卑，过年过节大家宴集，祖禹往往伤心落泪，自觉无地自容，就闭门读书。到京师后，交往的都是名人。范镇很器重他，说："此儿，天下士也。"中进士甲科。此后十五年，他将作为司马光的主要助手，直至书成。

刘攽与范祖禹的工作交接，需要司马光的指导。

书局的另一个重要助手刘恕，司马光获外任不久，也以母亲年迈，告归南康（今江西省南康市）老家，请监酒税，以就近侍养。诏即官修书，遥隶书局，即仍属书局，在南康任上，继续修书。刘恕离开后的工作，也需要司马光的指点。

这样，一个月很快过去，已是十一月。

此前的八月二十二日，西夏大举入侵环州（治今甘肃省环县）、庆州（治今甘肃省庆阳市），攻打各堡寨。兵马多时号称二十万，少时不下一二万。屯兵榆林，距庆州四十里；游骑至城下，九日才退。钤辖郭庆、都监高敏、魏庆宗、秦勃等战死。

免役法的正式推行，还要等到十二月二十二日。但免役法的讨论由来已久。所谓免役法，概括地说，就是老百姓不再服役，而改为出钱；官府再用这些钱雇人服役。具体的做法，就是将老百姓按贫富不同，分为五等，按等出钱，叫作"免役钱"；原来不用服役的官户、女户、寺观、单丁及未成丁户，也要按等出钱，叫作"助役钱"；先定州或县雇役所需，然后按等分摊；另加收两成，以备水旱欠缺，叫作"免役宽剩钱"。

十一月初二日，司马光上《乞免永兴军路苗役钱札子》，说陕西百姓自筑城绥州以来，供应诸般科配（临时的加税），及支移税赋往近边州军，最近又有环庆事宜，加以今年大旱，五谷不熟，人户流离转徙，听说已有不少，国家应紧急抚恤，使人户安定。青苗法已为害不小，而免役法为害，必又甚于青苗法。请特免永兴军一路青苗、免役钱，以爱惜民力，专奉边费。

不久，又上《乞不令陕西义勇戍边及刺充正兵札子》，说近曾听说，环庆路调集义勇迎敌，结果望风奔溃，死伤甚多，致使主将陷没。又听说有人还要训练义勇，抗击西贼。若继续调发戍边，或刺充正兵，大家已见环庆之败，好比无罪赴死，不免人心惶惶。这是驱良民为盗。恐怕今天的教习训练，就成了他日为盗的资本。

很快，司马光再上《乞留诸州屯兵札子》。我们从中得知，当时永兴军等十个腹地州军，掌握的禁军极少。所屯驻基本都是沿边到内地就粮、解决给养的兵士。他们平时分为上下两拨，有一半在各州；稍遇沿边紧急，就全部抽去。司马光认为，戎狄犯边，自应竭力抵御；但腹地州军，也不可全无武备。而且，各州军都有军用物资及武器，对可能出现的内乱，也不可不防。司马光建议各州应各添一指挥禁军屯驻，其中永兴军为关中根本，应添两指挥。若朝廷另无兵士可以差拨，就请在沿边就粮的兵士内拨留，边界再不许抽调。指挥，宋代军队编制单位，五百人为一指挥。

在离开之前，司马光连上这样三个札子，他的意思很明白：青苗、免役钱有害无益，既然全国不免，那起码在我的辖区内免了；义勇还是不要戍边或刺充正兵；至于拨留诸州屯兵，自然是出于地方安全的考虑。

第七章

任职西安

○
○
知永兴军

永兴军，这里指京兆府。京兆府是永兴军路的首府，治所在长安，就是今天的陕西省西安市。永兴军路的管辖范围，大致相当于今天陕西省的大部分，再加上甘肃、宁夏、山西等省、区的一部分。司马光的故家乡夏县，隶属永兴军路。

司马光到任的时间，是在熙宁三年（1070）的十一月十四日。十天后，他作诗《登长安见山楼》：

到官今十日，才得一朝闲。岁晚愁云合，登楼不见山。（《传家集》卷九）

看来，司马光到任的前九日，都特别忙；当然，十日可能并非确指。名为见山楼，登楼不见山。从这些惆怅的句子，我们可以读出司马光当日的郁闷。因为，朝廷正准备对西夏开战。

熙宁三年（1070）九月初八日，以韩绛为陕西宣抚使。十月初四日，诏延州不许接纳西夏使者。十一月二十八日，又以韩绛兼河东宣抚使，凡机密要事，来不及上报的，"听优宜施行"，就是可以相机行事，先执行后上报；授以空名告敕，可以自行任命官吏。十二月二十三日，赐西蕃栋戬诏书，及衣、带、鞍、马。所谓西蕃，就是宋夏边界附宋的少数部族。这是宋朝廷笼络他们的常用手段。种种迹象表明，朝廷可能要对西夏有所动作。

十二月初一日，司马光有《申宣抚权住制造干粮皴饭状》。

从中看来，此前陕西都转运司曾转发宣抚使衙的文件，令制造干粮的州军，一斗稻谷，变造干粮五斤，变造是古代赋税法的一种，是将米、绢、布、绵、麻等物，变换为各地出产的轻货；并酌给柴钱，做干粮要用柴。宣抚使衙最近又有文件，要求沿边四路十四个州军，及腹地的永兴军、河中府、同州、耀州、乾州、凤翔府（治今陕西省凤翔县，属秦凤路）等，变造干粮皴饭。行文各州军已有两次，要求及早变造。又按中书省的文件，奉圣旨，今后调发义勇赴沿边战守，都令自备一个月的口粮，将来从该户应缴纳的税费中扣除；若不能自备，从调发州军预请一个月的口粮带去也可。而近日都转运使司再行文，转发宣抚使衙的文件，说近依朝旨，义勇轮番戍守，令附带干粮一秤，至屯戍州军。

司马光认为：首先，恐怕军士们背不动。按有关规定，一个月的口粮是七斗五升，若再加上干粮一秤，及武器、衣服、盘缠等等，以一人之力，恐怕难以胜任。其次，此举可能会骚扰百姓。制造干粮，必然增加百姓负担。如今饥馑，民间不易，虽然酌给柴薪，也不能全无骚扰。第三，各县官仓粮食极少。前依朝旨，支给第四、第五等缺粮人户各二石，尚无着落，若再造干粮皱饭，将来二三月间，正当缺粮之际，又拿什么救济？第四，用不着。若只是戍守，沿边州军就有仓廪，用不着干粮皱饭。司马光说自己已经指挥本路的五个州军，暂缓制造干粮皱饭，听候宣抚使衙指挥。这等于是先斩后奏。

熙宁四年（1071）正月初一日，司马光上《谏西征疏》，建议朝廷，暂缓开战。

我们从中读到当日陕西的灾情：灾民流离，道路相望。询访乡里，都说今夏大旱，禾苗枯槁，黄河、渭河以北，完全绝收，只有南山下，还稍有存留。但入秋以后，霖雨连绵，经月不霁。因此，禾虽有穗，往往无籽；虽有籽，往往无米；虽有米，大都又细又黑。一斗谷子，舂过簸过之后，只能留下三四升米，粮价飞涨。民间多年困于加税，素无蓄积，不能周济。必须分房减口，百姓往西京（今河南省洛阳市东）、襄（治今湖北省襄樊市）、邓（治今河南省邓州市）、商（治今陕西省商洛市）、虢（治今河南省灵宝市）等州谋生，或受雇做工，或烧炭伐薪，或乞讨劫掠，以度朝夕。荒年为减轻家庭负担维持生计，人口多的人家会使部分成员外出逃荒，叫作分房减口。

司马光认为，这种情况下，"国家惟宜镇之以静，省息诸事，减节用度，则租税自轻，徭役自少，逋负自宽，科率自止。四患既除，民力自足，民财自饶，闾里自安，流亡自还。固不待陛下忧勤于中，宰相劬劳于外，然后人人得其所也"。意思是说，这个时候，只要国家无事，节省开支，皇帝和宰相不用那么辛苦，情况就自然好转。

可是，整个永兴军路已是山雨欲来：朝廷及宣抚等司下令，将义勇分作四拨，计划使轮流戍边。选诸军精锐及招募乡里恶少，组成奇兵。制造干粮、皱饭、布囊、力车，以备运送。取出给西夏的岁赐，散给沿边诸路，并竭尽内地府库相助。大家都在传说：国家这个春天，将大举六师，长驱深入，征讨西夏。

我们还记得，在讨论是否诱降嵬名山时，司马光曾说过，国家先应举百职、修庶政、安百姓、实仓库、选将帅、立军法、练士卒、精器械，八事齐备，才可以征伐四夷。司马光认为，现在这八项没有一项胜过从前；况且眼下关中饥馑，十室九空，民不聊生，纷纷为盗，官仓蓄积，所余无几。眼下，实在不宜对西夏开战。

正月，司马光又上《乞罢修腹内城壁楼橹及器械状》。城壁，就是城墙；楼橹，是一种建在城墙上的望楼，用于侦察及攻守。

熙宁三年（1070）十一月初七日，枢密院曾有文件，奉圣旨令河东、河北、陕西经略安抚司，指挥辖下州军，委派官吏仔细检点，必须保证近日修缮城墙完毕，楼橹坚固，武器精良。

司马光认为，营造楼橹，必须城基宽厚，但现在解（治今山西省运城市盐湖区解州镇）、虢（治今河南省灵宝市）两州的城墙，皆称最宽只有四五尺，像这样就必须先贴筑城基，将城基垫宽，才能修建楼橹，工程将会很大。而本路州军，都缺充劳役的厢军，官库也缺现钱购买材料，不免要增加老百姓的义务劳动及无偿捐献。陕西州军去年遭灾。当此饥馑、百姓流离之际，若再如此骚扰，必定更难安顿。而且，永兴军一路十个州军，都在腹地，距离边界极远，即便西夏入寇，也不能即到各州军城下；楼橹修下数年不用，不免要损坏，这样于官于私，都是一种浪费。因此请朝廷特别下令，所有腹地州军，城墙、楼橹都等将来丰年再逐渐营葺。

此状上呈后，"寻得旨依奏"，很快得到了批准。

城墙楼橹刚刚缓建，又有一拨兵马要来。从正月初八日的《乞不添屯军马状》我们得知，前一天，即正月初七日，依陕西河东路宣抚使司文件，将于永兴军、邠州（治今陕西省彬县）、河中府三个州军粮草易得处，另添屯兵马，选差将官，专门训练，各路不得抽调，专听宣抚司节制。驻永兴军的兵马，拟差本司庄宅使赵瑜充永兴军路都钤辖，与知府共同负责训练事宜。司马光预算永兴军现有粮草，供应现在本处驻扎就粮的兵马，及本城兵员、官吏，仅能维持十三个半月到十七个半月，此外还要赈济灾民，加之陕西去年遭灾，即便有钱，也无处去买，何况根本没钱。因此，不能叫作粮草易得处。如果再添屯，实在难以应付。请朝廷先估算陕西诸州军粮草，大约可以供应多少兵马一年的开销，并须预留二三成，救济眼下饥民，此外如仍有剩余，然后据数添屯；如并无剩余，请不再添屯；

倘以边鄙不宁，必须适量添屯，就请分散到诸州军就粮，各委派本处兵官精加训练，不必挤在以上三个州军，又特置都钤辖三员。

尽管司马光反对，但添屯的兵马还是来了。新添屯的兵马包括在京及别处的"拱圣"等禁军共十四指挥，共计七千余人。原来是要知府共同负责训练的，但司马光拒绝参与，说自己一介书生，军旅之事，素所不知，加以所管永兴军一十三县，民事极多，又要应付沿边的军需物资，总之，忙得很，"每日自旦至暮，未尝暂闲"，根本没有余力与赵瑜共同负责，请以本路兵官钤辖刘斌、路分都监李应之代替。

司马光主张暂缓开战，但战争已如箭在弦。司马光可能相当郁闷；但让他郁闷的事，还不止这一件。

熙宁三年（1070）五月十五日，条例司已并入中书省。从此，司农寺代替条例司，成为变法的核心机构。九月，以曾布为崇政殿说书、同判司农寺。此前，吕惠卿已因父丧离职。

从正月的《奏为乞不将米折青苗钱状》我们知道，提举陕西常平广惠仓司的做法，简直就是一奸商行为：他们趁现在百姓饥馑、粮价飞涨，将两仓的陈次粮米，依现在的高价折算成现钱，贷给农民，又预先定好将来的粮价，当然是很低的价格，让农民将来归还现钱，或依此价归还新粟、新麦。

这样算来，农民现在借陈米一斗，将来就要归还小麦一斗八升七合五勺，如果是粟，那就更多，是三斗。朝廷原来规定，青苗钱取利不得超过两成（20%），可现在却几乎达到一倍。要是还现钱，农民又不得不贱卖粮食。司马光说，这样做，"使贫下之民，寒耕热耘，竭尽心力，所收斛斗，于正税之外，更以巧法取之至尽，不问岁丰岁俭，常受饥寒。显见所散青苗钱，大为民害"。将来物价转贵，获利更多，"虽兼并之家，乘此饥馑，取民利息，亦不至如此之重"。司马光请求朝廷将两仓粮米无息借给第四等以下人户；如果必须当青苗钱放贷，请不管原价高低，也不再折成现钱，只根据实际所散粮米多少，等将来成熟，只收取两成利息。

这一年稍晚，司马光又有《奏乞所欠青苗钱许重叠倚阁状》。所谓倚阁，就是暂缓缴纳。

青苗钱一般是随夏秋两税缴纳，夏散秋收，秋散夏收。熙宁二年（1069）九月初四日的敕令规定，如遇自然灾害，减产五成以上，青苗钱准许"倚阁"。也就是说如果夏粮减产，可以延至秋税缴纳；秋粮减产，可以延至次年的夏税缴纳。熙宁三年（1070），永兴军路夏秋连续遭灾。此前，司农寺担心农民拖欠过多，不能偿还，就发出通知，像永兴军路这种情况，青苗钱不许重叠倚阁，就是不许两次暂缓，换句话说，就是应随夏税缴纳的青苗钱，必须随秋税缴纳，不得再延至次年。

司马光认为司农寺的通知，不符合敕意。因为一次遭灾，民间仍有蓄积，不至于困穷，青苗钱尚且允许"倚阁"，哪有连续两次遭灾，百姓更加艰难，却令必须缴纳？此时蓄积已空，新谷又无收成，拿什么缴纳？如果各州县见司农寺有此要求，不问百姓有无，一味督促，严加苛责，贫苦百姓何以为生？

司马光再次先斩后奏，指挥本路遭灾州军，如果连续两次遭灾，延至秋税的夏料青苗钱，不必依司农寺的指挥催缴，再听候朝旨。但是很快，司农寺行文提举陕西路常平广惠仓司，说已奉圣旨，立即通知永兴军本路州军，令详阅司农寺文件，全部依照条例执行，就是不许执行司马光的命令。

司马光一定非常气愤。上述奏状上呈的次日，司马光即请西京留台，请求调离。

熙宁四年（1071）四月十八日，以司马光判西京御史台。司马光的第一次请求未获批准；第二次，皇帝考虑了很久，终于同意。神宗曾打算以司马光知许州，并催促入朝觐见，但司马光谢绝了。

司马光知永兴军，前后只有五个月。匆匆而来，又匆匆而去。临行，他写下《到任明年旨罢官有作》：

> 恬然如一梦，分竹守长安。去日冰犹壮，归时花未阑。风光经目少，惠爱及民难。可惜终南色，临行子细看。（《传家集》卷六）

这首诗完全是写实。司马光离开时的心情可能相当晦暗。他当初的想法大概是，既然不能影响全局，那就造福一方吧。可最终造福一方也不可能。他一定十分内疚，但也无可奈何。变法正在逐步深入，他无力阻止。对这个国家来说，除了沉默，他已经无事可做。

第八章

洛阳岁月

退隐洛阳

司马光有诗《初到洛中书怀》：

> 三十余年西复东，劳生薄宦等飞蓬。所存旧业惟
> 清白，不负明君有朴忠。早避喧烦真得策，未逢危辱
> 好收功。太平触处农桑满，赢取闾阎鹤发翁。（《传家
> 集》卷九）

司马光到达洛阳的时间，大致是在熙宁四年（1071）
的四月底或者五月初，具体已经无法确知。我们可以确知
的是他初到洛阳的心情：回顾三十多年的从政经历，他很
满意，虽然辛苦了点；想到目前的选择，他也很满意，急
流勇退也罢，浊流勇退也罢，反正退得及时。而他眼下的
志向，就是在国家的西京洛阳，做一名普普通通的人，或
许终老此地。

宋朝京师汴梁称东京（今河南省开封市），是国家最高
行政机关所在地，实际的首都。此外还有西京（今河南省
洛阳市东）、北京（今河北省大名县东北）、南京（今河南
省商丘市西南），算是陪都。

宋代的洛阳，用今天的话说，是座著名的历史文化名城。宋代洛阳的地理形势：郏鄏山在西；邙山在北；成皋在东，与嵩山、少室山相连；阙塞在正南，属女儿山，与荆、华山相连，直至终南山。洛水自西南而来，伊水自南而来，西有涧水，东有瀍水。周代的王城雒（luò）邑，在它的西北。往东十八里是东汉的洛阳城；西晋、后魏也曾在此建都。晋又在它的西北筑金墉城。

　　洛阳民俗和平，土宜花竹。而且，"洛中风俗尚名教，虽公卿家不敢事形势，人随贫富自乐，于货利不急也"。按我的理解，宋代的洛阳城，从自然环境方面来说，俨然就是个大花园；而从社会风气方面来说，基本就是座大学城，那里的人们修养很好，崇尚学术，对钱财看得很淡。显然，洛阳是个理想的城市，不论是暂住，还是归隐。

　　来看看司马光任职的机构吧。西京留台，又叫西京御史台，有办公场所，也挂"御史台"的牌子，但"旧为前执政重臣休老养疾之地"，所以按照惯例不参与地方行政，是个不折不扣的闲职。宋人说，司马光作西京留台的十多年里，"虽不甚预府事，然亦守其法令甚严，如国忌行香等，班列有不肃，亦必绳治"。意思是说，司马光任西京留台期间，虽不怎么参与河南府的行政事务，但也执法必严，如国忌日进香等，有不够庄重的，也一定惩治。国忌日，即皇帝、皇后的忌日。司马光此时的公务，大概也就仅限于此。

　　司马光在此地的生活要涉及一个重要人物——邵雍。

　　邵雍（1011—1077），字尧夫，卫州（治今河南省卫辉市）共城（今河南省辉县市）人，北宋著名理学家、数学家、诗人，著有《皇极经世》《观物内外篇》《渔樵问对》以及诗集《伊川击壤集》。这是个特有人气的学者，不仅学问高，人也随和，交游甚广。他春秋两季常喜欢乘小车出游，由一人拉着，兴之所至，随意行止。士大夫家都熟悉他的车声，争相迎候，就连小孩厮隶们都高兴地互相说："吾家先生至也。"不再称姓字。有好事者仿造了邵雍住的房屋，等着他来住，取名"行窝"。仁宗嘉祐七年（1062），西京留守王拱辰，在五代某节度使故宅的地基上，用别人废宅的余材，造屋三十间，请邵雍去住。熙宁初，官田出售，天津桥南的宅子也属官地，于是，司马光等二十余家集资，为邵雍买下了那所宅子。邵雍给它取名"安乐窝"，自号"安乐先生"。邵雍比司马光大，司马光兄事之，把他当兄长待。两人的品行尤为乡里仰慕，父子兄弟往往相互告诫："毋为不善，恐司马端明、邵先生知。"司马光曾问邵雍："某何如人？"邵雍说："君实脚踏实地人也。"司马光深以为知己。

邵雍于皇祐元年（1049）定居洛阳，相对司马光，可算是地主。

刚到洛阳，司马光就造了一"花庵"，并写诗给邵雍。当时西京留台廨舍东，新开了一小园子，无亭无榭，司马光就即兴创作，构木插竹，种了很多荼蘼（tú mí）、宝相及牵牛、扁豆等藤蔓类植物，等藤蔓爬满整个架子，样子就像一所房子了。司马光把那里当作散步和休息的地方，

美其名曰"花庵"。诗云:

> 洛阳四时常有花,雨晴颜色秋更好。谁能相与共此乐,坐对年华不知老。
>
> 自然天物胜人为,万叶无风绿四垂。犹恨簪绅未离俗,荷衣蕙带始相宜。(《传家集》卷四《花庵诗寄邵尧夫》)

我们想象得到司马光望着那些植物发痴的情景,以及他望着瀑布一样垂下的叶子时,超脱尘世、融入其中的渴望,他当时大概非常希望有人能和他一起,分享那些纯粹的快乐。

那个园子很小,才一亩,司马光虽身处闹市,园子却使他有了隐者的感觉。司马光常常独自坐在"花庵"里,看着林鸟时时落下,或者鸿雁掠过天边,顿觉红尘已远。花庵更小,只能容下三两个人,但司马光说:"君看宾席上,经月有凝尘。"他或许感到孤寂,毕竟初来乍到,朋友不会很多。但他并不觉得它简陋,也不怕人笑话,他说:"此中胜广厦,人自不能知。"唯一的遗憾,就是花期太短了。"花庵"以牵牛花居多,清晨才开放,日出就衰败了,虽然很美,可惜不耐观赏:

> 望远云凝岫,妆余黛散钿。缥囊承晓露,翠盖拂秋烟。向慕非葵比,凋零在槿先。才供少顷玩,空废

日高眠。(《传家集》卷九《花庵多牵牛清晨始开日出已瘁花虽甚美而不堪留赏》)

　　要不是预先知道，我们绝难想到，那些句子就是写给庸常的牵牛花的。喜好往往能使平庸变得不平庸。司马光实在太喜欢它们了。

　　洛水边也是司马光喜欢去的地方。熙宁五年（1072）正月，司马光已经奏准朝廷，将书局迁来洛阳。一天，司马光着"深衣"，从位于崇德寺的书局里出来，到洛水边散步，信步就到了邵雍的"安乐窝"。司马光对看门的人说，程秀才来访。见了面，邵雍觉得奇怪，就问为什么，司马光笑答："司马出程伯休父，故曰程。"司马氏源自程姓，《史记》当中提到过。最后，留诗而去：

　　　　拜表归来抵寺居，解鞍纵马罢传呼。紫衣金带尽脱去，便是林间一野夫。
　　　　草软波清沙径微，手携筇竹著深衣。白鸥不信忘机久，见我犹穿岸柳飞。(《传家集》卷十《独步至洛滨二首》)

　　显然，司马光是公务归来，然后在书局里换上了"深衣"。一切仿佛就在眼前：司马光手扶竹杖，走在洛水边的沙径上，草软波清，白鸥上下翻飞，穿柳而过。我们可以想见他的放松和愉悦。

投壶是古代文人士大夫雅集时的一种游戏，玩的时候，人站在规定的距离外，努力把手里的箭，投进一种特制的壶里，中多的胜，输了要罚酒。

熙宁五年（1072），司马光写下《投壶新格》。所谓新格，就是新规则。

从这部新规则里，我们可以得到一些关于这种游戏的有趣知识：它是一种古老的娱乐形式，古代的圣人曾专门为它制定礼仪，以寓教于乐。它由射箭演变而来。古代的壶、箭形制，当时已不可知。经司马光的改定，壶的口径为三寸，耳径一寸，高一尺，壶里装小豆子。壶离席两箭半。箭共十二支，各长二尺四寸。这种游戏有专门的术语，比如"初箭"，指第一支箭就投中；"贯耳"，指投中了壶耳；"骁箭"，指一投未中，反弹跃回，玩的人身手敏捷，又将它接住，然后再投而中；"倚竿"，指箭斜倚壶口中；"龙首"，指"倚竿"而箭头正对着自己；此外还有"龙尾""狼壶""带剑"等等，都各有专指及相应的分值。

传世的投壶格图都以罕见难得为上，司马光认为那不是古礼的本意。修改后的规则，"以精密者为右，偶中者为下，使夫用机侥幸者无所措其手焉"。就是说新规则，以用心专一、思虑周密为上，偶中为下，使那些投机取巧、心存侥幸的人无处下手。

例如"贯耳"计十筹。司马光的理由是：壶耳要比壶口小，却能投中，是他用心更专，因此要奖励。

又如"横壶"，就是箭横在壶口上，旧计四十筹，现依常算，即计一筹，不奖励。理由是：横壶纯属偶然，不是因为技术精湛，所以不值得奖励；若被后箭击落坠地，与不中等同。

再如"倒中"，就是箭尾入壶，旧计一百二十筹，现在不但不计筹，就连此前已得的筹值，也要全部作废。理由是：颠倒反覆，属恶之大者，现在让所得筹值全部作废，"所以明逆顺之道"。

"花庵"轻松的散步，发明一种游戏的新规则，司马光自己可能也会相信，作为隐者，他已经真的进入角色。然而不是。就在那个游戏的规则里，他说："投壶可以治心，可以修身，可以为国，可以观人。"所谓"为国"，他解释说："兢兢业业，慎终如始，岂非为国之道欤？"意思是说玩这个游戏的时候，必须兢兢业业、慎始慎终，那也是报国之道。虽是在说游戏，但他还是不由自主想到了报国。

还不止这些。

熙宁四年（1071）五月初十日，右谏议大夫、提举崇福宫、致仕吕诲卒。吕诲初求致仕，上表说："臣本无旧病，偶遇医生医治失当，错开药方，率情任意，指下稍差，就祸及四肢，渐成风痹，不仅害怕手足扭曲，而且担心心腹病变，虽一身之微，固不足恤，而九族之托，深以为忧。"吕诲大概是在用身体的疾病，比喻朝政。病重，仍日夜愤叹，以天下事为忧。病危，手书以墓铭托付司马光，司马光急忙赶去看他，吕诲已经瞑目了。司马光俯身喊他："更有以见属乎？"——还有要嘱咐的吗？吕诲努力睁开眼睛，说："天下尚可为，君实其自爱。"——天下还有救，一定珍重。说完，闭目以绝。

吕海的临终遗言，一定让司马光的内心极不平静。可是目前，他除了做一无可奈何的隐者，又有什么可为呢？

○
○

独乐园主

熙宁六年（1073），司马光在洛阳尊贤坊北，买田二十亩，辟为"独乐园"。工程完毕以后，司马光作《独乐园记》。

先来说独乐园的格局。根据司马光这篇文章的描述，格局大致是这样：当中有一堂，藏书五千余卷，取名"读书堂"。堂南有屋一所，名"弄水轩"，有水自南向北，贯穿屋下。屋南，中间是一方形水池，深宽各三尺，水分五股，注入池中，形似虎爪；水池以北为暗流；至屋北阶流出，泻入院内，状若象鼻；从此分为两渠，环绕流经庭院四角，最后在院西北汇合，流出。堂北是一池塘，中央有岛，岛上种竹，岛周长三丈，形似玉玦；挽结竹梢，好像渔夫住的窝棚，取名"钓鱼庵"。池塘以北，东西有屋六间，为避烈日，墙壁和屋顶都特别加厚，门朝东，南北对开许多窗户，凉风习习，前后多种翠竹，这是避暑之所，取名"种竹斋"。池塘以东，整地为一百二十畦，杂种各种草药，辨别名称并作标识。畦北为"采药圃"——种竹一丈见方，形似棋盘，弯曲竹梢，遮蔽为屋，又在它的前面种竹，夹道如走廊，又种藤蔓类的草药，覆盖竹上，四周另种木本药，作藩篱。圃南是六栏花，芍药、牡丹、杂花，各二栏；每一品种仅种两棵，辨别形状而已，不求多。栏北为亭，取名"浇花亭"。洛阳城距山不远，但树木茂密，常苦不得见，于是在园中筑台，台上盖屋，以望万安、轩辕、太室等山，取名"见山台"。

当然，这是熙宁六年（1073）独乐园刚建成时的格局。为什么取名"独乐园"呢？司马光先说到他的"乐"：

> 迂叟平日多处堂中读书，上师圣人，下友群贤，窥仁义之原，探礼乐之绪，自未始有形之前，暨四达无穷之外，事物之理，举集目前，所病者学之未至，夫又何求于人、何待于外哉。志倦体疲，则投竿取鱼，执衽采药，决渠灌花，操斧剖竹，濯热盥手，临高纵目，逍遥徜徉，唯意所适。明月时至，清风自来，行无所牵，止无所柅，耳目肺肠，悉为己有，踽踽焉，洋洋焉，不知天壤之间，复有何乐可以代此也。（《传家集》卷七十一《独乐园记》）

可以看出，司马光的"乐"，主要集中在两件事情上：一是读书，当然还包括著述，即编修《资治通鉴》；二是钓鱼、采药、浇花、剖竹、纵目等等，它们既是快乐的一部分，又是困倦时的休息。以上两项也是司马光在洛阳日常生活的主要内容。

那么，又为什么要独乐呢？司马光解释：

> 孟子曰：独乐乐，不如与人乐乐；与少乐乐，不
> 如与众乐乐。此王公大人之乐，非贫贱者所及也。孔
> 子曰：饭疏食饮水，曲肱而枕之，乐亦在其中矣。颜
> 子一箪食，一瓢饮，不改其乐。此圣贤之乐，非愚者
> 所及也。若夫鹪鹩巢林，不过一枝，鼹鼠饮河，不过
> 满腹，各尽其分而安之，此乃迂叟之所乐也。（《传
> 家集》卷七十一《独乐园记》）

这是说快乐的性质：既不属于王公大人的快乐，也不
属于圣哲贤人的快乐，只是自安其分，自得其乐而已；换
句话说，自己既不是什么王公大人，也不是什么圣贤，朴
素的快乐，不值得他人分享。

然后，司马光又补充：

> 或咎迂叟曰：吾闻君子所乐，必与人共之。今吾
> 子独取足于己，不以及人，其可乎？迂叟谢曰：叟愚，
> 何得比君子。自乐恐不足，安能及人。况叟之所乐者，
> 薄陋鄙野，皆世之所弃也，虽推以与人，人且不取，
> 岂得强之乎？必也有人肯同此乐，则再拜而献之矣，
> 安敢专之哉？（《传家集》卷七十一《独乐园记》）

据说当时的君子们，多以伊、周、孔、孟自比。因此，司马光说自己的快乐，为世人所弃。司马光的言外之意大概是说，自己的快乐在世人看来，太浅薄了、太庸俗了，没有人愿意分享。因此，不得不独乐。

司马光曾为独乐园中的建筑各赋诗一首，成《独乐园七咏》：

读书堂

吾爱董仲舒，穷经守幽独。所居虽有园，三年不游目。邪说远去耳，圣言饱充复。发策登汉庭，百家始消伏。

钓鱼庵

吾爱严子陵，羊裘钓石濑。万乘虽故人，访求失所在。三旌岂非贵？不足易其介。奈何夸毗子，斗禄穷百态。

采药圃

吾爱韩伯休，采药卖都市。有心安可欺，所以价不二。如何彼女子，已复知姓字？惊逃入穷山，深畏名为累。

见山台

吾爱陶渊明，拂衣遂长往。手辞梁王命，牺牛惮金鞅。爱君心岂忘，居山神可养。轻举向千龄，高风犹尚想。

弄水轩

吾爱杜牧之，气调本高逸。结亭侵水际，挥弄消永日。洗砚可钞诗，泛舫宜促膝。莫取濯冠缨，红尘污清质。

种竹斋

吾爱王子猷，借宅亦种竹。一日不可无，萧洒常在目。雪霜徒自白，柯叶不改绿。殊胜石季伦，珊瑚满金谷。

浇花亭

吾爱白乐天，退身家履道。酿酒酒初熟，浇花花正好。作诗邀宾朋，栏边长醉倒。至今传画图，风流称九老。（《传家集》卷三）

每首诗都以"吾爱"开头。司马光爱的，都不是泛泛之辈。"罢黜百家，独尊儒术"，董仲舒不用介绍；在儒者司马光看来，那当然是很伟大的事业。严子陵早年游学长安，结识了刘秀，刘秀成为皇帝后，三次请他，才肯出来，但因谗言，又悄然离去，隐居富春山下，终老于斯；那里有一"严陵濑"，相传为当年垂钓之处。东汉高士韩伯休，从山中采药出来，卖到长安的集市上去，三十多年，从来都是一口价，后在集市上被一女子认出，从此避居山中，再不肯出来。陶渊明，"采菊东篱下，悠然见南山"，我们都很熟悉。杜牧之，就是唐代著名诗人杜牧，牧之是他的字。"雪夜访戴"的典故，应该都不陌生，主人公就是王子猷，鼎鼎大名的书法家王羲之，是他的父亲。《世说新语》上说王子猷特爱竹，即便寓居，也要种竹数丛，问他为什么，他指着竹子说："不可一日无此君。"白乐天就是白居易，晚年寓居洛阳，诗酒自娱，优游山林。司马光在诗中写到这些名字，想到他们的事迹，作为对自己的鼓励或者安慰。

凿地为室的故事，就发生在独乐园中。司马光在一首诗的注释中说："新构西斋中凿地为室，谓之凉洞。"不久，他将这项技术发扬光大，"凉洞"由一个，增加到了四个，而且，四周有花卉垂下。在《酬永乐刘秘校（庚）四洞诗》中，他说：

> 贫居苦湫隘，无术逃炎曦。穿地作幽室，颇与朱夏宜。宽者容一席，狭者分三支。芳草植中唐，嘉卉周四垂。诓堪接宾宴，适足供儿嬉。……所慕於陵子，欲效蚓所为。微窍足藏身，槁壤足充饥。养生既无憾，此外安敢知。唯祈膏泽布，歌啸乐余滋。岂羞泥涂贱，甘受高明嗤。何言清尚士，善颂形声诗。困剥固未尝，并复敢终辞。（《传家集》卷四）

其实就是在房子里挖的几个大坑。至于凉爽的原理，大概和我们的地下室差不太多。

此外，独乐园中，至少还有一井亭。据载，宋代洛阳风俗，春天私家园林开放，任人游赏，园丁所得"茶汤钱"，按照惯例要与主人平分。一天，独乐园的园丁吕直，把司马光应得的十千钱交给他，司马光拒绝，叫他拿去，吕直说：

"只端明不要钱。"端明即端明殿学士，指司马光。十多天后，用那笔钱建了一井亭。

宋人李格非（著名词人李清照的父亲）著有《洛阳名园记》，关于独乐园，他记道：

> 司马公在洛阳自号迂叟，谓其园曰独乐园。园卑小，不可与他园班。其曰读书堂，数椽屋；浇花亭者，益小；弄水种竹轩（应为弄水轩、种竹斋）者，尤小；见山台者，高不过寻丈；其曰钓鱼庵、采药圃者，又特结竹梢蔓草为之。公自为记，亦有诗行于世。所以为人钦慕者，不在于园尔。（《邵氏闻见后录》卷二十五）

可见，在洛阳众多的名园当中，独乐园极小，也极质朴，它的知名，不是因为园子本身，而是因为园子的主人。独乐园的面积有二十亩大，这在宋代只能算小不能算大，李格非说独乐园"卑小"，该是写实不是夸张。

司马光写了很多诗给独乐园，《次韵和宋复古春日五绝句》之二首：

> 车如流水马如龙，花市相逢咽不通。独闲柴荆老春色，任他陌上暮尘红。
> 东城丝网蹴红毯，北里琼楼唱石州。堪笑迂儒竹斋里，眼昏逼纸看蝇头。（《传家集》卷十一）

春天的洛阳城里热闹得很，但司马光却在独乐园里辛苦修书。

又如《送药栽与王安之》：

> 盛夏移药栽，及雨方可种。为君著屐取，呼童执伞送。到时云已开，枝软叶犹重。夕阳宜屡浇，又须烦抱瓮。（《传家集》卷四）

诗里的司马光，更像是一位农夫，准确地说是药农。

在某个初夏，司马光写下《首夏呈诸邻二章》：

> 首夏木阴薄，清和自一时。笋抽八九尺，荷生三四枝。新服裁蝉翼，旧扇拂蛛丝。莎径热未剧，晨昏来往宜。
>
> 爞爞久旱天，飒飒昨宵雨。尘头清过辙，水脉生新渚。岂徒滋杞菊，亦可望禾黍。勿笑盘蔬陋，时来一觞举。（《传家集》卷四）

诸邻指的是张氏四兄弟——名叔、才叔、子京、和叔，他们都是独乐园的常客。读罢这些句子，那个初夏的种种细节，仿佛就在我们的眼前。

再如《独乐园二首》：

> 独乐园中客，朝朝常闭门。端居无一事，今日又

黄昏。

客到暂冠带，客归还上关。朱门客如市，岂得似林间。(《传家集》卷十一)

独乐园里平淡的日子，显然要更多一些。

还有《闲居呈复古》：

闲居虽懒放，未得便无营。伐木添山色，穿渠擘水声。经霜收芋美，带雨接花成。前日邻翁至，柴门扫叶迎。(《传家集》卷十一)

想像一下，司马光当日的生活细节，已在眼前。

○
○

耆英雅集

我们还记得邵伯温曾说："洛中风俗尚名教，虽公卿家不敢事形势，人随贫富自乐，于货利不急也。"他接下来的话是："岁正月梅已花，二月桃李杂花盛开，三月牡丹开。于花盛处作园圃，四方伎艺举集，都人士女载酒争出，择园亭胜地，上下池台间引满歌呼，不复问其主人。抵暮游花市，以筠笼卖花，虽贫者亦戴花饮酒相乐，故王平甫诗曰：'风暄翠幕春沽酒，露湿筠笼夜卖花。'"

民风如此，士大夫自然不甘落后。

司马光书丹《王尚恭墓志铭》

　　元丰五年（1082）正月，兼任西京留守的文彦博，"悉集士大夫老而贤者"，为"洛阳耆英会"，又命司马光记其事，于是有《洛阳耆英会序》。

　　从这篇文章中我们得知，此会的蓝本是唐代的"九老会"，它的发起人，就是唐代著名诗人白居易。当时白居易在洛阳，与年高德劭的八人交游，时人仰慕，作"九老图"，传于世。入宋以来，洛阳诸公继而为之，已有数次，都在"普明僧舍"画像，那里是白居易的旧居。"洛阳耆英会"这个名称，不是与会者自己取的，是当时别人那么叫的。"洛阳耆英会"也画像，但不是在"普明僧舍"，而是在"妙觉僧舍"。司马光当时六十四岁，其他与会者都在七十岁以上。这篇文章写于第一次集会之后，第一次集会的时间是在元丰五年（1082）正月壬辰，集会的地点不是在发起人文彦博的家里，而是在参与者富弼的家里，因为富弼的年龄最大。第一次集会宾主共十一人，王拱臣和司马光是后来才加入的。当时王拱臣写信给文彦博，说我家也在洛阳，官位和年龄也不在诸位之下，只因做官在外就不能参加，感觉特遗憾，希望能被列入，千万别把我落下。

"洛阳耆英会"除司马光、王拱臣外，据《洛阳耆英会序》，其余十一个成员分别为：富弼（字彦国，七十九岁）、文彦博（字宽夫，七十七岁）、席汝言（字君从，七十七岁）、王尚恭（字安之，七十六岁）、赵丙（字南正，七十五岁）、刘凡（字伯寿，七十五岁）、冯行己（字肃之，七十五岁）、楚建中（字正叔，七十三岁）、王谨言（字不疑，七十二岁）、张问（字昌言，七十一岁）、张焘（字景元，七十岁）。十三人当中，文彦博当时判河南府兼西京留守司事，算个正经的职务；王拱臣任北京留守，楚建中、张问、张焘、司马光四人提举嵩山崇福宫，基本相当于退居二线；其余全部致仕，完全是退休的自由人了。

司马光认为自己是晚辈，不敢与会。文彦博向来看重司马光，以唐"九老会"中的狄兼谟，当时年龄也不到七十岁，要司马光依例参加，并说："某留守北京，遣人入大辽侦事回，云见虏主大宴群臣，伶人剧戏，作衣冠者，见物必攫取怀之，有从其后以挺扑之者，曰：'司马端明耶？'君实清名在夷狄如此。"意思是说司马光的清名远播夷狄，他做北京留守那会儿，派人去辽国侦察，派去的人回来说，他见辽国皇帝大宴群臣，演员们表演节目，一人扮作士大夫模样，见东西就揣进怀里，有人从背后用棍子敲他，偷窃者就反问是司马端明吗？司马光愧谢，推辞。文彦博不听，命人从幕后悄悄为司马光画了像。

文彦博以自己身为西京留守，是地主，携歌舞女妓、乐工，至富弼宅办第一次会。然后大家以年龄为序，依次做东。洛阳多名园古刹，有水竹林亭之胜，"诸老须眉皓白，衣冠甚伟，每宴集，都人随观之"。据邵伯温说，曾在"资胜院"建一大厦，取名"耆英堂"，绘像其中，每人赋诗一首。"耆英堂"可能就是司马光所说的妙觉僧舍；当然，也可能是后来专门创建的。负责画像的是闽人郑奂。

据说"耆英堂"里的画像上面，其他人"或行或坐或立，幅巾杖履，有萧然世外之致"。而司马光"据案握管"，因为当时正编修《资治通鉴》。

由《耆英会图并诗刻石》我们知道，司马光所赋诗就是《和潞公真率会诗》：

> 洛下衣冠爱惜春，相从小饮任天真。随家所有自可乐，为具更微谁笑贫？不待珍羞方下箸，只将佳景便娱宾。庾公此兴知非浅，蔡藿终难继主人。

从题目看，显然是首和诗，与"真率会"有关。诗的意思大致是说，我们洛阳的这些士大夫们留恋春光，有那些美景已足够愉悦，大家简单备点酒菜就可以了，因为关键不在酒菜，不必多么奢华，奢华了难于持久。它似乎是在解释退出耆英会重组真率会的缘由。这样说来，这首诗应是司马光已经退出耆英会，或者已经决定退出之后，才题写在"耆英堂"里的那幅画像上的。

我们今天仍有幸读到耆英会的会约：第一，"序齿不序官"，就是大家在一起，不讲官职高低，只论年龄大小。第二，"为具务简素，朝夕食各不过五味，菜果脯醢之类共不过二十器，酒巡无算，深浅自斟，饮之必尽，主人不劝，客亦不辞，逐巡无下酒时作菜羹不禁"。就是酒菜一定要简单，早晚的主食各不超过五种，副食总共不超过二十盘，饮酒看个人的量，随便，不死劝，下酒菜没了，可以做些菜汤，不限。第三，"召客共用一简，客注可否于字下，不别作简"，就是召集共用一个帖子，来不来，标在上头就行了。第四，"会日，早赴不待速"，就是赴会要早到，别让人再请。第五，"右有违约者，每事罚一巨觥"，就是违犯以上会约，每犯一条罚一大杯。

司马光后来退出了耆英会，另作"真率会"，相约："酒不过五行"，即斟酒不超过五遍；"食不过五味"，即主食不超过五种；"惟菜无限"，即蔬菜不作限制。与耆英会相比，多了酒上的限制，也没有再提到果、脯、醢。显然，招待标准降低了。

司马光有诗《二十六日作真率会伯康与君从七十八岁安之七十七岁正叔七十四岁不疑七十三岁叔达七十岁光六

十五岁合五百一十五岁口号成诗用安之前韵》之二首：

　　七人五百有余岁，同醉花前今古稀。走马斗鸡非
我事，纻衣丝发且相晖。

　　经春无事连翩醉，彼此往来能几家。切莫辞斟十
分酒，尽从他笑满头花。（《传有集》卷十一）

　　从诗中我们可以读到司马光的白发，以及他此时简单
却真实的快乐。司马光时年六十五岁，由此断定，这次集
会应在元丰六年（1083）。参加者共有七人，除了司马光
外，还有司马旦（字伯康）、席汝言（字君从）、王尚恭
（字安之）、楚建中（字正叔）、王谨言（字不疑），以及叔
达。这个叔达，可能就是宋叔达，他似乎年轻时与司马光
相识，但其后四十多年断了联系，后来又定居洛阳，作了
司马光的邻居。但真率会不止这七个人。还有范纯仁（字
尧夫），时任提举西京留司御史台。史书上说他和司马光，
"皆好客而家贫，相约为真率会"。看来他还不是普通的成
员，而是发起人之一。真率会的成员，可能还包括鲜于侁
（字子骏），此前他为举吏所累，罢为主管西京御史台。他
是司马光的老朋友，参加真率会，当在情理之中。

　　从司马光留下的诗篇来看，真率会每次集会，似乎都
是先由主办者寄诗给会员，会员如果不能赴会，就和诗一
首，说明原因。真率会集会的频率似乎不高，十天甚至月
余才聚会一次。

紧随《二十六日》一诗之后的，是这首《别用韵》：

　　坐中七叟推年纪，比较前人少几多。花似锦红头雪白，不游不饮欲如何？（《传家集》卷十一）

我们可以读出司马光的无奈。前两句从表面上看，不过直叙其事；而后两句突然就说，大家老境渐深，除了游玩和饮酒，还能有什么追求。

○
　○
职业著书

　　司马光曾在给邵雍的诗中说："我以著书为职业，为君偷暇上高楼。"著书，就是编修《资治通鉴》。

　　我们知道，《资治通鉴》中的绝大部分篇章，都是在洛阳时期的十五年内完成的。后来，有人在洛阳看到《资治通鉴》的草稿，它们堆满了整整两间屋子，但翻阅数百卷，无一字潦草。我们不难想见工作量的巨大，以及主编司马光的严谨。

　　但书局一度险些被撤销。

　　司马光在写给范祖禹的信中，谈及此事：

　　示谕求罢局事，殊未晓所谓。光若得梦得（范祖禹一字梦得）来此中修书，其为幸固多矣。但朝廷所以未废此局者，岂以光故？盖执政偶忘之耳。今上此文字，是呼之使醒也。若依所谓废局，以书付光自修，梦得还铨，胥吏各归诸司，将若之何？光平生欲修此书而不能者，止为私家无书籍笔吏，所以须烦县官耳。今若付光自修，必终身不能就也。梦得与景仁（范镇字景仁）同在京师，公私俱便。今不得已而存之者，岂惟书局，至若留台、宫观，皆无用于时者，朝廷以其未有罪名，不欲弃于田里，聊以薄禄养之，岂非不得已而存之者耶？光辈皆忍耻窃禄者也。况其他亲民之官，相与残民而罔上者，其负耻益深矣。必欲居之安而无愧，须如景仁致事方可也，其余皆可耻耳。吾曹既未免禄仕，古之人不遇者，或仕于伶官，执簧秉翟，修书不犹愈乎？况梦得和不随俗，正不忤物，虽处途潦之中不能污，入虎兕之群不能害，雍容文馆，以铅椠为职业，真所谓避世金马门者也，庸何伤乎！必若别有迫切之事，朝夕不可留者，当仔细示及，容更熟议之。若只如今兹所谕三事，则不群静以待之为愈也。恃知念，故敢尽言无隐。光上。

朝旨若一旦以闲局无用，徒费大官，令废罢者，吾辈相与收敛笔砚归家，与郑、滑诸官何异，又何耻耶？但恐去此为他官，负耻益多耳。（金·晦明轩刊《增节入注附音司马温公资治通鉴》，转引自陈光崇《通鉴新论》）

司马光的这封信，应写于他判西京御史台之后、书局迁来洛阳之前。从信的内容来看，应是刘攽、刘恕的相继离开，使范祖禹感到有形的或无形的压力，他打算提出申请，申请撤销书局。范祖禹写信向主编司马光请示，司马光以此信作为答复。信中司马光苦苦挽留，说如果书局撤销，在他的有生之年，此书将永无修成之日；而且，以当时的情形，对自己和范祖禹，修书不论是作为职业还是作为事业，都是上上之选。最终范祖禹留了下来，书局没有撤销。现在想来，多亏范祖禹没有自作主张，否则，我们就不可能读到这部大书。

司马光另有《答范梦得》，应是范祖禹刚入书局不久司马光写给他的。信的内容主要谈修书的一些规范，包括"丛目""长编"的制作方法。《资治通鉴》的丛目和长编，我们今天已不可见，从信中的叙述，我们可以大略想见它们的形式及规模。从信中我们还可以知道，《资治通鉴》的编纂程序：先由助手作"丛目"，然后再在"丛目"的基础上作"长编"，最后由主编司马光删定。信中提到，刘恕曾说只唐史"丛目"就有千余卷，如果每天看一两卷，全部看完也得一两年功夫。可见修书的工作量巨大。

后来《资治通鉴》书成，司马康曾对朋友说："此书成，盖得三人焉。"意思是说《资治通鉴》得以成书，刘恕、刘攽、范祖禹三人功不可没。又说："《史记》前后汉，则刘贡父（刘攽字贡父）；三国历九朝而隋，则刘道原（刘恕字道原）；唐迄五代，则范淳夫（范祖禹字淳夫）。"

由此看来，三位助手的分工，前后是有变化的。可能的情形是：刘攽在离开书局以前，已经完成或基本完成了《史记》及前后汉部分的长编；刘攽离开后，三国至隋就交给了刘恕；刘恕去世前，已经完成或基本完成了三国至隋部分的长编；刘恕去世后，五代部分又交给范祖禹负责。

在洛阳的这些年里，书局在人事方面有一些变动：司马康加入进来。

熙宁六年（1073），应司马光奏请，授司马康检阅《资治通鉴》文字，做校对工作。司马康于熙宁三年（1070）以明经擢上第，释褐试秘书省校书郎、耀州（治今陕西省铜川市）富平县（今陕西省富平县）主簿，而应司马光奏请，留国子监听读。熙宁四年（1071），又应司马光奏请，授司马康守正字。熙宁五年（1072），司马康监西京粮料院，迁大理评事。

书局迁来洛阳后，有一年刘恕奏请到洛阳与司马光面议修书事，并得到朝廷的许可。当时刘恕水陆兼程，辗转数千里到达洛阳，自言"比气羸惫，必病且死，恐不复得再见"。意思是说自己元气衰耗，必然会得一场大病，然后死去，恐怕再没机会见面了。刘恕在洛阳待了数月，离开的时候，已是夏历十月。果然，还没到家，得知母亲去世，不久就得了"风疾"，可能就是中风：右手右足偏废，成了半身不遂。卧床数月，痛苦备至，但"每呻吟之隙，辄取书修之"。最后，"病益笃，乃束书归之局中"。元丰元年（1078）九月，卒，年仅四十七岁。司马光叹道："以道原之耿介，其不容于人，龃龉以没固宜，天何为复病而夭之邪！此益使人痛恍惝恍（chǎng huǎng，失意状）而不能忘者也！"对刘恕的英年早逝深表惋惜。

刘恕去世后，编修《资治通鉴》继续。

司马光曾在一封给友人的信中说："某自到洛以来，专以修《资治通鉴》为事，于今八年，仅了得晋、宋、齐、梁、陈、隋六代以来奏御。唐文字尤多，托范梦得将诸书依年月编次为草卷，每四丈截为一卷，自课三日删一卷，有事故妨废则追补，自前秋始删，到今已二百余卷，至大历末年耳。向后卷数又须倍此，共计不减六七百卷，更须三年，方可粗成编。又须细删，所存不过数十卷而已。"现在我们在《资治通鉴》中看到的《唐纪》，从卷第一百八十五至卷第二百六十五，仅八十一卷。从六七百卷删到八十一卷，司马光披沙拣金，做了大量的工作。

为《资治通鉴》作注的宋元之际史学家胡三省曾说，司马光在洛阳，因为上书论新法之害，小人欲行中伤，而司马光的品行无可指摘，于是就散布谣言，说书所以久而不成，是因为书局的人贪图皇家的笔墨绢帛，以及圣上所赐果饵金钱；既而托人暗地检查，才知道当初虽有此圣旨，但书局根本就未曾请领。司马光因此严格按照计划，完成每天的工作量，尽力减少人为干扰，加紧修书。

那些小人的中伤，反倒帮了司马光的忙。因为随着后来时局的发展，司马光迅疾卷入国家的政治漩涡，他不可能再有大段的时间，可以花在修书上。果真那样，《资治通鉴》就永远是一部未竟之作。

据《邵氏见闻录》记载，神宗对《资治通鉴》喜欢得不得了，常命在经筵上读，所读将尽，而新进未至，就下诏催促。

元丰七年（1084）十一月，《资治通鉴》书成。

司马光在《进资治通鉴表》中，历述置局经过后，说："臣既无他事，得以研精极虑，穷竭所有，日力不足，继之以夜；遍阅旧史，旁采小说，简牍盈积，浩如烟海，抉摘幽隐，校计毫厘。上起战国，下终五代，凡一千三百六十二年，修成二百九十四卷；又略举事目，年经国纬，以备检寻，为《目录》三十卷；又参考群书，评其同异，俾归一途，为《考异》三十卷，合三百五十四卷。"从中我们可以看出《资治通鉴》成书的艰辛，以及这部大书最初的形式。司马光又说："臣今筋骸癯瘁，目视昏近，齿牙无几，神识衰耗，目前所为，旋踵遗忘，臣之精力，尽于此书。"意思是说，自己现在身体瘦弱，憔悴不堪，眼睛昏花，视物模糊，牙齿所剩无几，精神衰弱，意识亏损，眼前在做的事，转眼就忘个精光，臣的精力，已为此书耗尽。这部大书可以说就是司马光某段生命的结晶。

《资治通鉴》进呈后，丞相王珪、蔡确去见神宗，问怎么样？神宗答："当略降出，不可久留。"又赞叹说："贤于荀悦《汉纪》远矣。"散朝后，神宗派人将书送到中书省，每页都盖上"睿思殿"的印章。睿思殿是皇帝在宫中读书的地方。舍人王震等正好也在中书省，随着宰相来看，宰相笑说："君无近禁脔。"当初晋元帝迁都建业，公私艰窘，生活极其困难，每猎获一兽，就珍贵得不得了，脖子上的一块肉，尤其宝贝，往往都是立即进献，下边人从不敢动，当时呼为"禁脔"。

元丰七年（1084）十一月十五日，神宗赐诏嘉奖：

奖谕诏书

敕司马光：修《资治通鉴》成事。

史学之废久矣，纪次无法，论议不明，岂足以示惩劝，明久远哉！卿博学多闻，贯穿今古，上自晚周，下迄五代，发挥缀辑，成一家之书，褒贬去取，有所据依。省阅以还，良深嘉叹！今赐卿银绢、对衣、腰带、鞍辔马，具如别录，至可领也。故兹奖谕，想宜知悉。

冬寒，卿比平安好。遣书，指不多及。十五日。

（《资治通鉴》第2433页）

这部大书是帝王参考书，可作帝王施政的借鉴，也是一部纯粹的史书，规模宏大，上起晚周，下迄五代，成一家之言。这一点神宗皇帝显然很清楚。这当然是皇帝的诏书，但最后几句，倒好像是朋友间的问候。

接着，十二月初三日，因《资治通鉴》书成，以端明殿学士兼翰林侍读学士司马光为资政殿学士；校书郎、前知龙水县范祖禹，为秘书省正字。当时刘恕已卒，刘攽被罢官，所以未有嘉奖。后来，司马光嫌《目录》太过简略，打算作《举要历》八十卷，可惜未能完成。

元丰七年（1084）十二月，司马光曾上《荐范祖禹状》，当时他说："臣诚孤陋，所识至少，于士大夫间，罕遇其比，况如臣者，远所不及。"意思是说臣孤陋寡闻，认识人有限，在士大夫中间，确实罕有其比，至于我本人，是远远赶不上他的。范祖禹所以有以上任命，当与司马光的倾力举荐不无关系。

后来，司马光于哲宗元祐元年（1086），又上《乞官刘恕一子札子》，说："臣往岁初受敕编修《资治通鉴》，首先奏举恕同修。恕博闻强记，尤精史学，举世少及。臣修上件书，其讨论编次，多出于恕。至于十国五代之际，群雄竞逐，九土分裂，传记讹谬，简编缺落，岁月交互，事迹差舛，非恕精博，他人莫能整治。"对刘恕的工作给出高度评价。因此，封刘恕之子刘羲仲为郊社斋郎。

对助手们给出那么高的评价，丝毫不埋没他们的功绩，于主编司马光那绝对算一种美德。

第九章

风范宰辅

门下侍郎

元丰八年（1085）三月初七日，神宗驾崩，年仅三十八岁。皇太子赵煦即皇帝位，是为哲宗；尊皇太后为太皇太后、皇后为皇太后；一切军国大事，"并太皇太后权同处分"，就是说皇帝尚且年幼，一切国家大事，暂由太皇太后协助处理。

赵煦是神宗的第六个儿子，熙宁九年（1076）十二月七日生，眼下"甫十岁"，实际九周岁不到，还是个小学生。太皇太后姓高，亳州（治今安徽省亳州市）蒙城（今安徽省蒙城县）人，英宗的皇后、神

宋哲宗像

宗的母亲。暂同理政后，一次殿试举人，有关部门请循天圣先例，"帝后皆御殿"，就是由皇帝与太皇太后共同主持殿试，但太皇太后拒绝了。又请受册宝于文德殿，在文德殿接受册封的诏书及印玺，太皇太后说："母后当阳，非国家美事，况天子正衙，岂所当御？就崇政足矣。"意思是说文德殿，是天子正式听政的地方，母后受封不该在那里，崇政殿就好。太皇太后行事低调，大抵如此。

三月十七日，司马光离开西京洛阳，往京师奔神宗皇帝丧。

司马光的京师之行场面相当壮观。据史书记载："（司马光）帝崩赴阙临，卫士望见，皆以手加额曰：'此司马相公也。'所至民遮道聚观，马至不得行，曰：'公无归洛，留相天子，活百姓。'"——卫士们见司马光来，都以手加额，向他致敬，说这就是司马宰相；所到之处，老百姓拦路围观，以致马不能前，都说先生别回洛阳了，留下来做宰相吧，辅佐天子，拯救黎民。

宋人张淏的叙述更富戏剧性："司马温公元丰末来京师，都人奔走竞观，即以相公目之。左右拥塞，马至不能行。及谒时相于私第，市人登树骑屋窥之，隶卒或止之，曰：'吾非望而君，愿一识司马公耳。'至于呵叱不退，而屋瓦为之碎，树枝为之折。"——司马光元丰末来京师，人们奔走相告，争相观看，即视为宰相。道路拥堵，马不能行。去当时的宰相府邸拜谒，市井百姓攀上树、爬上房观看。有人制止，回答说：我不是看你家主人，只愿一睹司马先生！高声呵斥，不肯下来，屋瓦被踩碎，树枝被压折。

百姓的呼声很高，神宗皇帝生前也十分看重。据载，元丰四年（1081）改革官制，神宗先对宰辅说："官制将行，欲取新旧人两用之。"又说："御史大夫非司马光不可。"元丰七年（1084）秋宴，神宗染疾，始有建储之意，对辅臣说："来春建储，其以司马光、吕公著为师保。"我们知道，师保是官名，主要负责辅佐帝王和教导贵族子弟，有师和保，统称师保。

但老百姓的热情让司马光感到恐惧："公惧，会放辞谢，遂径归洛。"也就是说司马光很害怕，当时正好允许不辞而别，就径直回了洛阳。而"太皇太后闻之，诘问主者，遣使劳公，问所当先者"。意思是说，太皇太后听说司马光离去，就责问有关负责人，然后又派人去洛阳慰劳，并问治国应以何事为先。

三月二十三日，司马光上《谢宣谕表》。从中我们得知，三月二十二日，太皇太后曾遣入内供奉官梁惟简宣谕："邦家不幸，大行升遐，嗣君冲幼，同摄国政，公历事累朝，忠亮显著，毋惜奏章，赞予不逮。"意思是说国家不幸，神宗驾崩了，新即位的哲宗皇帝太年幼，自己不得已暂同理政，先生元老重臣，特别忠诚刚直，请尽力辅佐。

此后，司马光即连上数章：三月三十日，上《乞开言路札子》；四月十九日，上《进修心治国之要札子》；四月二十七日，上《乞去新法之病民伤国者疏》；四月所上还有《乞罢保甲状》《乞开言路状》等。

四月，以资政殿学士司马光知陈州（治今河南省淮阳县）。五月，诏知陈州司马光过阙入见。当时，"使者劳问，相望于道"。也就是说派去慰问司马光的人，道路相望，一拨接着一拨。

元丰八年（1085）的五月二十三日，司马光抵达京师。

此前的四月十一日，诏："先皇帝临御十有九年，建立政事，以泽天下，而有司奉行失当，几于繁扰，或苟且文具，不能布宣实惠。其申谕中外，协心奉令，以称先帝惠安元元之意。"意思是说先帝在位十九年，励精图治，以期泽被天下，但有关部门奉行失当，致使政令繁苛扰民，或者空具条文，不能让老百姓得到实惠。今谨申谕朝廷内外，同心奉令，以称先帝慈爱天下众生之意。五月初五日，"诏百官言朝政阙失，榜于朝堂"。就是在百官中征求意见，诏书仅在朝堂上公布。

现在，司马光已经来到京师。太皇太后派人将五月初五日的诏书给他看，司马光于是上《乞改求谏诏书札子》，提出修改意见。

五月二十七日，诏除司马光门下侍郎。官制改革后的门下侍郎，相当于过去的参知政事，就是副宰相。司马光接到阁门的告报，是在这一天的晚上。

五月二十八日，司马光立即上《辞门下侍郎札子》，以自己年老体衰，精力不济，请太皇太后收回成命。同一天，又上《请更张新法札子》。

隔天，司马光再上《辞门下侍郎第二札子》，谈到熙宁三年（1070）枢密副使的任命，说自己贪爱富贵与常人无异，所以终辞不拜，只因所言无足采纳。然后说："未审圣意以臣前后所言，果为如何？若稍有可采，乞特出神断，力赐施行，则臣可以策励疲驽，少佐万一。若皆无可采，则是臣狂愚无识，不知为政，岂可以污高位，尸重任，使朝廷获旷官之讥，微臣受窃位之责？"司马光的意思很明白，就是说如果我提的建议尚可采纳，就请施行出来，我愿意就任；如果无可采纳，那可万万不敢从命。

从这个奏疏我们还可以得知，当天太皇太后派中使梁惟简赐手诏，说："赐卿手诏，深体予怀，更不多免。嗣君年德未高，吾当同处万务，所赖方正之士，赞佐邦国，想宜知悉，再宣谕。前日所奏乞引对上殿讫赴任，其日已降指挥，除卿门下侍郎，切要与卿商量军国政事。早来所奏，备悉卿意，再降诏开言路，俟卿供职施行。"太皇太后已经给出肯定的回答，司马光于是不再辞让。

六月初四日，司马光上《乞以除拜先后立班札子》。我们从中知道，五月二十八日，三省、枢密院同奉圣旨，除知枢密院外，门下、中书侍郎、左右丞、同知枢密院事，在上朝时的班次等，都以除拜先后为序，而六月初四日在延和殿进呈，张璪等奏，请推司马光在上。六月初五日，司马光再上《乞以除拜先后立班第二札子》。我们由此事可以看出，司马光在当时众执政心目中的地位，以及他做人的低调。

六月，门下侍郎司马光举荐了刘挚、赵彦若、傅尧俞、范纯仁、唐淑问、范祖禹，说这六人"皆素所熟知，若使之或处台谏，或侍讲读，必有裨益"。又举荐了吕大防、王存、李常、孙觉、胡宗愈、韩宗道、梁焘、赵君锡、王岩叟、晏知止、范纯礼、苏轼、苏辙、朱光庭，说他们"或以行义，或以文学，皆为众所推，伏望陛下纪其名姓，各随器能，临时任使"。而文彦博、吕公著、冯京、孙固、韩维等，司马光认为都是国家重臣，阅历丰富，办事稳重，完全可以信赖，如果也让他们各举所知，参考异同，可使人才不被遗漏。

太皇太后本来已任命范纯仁为左谏议大夫，唐淑问为左司谏，朱光庭为左正言，苏辙为右司谏，范祖禹为右正言，但司马光说自己和范纯仁有亲嫌，吕公著、韩缜也说与范祖禹有亲嫌，有亲戚关系应当避嫌。章惇坚持认为这种情况，按惯例应当回避。司马光说："纯仁、祖禹作谏官，诚协众望，不可以臣故妨贤者路，臣宁避位。"而范纯仁、范祖禹则请任他官。最后，唐淑问、朱光庭、苏辙三人的任命照旧，改范纯仁为天章阁待制，范祖禹为著作佐郎。

进入元丰八年（1085）五月以后，变法时期遭到排挤的一些官员，已被陆续召回京师或者恢复官职：五月初六日，诏苏轼官复朝奉郎、知登州；五月初七日，诏吕公著乘驿传进京；五月初八日，以程颢为宗正寺丞（六月十五日，程颢卒）；六月十四日，以资政殿学士韩维知陈州，未行，召兼侍读，加大学士；六月十六日，以奉议郎、知安喜县事、清平人王岩叟，为监察御史；七月初六日，以资政殿大学士兼侍读吕公著，为尚书左丞；九月十八日，以秘书少监刘挚，为侍御史；同月，召朝奉郎、知登州苏轼，为礼部郎中。

司马光当时有一封写给范纯仁的信，信中说：

光愚拙有素，见事常若不敏，不择人而尽言，此才性之蔽，光所自知也。加之闲居十五年，本欲更求一任散官，守候七十，即如礼致事；久绝荣进之心，分当委顺田里，凡朝廷之事，未尝挂虑。况数年以来，昏忘特甚。诚不意一旦冒居此地，蒙人主知待之厚，特异于常，义难力辞，黾勉（mǐn miǎn，努力、尽力）就职。故事多所遗忘，新法固皆面墙，朝中士大夫百人中，所识不过三四，如一黄叶在烈风中，几何其不危坠也？又为世俗妄被以虚名，不知其中实无所有。上下责望不轻，如何应副得及。荷尧夫知待，固非一日，望深赐教，督以所不及；闻其短拙，随时示谕，勿复形迹。此独敢望于尧夫（范纯仁字尧夫），不敢望于他人者也。光再拜。（《传家集》卷六十《与范尧夫经略龙图第二书》）

这是一封求助信，请求范纯仁随时指出错误。从信中我们可以了解司马光原先的打算、当时的身体状况、接到任命后朝中的情形，以及他自己的心理感受。

六月二十一日，吕公著入宫觐见，上奏十事：一、畏天，二、爱民，三、修身，四、讲学，五、任贤，六、纳谏，七、薄敛，八、省刑，九、去奢，十、无逸。太皇太后遣中使宣谕："览卿所奏，深有开益，当此拯民疾苦，更张何者为先？"二十八日，吕公著又有回奏。

七月初一日夜，太皇太后派人将吕公著的奏章送来，要司马光看看其中的利弊，及其人有无兼济之才，合适与否，直书上奏。司马光读过之后，说："臣自公著到京，止于都堂众中一见，自后未尝私相见，及有简帖往来。今公著所陈，与臣所欲言者，正相符合。盖由天下之人皆欲如此，臣与公著，但具众心奏闻耳。"意思是说他和吕公著此前未有沟通，但吕公著所奏正是自己想要说的。大概人心所向如此，他和吕公著不过反映了群众的呼声而已。又说："公著一言而天下受其利，可谓有兼济之才；所言无有不当，惟有保甲一事，欲就农隙教习，臣愚以为朝廷既知其为害于民，无益于国，便当一切废罢，更安用教习。"意思是说吕公著确有兼济之才，所说没什么不合适，只有保甲一事，公著打算趁农闲时节训练，臣以为朝廷既已知其对百姓有害、对国家无益，就应当全部废除。

九月十五日，司马光与吕公著共同举荐了程颐，说："臣等窃见河南处士程颐，力学好古，安贫守节，言必忠信，动遵礼义，年逾五十，不求仕进，真儒者之高蹈，圣世之逸民。伏望圣慈，特加召命，擢以不次，足以矜式士类，裨益风化。"因为司马光、吕公著及韩绛的举荐，十一月二十七日，以乡贡进士程颐，为汝州（治今河南省汝州市）团练推官，充西京国子监教授。

○
○

请开言路

元丰八年（1085）三月三十日，司马光曾上《乞开言路札子》，认为"今日所宜先者，莫若明下诏书，广开言路"。他说："臣闻《周易》天地交则为泰，不交则为否。君父，天也；臣民，地也。是故君降心以访问，臣竭诚以献替，则庶政修治，邦家乂安；君恶逆耳之言，臣营便身之计，则下情壅蔽，众心离叛。自生民以来，未有不由斯道者也。"意思是说《周易》讲：天地相交则为泰，不交则为否。君父即天，臣民即地。因此，如果人君虚心垂询，臣子竭诚谏净，一定政治清明，国家安定；相反，人君厌弃逆耳之言，臣子只为身谋，必定民情阻遏，众人离心。有史以来，无不如此。

然后又说："臣窃见近年以来，风俗颓弊，士大夫以偷合苟容为智，以危言正论为狂。是故下情蔽而不上通，上恩壅而不下达。间阎愁苦，痛心疾首，而上不得知；明主忧勤，宵衣旰食，而下无所诉。公私两困，盗贼已繁。犹赖上帝垂休，岁不大饥，祖宗贻谋，人无异志；不然者，天下之势，可不为之寒心乎？此皆罪在群臣，而愚民无知，往往怨归先帝。"意思是说近年来言路不畅，上下壅蔽，百姓愁苦，求告无门，公私困竭，盗贼蜂起。要不是上天关照，祖宗保佑，后果真的不堪设想。罪在群臣，而百姓无知，往往把账都记在先帝头上。

言路畅通，然后天下大治，这是史学家司马光的一个基本认识。大约在他看来，王安石执政时期，新法所以得到推行，就是因为言路堵塞，而现在要改变它们，就应当从开言路着手。

由四月所上奏疏《乞开言路状》我们得知，司马光回到洛阳后，没听到有开言路的诏书颁下，却听说太府少卿宋彭年，论在京不可不并置三衙管军臣僚，水部员外郎王谔，请令依保马原定条款，确定逐年应买之数，又请令太学增置《春秋》博士，使诸生进修，朝廷以二人所言非其本职，各罚铜三十斤。司马光说，如果当职的人不肯进言，不当职的人又不许进言，以四海之广、兆民之众，政治得失，天子深居九重，如何可知？又说，昨日进奏院递到任命告身，差他知陈州，那么他自今往后，于一州之外，言及他事，即是越职，哪还敢再说什么？

当初，太皇太后以手诏问治国当以何先，司马光还未及条陈，太皇太后已有旨，令散遣修京城役夫，罢减皇城内诇者，停止一切御前制作，逐出近侍中品质恶劣者三十余人，又戒敕内外，不得横征暴敛，废导洛司、物货场及百姓所养户马，放宽保马年限。命令全由宫中发出，大臣都未参与。

为了控制舆论，熙宁五年（1072）正月十九日，"置京城逻卒，察谤议时政者，收罪之"。——在京城派士兵巡察，有敢于非议朝政的，缉捕治罪。"皇城内诇者"即指此。

什么又是保马和户马呢？

所谓保马，就是把国家的马分给保甲户去养。保甲养马始于熙宁五年（1072），当年五月，诏开封府所辖诸县保甲愿养马的，以陕西所买马选给。熙宁六年（1073），曾布应诏制定条例，大略如下：凡京东、京西、河东、河北、陕西五路义勇保甲愿养马的，每户一匹；家庭富裕、条件许可的，可以养两匹。所养马或由监牧司提供，或付马钱给保甲户，自己去买。开封府内，每年免交"体量草"二百五十束，并加给钱；五路的，每年免交"折变缘纳钱"。三等以上，十户为一保；四等以下，十户为一社。保户马死，保户全价赔偿；社户马死，社户赔偿一半。自此保甲养马推行诸路。元丰七年（1084），诏京东、西路保甲免训练；每"都保"养马五十匹，十家为一保，五十家为一大保，十大保为一都保；每匹给钱十千；限京东十年，京西十五年，养够规定的数目。其后提举保甲马官令每都保每年买马二十匹，后改为八匹；原定十五年的，缩短为两年半，后改为八年，山地县份十年。

所谓户马，就是老百姓自己养马，国家收购。元丰三年（1080）春，诏开封府及五路州县人户，以家庭财产多少，确定购买马匹的数量。元丰七年（1084），诏河东、鄜延、环庆路各调拨户马两千匹给禁军；河东路就地供给本路禁军，鄜延路再加上永兴军等路及京西城镇户马，环庆路再加上秦凤等路及开封府户马。此次调拨之后，没有再补充。

四月二十七日，司马光在《乞去新法之病民伤国者疏》中先说："凡臣所欲言者，陛下略已行之，臣稽慢之罪，实负万死。"

接着谈及为政之道："夫为政在顺民心，苟民之所欲者与之，所恶者去之，如决水于高原之上，以注川谷，无不行者。苟或不然，如逆阪走丸，虽竭力以进之，其复走而下，可必也。今新法之弊，天下之人，无贵贱愚智，皆知之，是以陛下微有所改，而远近皆相贺也。"意思是说如果能顺应民心，治国就像从高处往低处放水，无不顺利；相反，就像往山坡上滚球，即便竭尽全力推上去了，最终还是要滚到沟里去的。又说："为今之计，莫若择新法之便民益国者存之，病民伤国者悉去之。"就是说眼下最好保留新法中对老百姓有利、对国家有益的部分，而对百姓有害、对国家又无益的，应全部废除。

然后谈到可能的反对："议者必曰孔子称孟庄子之孝，其他可能也，其不改父之臣与父之政，是难能也。又曰三年无改于父之道，可谓孝矣。"司马光说那是指对百姓无害、对国家无损的部分；至于病民伤国的内容，岂可坐视不改。又说："朝廷当此之际，解兆民倒垂之急，救国家累卵之危，岂假必俟三年然后改之哉？况今军国之事，太皇太后陛下，权同行处分，是乃母改子之政，非子改父之道也，何惮而不为哉？"意思是说，现在百姓有倒悬之苦，国家有累卵之危，哪能等到三年以后？况且如今太皇太后同处国事，这是母改子政，不是子改父道，有什么好担心的？

司马光到达京师后，果然有人提出"三年无改于父之道"，认为只应对太过火的内容，做些小小的修改，以搪塞舆论。司马光"慨然争之"，说："先帝之法，其善者虽百世不可变也。若安石、惠卿等所建，为天下害、非先帝本意者，改之当如救焚拯溺，犹恐不及。……况太皇太后以母改子，非子改父。"——先帝之法，好的部分百代不可变。王安石、吕惠卿等所立，为害天下、非先帝本意的，改革当如救焚拯溺，犹恐不及。……何况太皇太后是以母改子，不是以子改父。众议乃定。

由《乞改求谏诏书札子》我们知道，五月初五日的求谏诏书中，有这样一节："若乃阴有所怀，犯非其分，或扇摇机事之重，或迎合已行之令，上则观望朝廷之意，以徼倖希进，下则衒惑流俗之情，以干取虚誉，审出于此，苟不惩艾，必能乱俗害治。然则黜罚之行，是亦不得已也。"——如有人居心叵测，或越职言事，或涉及国家大政方针，或迎合已施行的法令，或观望朝廷意图，侥幸提拔，或渲染小民琐事，沽名钓誉，如此之类，如不惩治，必定扰乱风俗，妨碍安定。那么，或黜或罚，也是不得已的。

司马光认为这哪是求谏，分明是拒谏。他说这样一来，群臣恐怕只有缄默，只要一开口，就可以归入以上六种：对群臣有所褒贬，就可以说是"阴有所怀"；本职之外稍有涉及，就可以说是"犯非其分"；谈国家安危大计，就可以说是"扇摇机事之重"；碰巧与国家政令一致，就可以说是"迎合已行之令"；论新法不便当改，就可以说是"观望朝廷之意"；谈民间愁苦可怜，就可以说是"衒惑流俗之情"。那么天下之事，就没什么可说的了。诏书本为求谏，最终反成拒谏。恐怕天下士大夫，从此更加缄默不言，这对国家不是好事。只令御史台在朝堂公布，征询的范围太窄了。

请删去中间一节，如他三月三十日所奏，颁布天下，使天下人明白，陛下致力求谏，无拒谏之心，尽可畅所欲言，不必担心黜罚。这样，天下大事小情，都可了如指掌。

五月二十八日，司马光又上《请更张新法札子》，他举了个例子："譬如有人误饮毒药，致成大疾。苟知其毒，斯勿饮而已矣，岂可云姑少少减之，俟积以岁月，然后尽舍之哉？"——比如有人误喝了毒药，大病一场。如果已经知道，不喝就完了，怎能说先少喝一点点，逐日减少，年深月久，到了一定时候，再完全戒除呢？

六月十四日，门下侍郎司马光再上《乞申明求谏诏书札子》，重申《乞改求谏诏书札子》，并再次请求下学士院另草诏书，删去中间一节，颁布天下。

六月二十五日，诏所有臣民都许进"实封状"，直言朝政阙失、民间疾苦；京师在登闻鼓院、检院投进，京外则在所属州、军投进，由驿站传送上闻。

于是，"四方吏民言新法不便者，数千人"。

七月十四日，司马光上《乞降臣民奏状札子》，说那些奏状不付外，令三省或枢密院商量施行，就毫无益处。请选择其中可取的，降出施行，如日理万机，无暇通览，就请降付三省，交执政官员们审阅，其中可取的，用黄纸标出，再进呈御览，或留身边，或降付有关部门施行。从之。

八月初八日，司马光上《乞降封事签迹子》，由此我们得知，第一次已有三十三卷奏状降出，司马光与诸执政经选择，可取的都用黄纸标出进呈。司马光请皇帝再次详览，或留身边，以备规戒，或降付有关部门，商议施行。

九月初三日，门下侍郎司马光上《乞省览农民封事札子》，由此得知，近有农民王啬等诉疾苦实封奏状一百五十道降出，除所诉重复外，都已标出进呈。

札子中，司马光深情地谈到农民："窃惟四民之中，惟农最苦。农夫寒耕热耘，沾体涂足，戴星而作，戴星而息；蚕妇育蚕治茧，绩麻纺纬，缕缕而积之，寸寸而成之。其勤极矣，而又水旱霜雹蝗蛓（cì，一种毛虫，刺蛾科黄刺蛾的幼虫，俗称"洋辣子"）间为之灾。幸而收成，则公私之债，交争互夺；谷未离场，帛未下机，已非己有矣。……致使世俗俳谐，共以农为嗤鄙，诚可哀也。又况聚敛之臣，于租税之外，巧取百端，以邀功赏：青苗则强散重敛，给陈纳新；免役则刻剥穷民，收养浮食；保甲则劳于非业之作；保马则困于无益之费，可不念哉！"

农民往往处在社会的最底层，用现在的话说，农民属弱势群体。司马光认为，如果不是广开言路，农民疾苦绝不可能上达，因此这些奏状不可忽视。

熙宁六年（1073），国家曾立法劝民栽桑，若不遵法令，要受处罚。至此，楚邱（今山东省曹县东南）农民胡昌等论其不便。诏罢之，并免去所欠罚金。兴平县（今陕西省兴平市）强征民田为牧场，老百姓也提出申诉。诏令全部归还。

十月十七日，司马光上《乞裁断政事札子》，十月二十四日，又上《议可札子》，一再提醒："谋之在多，断之在独。"虽然陛下宽仁，一切政事交由执政处理，但执政大臣意见不同、势均力敌、不能统一的时候，一定留意审查是非，以圣意决之，择善而从。

由此判断，当时众执政当中，对于废除新法，可能存在严重分歧。不过，国家高层最后的抉择，我们都已经知道。

○
○
废保甲法

我们都知道，宋代军队由三部分组成：第一"禁军"，就是中央军，负责保卫皇帝、京师，以及征伐、戍边；第二"厢军"，就是地方军，分布在各州，起初不训练，仅供役使，相当于工程兵，后来也训练一部分；第三"乡兵"，就是民兵，选于户籍或者应募，集结训练，以为所在地方的防守。此外又有"蕃兵"，由边境地区的少数部族组成，"布之边界，以为藩篱"，按惯例也归入"乡兵"。

从当时的情形看，保甲实际就是"乡兵"。

保甲法的制定，是在熙宁三年（1070）的十二月初六日。当时王安石说先王以农为兵，如今想要公私不匮乏，为社稷长远打算，应停止募兵而用民兵。王安石显然有经济上的考虑，从国家开支看，募兵国家要花钱，而民兵国家不花钱；这等于转嫁国家开支，将开支转嫁给百姓。保甲法主要内容如下：十家为一保，从座地的主户中选有能力一人为保长；五十家为一大保，选主户中财产最多一人为大保长；十大保为一都保，选主户中有德行，能力、勇敢为众敬服一人为都保正，另选一人做他的副手。主客户两丁以上，选一人为保丁，发给弓弩，教之战阵。按当时的规定，保甲主要用于抓捕盗贼，维持地方治安。

元丰八年（1085）四月，司马光上《乞罢保甲状》，提出五条理由：

第一，妨碍农业生产。司马光说："右臣窃以兵出民间，虽云古法，然古者八百家才出甲士三人、步卒七十二人，闲民甚多，三时务农，一时讲武，不妨稼穑。自上世相承，习以为常，民不惊扰。自两司马以上，皆选贤士大夫为之，无侵渔之患，故卒乘辑睦，动则有功。今籍乡村之民，二丁取一，以为保甲，皆投以弓弩，教之战阵，是农民半为兵也。三四年来，又令河北、河东、陕西置都教场，无问四时，每五日一教，特置使者比监司，专切提举，州县不得关预。每一丁教阅，一丁供送；虽云五日，而保正保长，以泥埲（péng，射击瞄准用的土墙）除草为名，日聚之教场，得赂则纵之，不则留之。是三路耕耘收获稼穑之业，几尽废也。"对于"古法"，史学家司马光自然最有发言权。可以看出，保甲在数量和训练时间上，都要远远超过"古法"。保丁要经常训练，自然没时间劳动，无疑会妨碍农业生产。

第二，劳民伤财，却无用处。司马光说："事既草创，调发无法，比户骚扰，不遗一家。又巡检、指使，按行乡村，往来如织，保正保长，依倚弄权，坐索供给，多责赂遗，小不副意，妄加鞭挞，蚕食行伍，不知纪极。中下之民，罄家所有，侵肌削骨，无以供亿，愁苦困弊，靡所投诉，流移四方，缧属盈路。又朝廷时遣使者，遍行按阅，所至犒设赏赉，糜费金帛以巨万计，此皆鞭挞平民，铢两丈尺而敛之，一旦用之如粪土。而乡村之民，但苦劳役，不感恩泽。臣不知设保甲于农民之劳既如彼，为国家之费又如此，终将何所用哉？若使之捕盗贼、卫乡里，则何必如此之多？若使之戍边境、征戎狄，则彼戎狄之民，以骑射为业，以攻战为俗，自幼及长，更无他务，中国之民，生长太平，服田力穑，虽复授以兵械，教之击刺，在教场之中，坐作进退，有似严整，必若使之与戎狄相遇，填然鼓之，鸣镝始交，其奔北溃败，可以前料，决无疑也，是犹驱群羊而战豺狼也。当是时，岂不误国事乎？"国家但凡有事，有关负责人就会借机渔利，老百姓就会遭殃，这是司马光的基本看法。而且，保甲如果仅用于维持治安，数量上确实不需要那么多；用于征伐和戍边，则往往败北，这一点已经为事实所证明。

第三，助长盗贼。司马光说："又悉罢三路巡检下兵士及诸县弓手，皆易以保甲，令主簿兼县尉，但主草市以里；其乡村盗贼，悉委巡检。而巡检兼掌巡按保甲教阅，朝夕奔走，犹恐不办，何暇逐捕盗贼哉？又保甲中往往有自为盗者，亦有乘保马行劫者，然则设保甲保马，本欲除盗，乃更资盗也。"看来设立保甲的同时，撤销了原本负责地方治安的兵士及弓手，县尉也由主簿兼任。主簿负责城镇治安，巡检负责乡村治安。但司马光认为巡检根本就没那个时间。因此事实上助长了盗贼。保甲为盗，也更加方便，因为保甲既有武艺，又有武器。

第四，劝民为盗。司马光说："民丧其生业，无以自存，赴诉不受，失其所依，安得不去而为盗哉？自教阅保甲以来，河东、陕西、京西盗贼已多，至敢白昼公行入县镇杀官吏，官军追讨，经历岁月，终不能制。况三路未至大饥，而盗贼已昌炽如此，万一遇数千里之蝗旱，而失业饥寒、武艺成就之人，所在蜂起以应之，其为国家之患，可胜言哉？"百姓无以为生，自然铤而走险，也就是所谓的官逼民反。大白天就公然闯进县镇屠杀官吏，看来当时盗贼已相当猖獗。司马光认为如果再遇天灾，情况肯定更加严重。又说："夫夺其衣食，使无以为生，是驱民为盗也！使比屋习战，劝以官赏，是教民为盗也！又撤去捕盗之人，是纵民为盗也！"

第五，国家既已决定休战，保甲、户马、保马即为无用。司马光说："近者登极赦书节文云，应缘边州军，仰逐处长吏并巡检、使臣、钤辖兵士及边上人户，不得侵扰外界，务要静守疆场，勿令搔扰。此盖圣意欲惠绥殊俗，休息中国，华夷之人，孰不归戴。然则保甲、户马、保马，复何所用哉？今虽罢户马、宽保马，而保甲犹存者，盖未有以其利害之详奏闻者也。"我们都知道，保甲、户马、保马，都是战时的产物。

司马光认为，"宜悉罢保甲使归农，召提举官还朝"。至于废除保甲以后出现的空白，"量逐县户口，每五十户置弓手一人，略依缘边弓箭手法，许荫本户田二顷，悉免其税役。除出贼地分，严加科罚，及令出赏钱外，其贼发地分，更不立三限科校，但令捕贼给赏。若获贼数多，及能获强恶贼人者，各随功大小迁补职级或补班行。务在优假弓手，使人劝慕。然后募本县乡村人户有勇力武艺者投充，计即今保甲中有勇力武艺者，必多愿应募。昔一人阙额，有二人以上争投者，即委本县令尉选武艺高强者充；或武艺衰退者，许他人指名与之比校，若武艺胜于旧者，即令充替。其被替者更不得荫田。如此则不必教阅，武艺自然精熟。一县之中，其壮勇者既为弓手，其赢弱者虽使为盗，亦不能为患。仍委本州及提点刑狱常切按察，令佐有取舍不公者，严行典宪。若招募不足，即且于乡村户上依旧条权差，候有投名者，即令充替。其余巡检、兵士、县尉、弓手、耆长、壮丁逐捕盗贼，并乞依祖宗旧法"。弓手的选拔，让我们想到聘任制，他们也必须竞聘上岗。

五月十四日，"诏开封府界、三路弓兵，并依保甲未行以前复置"。就是诏令开封府内及三路的弓兵，都依照保甲法未施行以前的制度重新设置。

六月初四日，"罢府界、三路保甲不许投军及充弓箭手指挥"。就是以前有令，开封府内及三路保甲不许投军及充弓箭手，现在撤销这个命令。

七月初三日，司马光再上《乞罢保甲札子》。

从中我们得知，当初置保甲，令开封府内及河北、陕西、河东三路保甲五日一训练，京东、京西两路保甲养马；又各置提举官，权任比监司，就是说提举官的权利及职责，与监司相当，我们都知道，监司一般由各路的转运使兼任，负责本路官员的监察。哲宗即位之初，首先令京东、京西两路保甲养马，都按原定年限收买；超过的数目，归入次年。又令开封府内及三路保甲，训练已达半年，已经朝廷巡视的，每月集训两天；未经巡视的，集训三天。陕西保甲，训练未达半年的，每月两次，各集训三天。又令身材矮小，或长期患病，及本家只剩一丁、又患病不能谋生的，并第五等以下人户、田地不足二十亩的，都准许州县向提举司申明，审验后豁免。又令一县豁免不得超过两成。

司马光说："此皆圣泽矜宽民力。"不过他认为，虽然减少了集训的天数，仍不免妨农。而且此前已有复置巡检、县尉及弓手的诏令，保甲不再负责捕盗；登极诏书又戒敕边吏，令不得侵扰外界，务必静守战场，保甲、保马已无用处。又近来群盗王冲乘保马四处打劫，又有获鹿县（今河北省鹿泉市）保甲殴伤负责官员孙文，巡检张宗师以下陵上，都是大乱之源，渐不可长。巡检，官名，负责训练士兵，及巡逻州邑。

司马光接着说："凡保甲、保马，有害无利，天下之人，莫不知之，臣不知朝廷何惮而久不废罢！伏乞断自圣志，尽罢诸处保甲、保正、保长使归农，依旧置耆长、壮丁巡捕盗贼，户长催督税赋；其所养保马，拣择勾收太仆寺，量给价钱，分配两骐骥院；坊监及诸军召提举官还朝，其勾当公事、巡检、指使，并送吏部，与合入差遣。"保甲保马有害无利，天下尽人皆知，臣不明白朝廷究竟担心什么，这么久不肯废除！请圣上下定决心，彻底废除各处保甲、保正、保长，使回家务农，依旧设耆长、壮丁抓捕盗贼，户长催督赋税，保马由太仆寺收购，分配给两骐骥院，坊监及诸军召回提举官，勾当公事、巡检、指使都送吏部，重新安排工作。

应司马光之请，七月初六日，"诏府界、三路保甲，自来年正月以后并罢团教，仍依义勇旧法，每岁农隙赴县教阅一月"。就是所有保甲明年正月以后，一律停止集中训练；仍然依照过去义勇的办法，每年农闲时节到县里集训一个月。

可是，"蔡确等执奏不行"。

七月十二日，"诏保甲依枢密院今月六日指挥，保马别议立法"。就是保甲仍按七月初六日的诏令执行，保马另议。

十月二十六日，"诏提举府界、三路保甲官并罢，令逐路提刑及府界提点司兼领"。负责保甲管理工作的提举保甲官全部撤销，保甲暂由各路的提点刑狱及开封府界的提点司兼管。

保甲法的废除，已在具体实施当中。

次年（1086）正月初一日，改元"元祐"。据说"元祐"的含义是："元丰之法不便，即复嘉祐之法以救之。但不可尽变，大率新、旧并用，贵其便民也。"意思是说，元丰新法不好，因此恢复仁宗嘉祐年间的部分旧法，来作为补救，关键要对老百姓有利。

○
○

入为宰相

哲宗元祐元年（1086）闰二月初二日，正议大夫、守门下侍郎司马光，依前官守尚书左仆射兼门下侍郎，就是宰相。同一天，尚书左仆射兼门下侍郎蔡确，以观文殿大学士出知陈州。此前，蔡确遭到台谏官员的交章弹劾。

当天，司马光上《为病未任入谢札子》。从中我们得知，当时已有阁门承受范禹臣告报，前来通知，说已降白麻，任司马光尚书左仆射兼门下侍郎，并令当日入宫谢恩。宋代任命宰相的诏书，通常用白麻纸书写。我们知道，正月二十一日，司马光已请病假。司马光说："臣先为久病在假不能朝参，乞一宫观差遣，未奉俞旨；今忽闻制命，超升左辅，俾之师长百僚，岂臣空疏所能堪可！臣方别具悃款辞免，未敢祗受。"意思是说自己才疏学浅，难当此任，将另上奏疏辞免，不敢接受。又说："况臣即今以久病少力，足疮未愈，步履甚艰，拜起不得，未任朝见。乞候臣筋力稍完，入觐宸扆，面陈至诚。"意思是说自己久病乏力，又有脚疮，步履艰难，不能拜起，因此无法朝见。等身体稍好点儿，即入朝觐见，当面陈述缘由。

不久，司马光就上《辞左仆射第一札子》，讲了四条理由：第一，资性愚钝，学术肤浅；第二，近患疾病，久不朝参；第三，朝中人才济济；第四，执政中自己位列第四，按次序也不该就到自己。

从其后的《辞左仆射第二札子》我们知道，之前的辞免，未获批准。而且，当月初六日，又派东上阁门副使王舜，直接将任命的告身，送到了司马光的家里。司马光仍然表示不敢接受，并请将告身暂留阁门。

闰二月稍晚，司马光再上《辞左仆射第三札子》。由此我们得知，当天早晨，又有勾当御药院冯宗道传宣，并带来御批，令尽早接受。司马光在札子中写下他的慌乱："臣上戴天恩，下顾无状，进退维谷，无地自处。"然后再次谈到自己的才能、禀赋、身体状况，以及他的担心："才性长短，敢不自知。赋分于天，朴钝戆直，至于守事君之忠，怀爱民之志，不为欺罔，不涉佞邪，如此数条，臣敢自保；然烛理不明，见事不敏，度量褊隘，关防浅露，若位以元宰，委之机务，分画措置，必有差违。至时虽自纳于刑，亦无所益。臣非敢爱身，实恐误国。况臣之少壮犹不如人，今年齿衰老，目视近昏，事多健忘，目前所为，转首不记，举措语言，动多差失，自近病来，耳颇重听，此皆事实，众所共见，非臣以虚辞文饰如此，岂可首居相位，毗赞万几。"

其后，司马光又请以文彦博自代，自己继续任门下侍郎。不听。

国家高层的意图很清楚：宰相非司马光莫属。

我们还记得，司马光出任门下侍郎，是在元丰八年（1085）的五月二十七日。现在距离那个日子，不到一年。

后来邵伯温在京师汴梁，见到位居宰相的司马光，他这样描述道："其话言服用，一如在西都时。"并且，"清苦无少异"。说话语气与穿戴用度，与在洛阳时完全一样，守贫刻苦也同往日，司马光宠辱不惊。

在《论赈济札子》里，司马光专门谈到旱情。

由此札子我们得知，近日已有朝旨，令户部指挥开封府内及诸路提点刑狱司，体察州县人户，如确实缺粮，即据现在义仓及常平仓米谷，速行赈济，并叮咛指挥州县，多方存恤，勿致流离失所。司马光说："此诚得安民之要道。"他认为，要使老百姓不流离失所，全在本县令、佐得人。因此奏请：再令提点刑狱司指挥各县令、佐，认真体察乡村人户，如有缺粮，一面申报上司及本州，一面以本县义仓及常平仓米谷，直接赈贷；据乡村五等人户，各户按人口发给"历头"，即凭证，大人日给二升，小孩日给一升，令各从民便，或五日或十日或半月一次，持"历头"至县请领，县司也置簿核对；如本县米谷量少，则先从下等人户开始出给"历头"，有余则并及上户；不愿请领者，听便；将来夏秋成熟、粮食相接日，即据簿历上所贷过粮食，令随税送纳，不收取利息；令、佐如别有良法，简易便民、胜过此法的，听；令提点刑狱司经常体察，各县令、佐用心抚恤的，申明奏闻，赏；全不用心赈济，致户口多有流离的，核实奏闻，罚。

元祐元年（1086）的户部，大体相当于我们今天的财政部。三月十四日，以吏部侍郎李常为户部尚书。李常是一文士，擅长诗文，但少吏干，不擅长做事。有人担心李常不能胜任，就问司马光，司马光说："使此人掌邦计，则天下知朝廷非急于征利，贪吏掊克之患，庶几少息矣。"也就是说用这个人掌管国家财政，天下人就会明白，朝廷不急于聚敛，贪吏搜刮之害，大约就会稍微减轻。

司马光举荐刘安世（字元城）充馆职，他问刘安世："知道为什么举荐你吗？"刘安世答："大概与您交往的时间长。"司马光说："不是。我闲居，你四时问候不断；我位居政府，你却独无书信。这才是我举荐你的原因。"司马光主张用人以德为先，他看中的是刘安世的人品。

司马光做宰相时，曾亲书"榜稿"，就是启示，张贴在客位，内容如下："访及诸君，若睹朝政阙遗，庶民疾苦，欲进忠言者，请以奏牍闻于朝廷，光得与同僚商议，择可行者进呈，取旨行之。若但以私书宠谕，终无所益。若光身有过失，欲赐规正，即以通封书简分付吏人，令传入，光得内自省讼，佩服改行。至于整会官职差遣、理雪罪名，凡干身计，并请一面进状，光得与朝省众官公议施行。若在私第垂访，不请语及。某再拜咨白。"——来访诸君，若见朝政缺失，或黎民疾苦，欲进忠言，请以奏章上报朝廷，我将与同僚商议，择可行的进呈圣上，领旨施行。如只以私信垂示，终无益处。如果我自己有过失，欲赐匡正，请以书信交门吏传进，我将深刻反省，谨遵改正。至于升迁官职，或者洗雪冤屈，凡与自身相关，都请一律呈状，我将与朝廷众官公议施行。若在私第垂访，请勿谈及。司马光再拜谨禀。司马光这是要将公事与私事分开，公事要公办，家里勿提及，这样可以避免私人感情左右公正。

据说，宰相司马光常常询问官员们：俸禄够不够家庭开销？有人不理解，去问，司马光回答他："倘衣食不足，安肯为朝廷而轻去就耶？"意思是说，如果官员们成天要为生计操心，他还哪肯为朝廷效力呢？

司马光在相位，韩持国（韩维字持国）为门下侍郎，两人旧交甚厚，是老朋友了。温公避父讳，每呼持国为秉国。当时有武臣来中书省陈事，"词色颇厉"，持国呵斥道："大臣在此，不得无礼！"司马光作惶恐状，说："吾曹叨居重位，覆𫗧是虞，讵可以大臣自居耶？秉国此言失矣，非所望也。"意思是说我等叨居重位，唯恐败事，怎可以大臣自居？秉国此言差矣。韩维惭愧不已，叹息良久。我们由此再次看到司马光的低调。

据说司马光有"草簿数枚"，常置左右，对宾客无论贤愚长幼，都以疑事询问，"苟有可取，随手记录，或对客即书，率以为常"。司马光主张国家的政策，要符合绝大多数人的愿望，这大概是他此举的目的所在。

范祖禹曾说："公为相，欲知选事问吏部，欲知财利问户部；凡事皆与众人讲求，便者存之，不便者去之，此天下所以受其惠也。"司马光绝不刚愎自用，也绝不独断专行，而是充分发挥各部门的作用。

司马光出任宰相后，辽及西夏的使者来，或者大宋的使者往，两国一定要询问到司马光的情况。辽国敕令边吏："中国相司马矣，慎毋生事，开边隙！"意思是说司马光做大宋的宰相了，切勿制造事端，挑起边界纷争。两国高层大概都厌倦了战争，对司马光的对外政策，也极为赞同。

元祐时，司马光因久病，孱弱怕风，裁黑色的粗绸做包头，时人称作"温公帽"。司马光当时的形象，仿佛就在我们眼前。

据说，司马光家有一仆人，三十年来只称司马光"秀才"。一日苏轼来谒，教那仆人该如何如何。第二天仆人改称司马光为"大参相公"。司马光惊问原委，仆人以实相告。司马光说："好好一仆，被东坡教坏了。"司马光大概挺烦那些头衔，认为它们都是些奢华的衣服，中看不中用。

据史书记载，司马光位居宰相，凡王安石、吕惠卿所立新法，革除殆尽。有人告诫司马光："熙丰旧臣多憸巧小人，它日有以父子义间上，则祸作矣！"司马光正色道："天若祚宋，必无此事！"从这样的回答，我们可以想见司马光的义无反顾，为了国家的利益，他已顾不得自身。

邢恕曾得司马光举荐。元祐改革新政之初，邢恕暗示应为子孙考虑，司马光说："他日之事，吾岂不知。顾为赵氏虑，当如此耳。"邢恕生气道："赵氏安矣，司马氏岂不危乎？"司马光说："光之心本为赵氏，如其言不行，赵氏自未可知，司马氏何足道哉！"以司马光虑事深远，对日后的事绝不缺少判断，但为了国家，他把子孙后代的安全，都押上了。

卫尉丞毕仲游曾写信给司马光，说：

> 昔王安石以兴作之说动先帝、而患财不足也，故凡政之可得民财者，无不举。盖散青苗、置市易、敛役钱、变盐法者，事也；而欲兴作、患不足者，情也。盖未能杜其兴作之情，而徒欲禁散、敛、变、置之法，是以百说而百不行。今遂废青苗，罢市易，蠲役钱，去盐法，凡号为利而伤民者，一埽而更之，则向来用事于新法者，必不喜矣。不喜之人，必不但曰不可废罢蠲去，必操不足之情，言不足之事，以动上意，虽致石而使听之，犹将动也。如是则废罢蠲去者，皆可复行矣。为今之策，当大举天下之计，深明出入之数，以诸路所积之钱粟一归地官，使经费可支二十年之用，数年之间，又将十倍于今日，使天子晓然知天下之余于财也，则不足之论，不得陈于前，然后新法永可罢，而无敢议复者矣。昔安石之居位也，中外莫非其人，故其法能行。今欲救前日之弊，而左右侍从职司使者，十有七八皆安石之徒，虽起二三旧臣，用六七君子，然累百之中存其数十，乌在其势之可为也。势未可为而欲为之，则青苗虽废将复散，况未废乎？市易虽罢且复置，况未罢乎？役钱、盐法，亦莫不然。以此救前日之弊，如人久病而少间，其父子兄弟喜见颜色、

而未敢贺者，以其病之犹在也。（《续资治通鉴》卷七十九）

"故凡政之可得民财者，无不举"，凡可罗致百姓钱财的政策，无不大力推行，毕仲游的话真是一针见血。毕仲游的意思主要有两层：第一，各种新法只是标，用度不足才是本。如今废除新法，只是治标；要治本，必须使国家用度充裕，然后新法永可罢；第二，过去新法得以推行，因为朝廷内外全是王安石的人；现在仅靠二三旧臣、六七君子，势必难为，新法即便废除，也必定要恢复。

据史书记载："光得书，耸然。"

当时司马光的想法，我们无法得知，以他的睿智，当然明白其中的道理。司马光可能会认为，积累起来的财富，都是民脂民膏，留用即为不义，而用度不足，根源在冗费；至于人事上，要达到那样的目的，就必须实施大规模的清洗，身为仁厚君子，他不可能那样做。

○
○

废免役法

宋代百姓要向政府提供义务劳动，叫作差役。所谓差役法，就是直接服役；所谓免役法，就是由应服差役的人户，按等第出钱，由政府雇人服役。

元丰八年（1085），司马光上《乞罢免役钱状》，请罢免役复差役。他说差役由百姓出，钱也由百姓出，现在使百姓出钱雇役，"何异割鼻饲口、朝三暮四"？又说："凡免役之法，纵富强应役之人，征贫弱不役之户，利于富者，不利于贫者。"免役法对富人有利，而对穷人却不利，穷人毕竟是大多数，司马光关心大多数。

元祐元年（1086）正月，司马光再上《乞罢免役钱依旧差役札子》，认为免役法有五害：一，过去实行差役法时，上等人户服役年满，可以休息数年，如今却年年出钱，没有休息；二，下等户原不必充役，现在也一律出钱；三，过去实行差役法时，所差都是土著良民，各有宗族田产，所以少有过分，而现在招募，多浮浪之人；四，自古农民所有，不过谷、帛与力气，免役是取其所无、弃其所有；五，提举常平仓司，惟多敛是务。

然后是他的建议："以臣愚见，为今之计，莫若直降敕命，应天下免役钱一切并罢，其诸色役人，并依熙宁元年（1068）以前旧法人数，委本县令、佐亲自揭五等丁产簿定差，仍令刑部检会熙宁元年（1068）见行差役条贯，雕印颁下。"废除免役法、恢复差役法，这是司马光的基本思路，但他的话还没完。

司马光继续说："诸州所差之人，若正身自愿充役者，即令充役。不愿充役者，任便选雇有行止人自代，其雇钱多少，私下商量，若所雇人逃亡，即勒正身别雇，若将带却官物，勒正身陪填。"意思是说各州应充差役的人，若本人愿意充役，就让他充役。若不愿意，可以雇人自代，价钱多少，自己私下商量去，若被雇的人逃亡，由雇主另雇，若已造成损失，由雇主赔偿。司马光的方案吸收了免役法的长处，对富户的情形也有考虑。

然后说到衙前役："数内惟衙前一役，最号重难。向者差役之时，有因重难破家产者，朝廷为此，始议作助役法。然自后条贯优假衙前，诸公库设厨酒库、茶酒司，并差将校勾当；诸上京纲运，召得替官员或差使臣殿侍军大将管押；其粗色及畸零之物，差将校或节级管押，衙前苦无差遣，不闻更有破产之人。若今日差充衙前，料民间陪备亦少于向日，不至有破家产者。若犹以为衙前户力难以独任，即乞依旧于官户、僧寺、道观、单丁、女户，有屋业、每月掠钱及十五贯、庄田中年所收斛斗及百石以上者，并令随贫富，分等第出助役钱，不及此数者，与放免。其余产业，并约此为准。所有助役钱，令逐州椿管，据所有多少数目，约本州衙前重难分数，每分合给几钱，遇衙前合当重难差遣，即行支给。"也就是说过去致人破产的衙前役，后来大部分已改由国家承担，与以往比较，大大减轻，再不至于破产。如果仍以为过重，就请让官户、僧寺、道观、单丁、女户之中，其资产达到一定标准的，依旧出助役钱，补助充衙前役的人户。这实际也是保留免役法的部分内容，作为差役法的补充。

司马光最后说："然尚虑天下役人利害，逐处各有不同。欲乞于今来敕内，更指挥行下开封府界及诸路转运司，誊下诸州县，委逐县官看详。若依今来指挥，别无妨碍，可以施行，即便依此施行。若有妨碍，致施行未得，即仰限敕到五日内，具利害擘画申本州；仰本州类聚诸县所申，择其可取者，限敕书到一月内，具利害擘画申转运司；仰转运司类聚诸州所申，择其可取者，限敕书到一季内，具利害擘画，奏闻朝廷。候奏到，委执政官再加看详，各随宜修改，别作一路一州一县敕施行，务要所在役法，曲尽其宜。"意思是说考虑到各地的情况不同，敕下之后，令各县官员斟酌，如有妨碍，逐级上报，最终作一路、一州，甚至一县的敕令施行。从制度设计上看，应该说已经相当周到。其中，五日是针对县级官员的限制，但当时不少人认为五日太过短促，遂成为被攻击的焦点。

二月初六日，三省、枢密院同进呈，得旨依奏。初议役法，蔡确说此是大事，当与枢密院共议，所以此日三省、枢密院同进呈。

开封府最先得到诏令。蔡京时任开封知府，即令所辖开封、祥符两县，五日内，依旧差役人数，差一千余人充役。然后，立即跑去政事堂，向司马光汇报，司马光高兴地说："使人人如待制，何患法之不行乎！"——要是人人都像你，还愁法令不能推行吗！当时舆论认为，蔡京不过见风使舵，想讨好司马光而已，内心其实并不那样想。

蔡京后来进了奸臣传。司马光的反应，因此多为后世诟病。以司马光的睿智，不该看不出蔡京行为背后简单的目的。或许，太过执着于某一目标，再聪明的人也会忽略明显的细节。

司马光所奏既已施行，章惇又挑出司马光奏疏中疏略未尽凡八处，一一条陈驳奏。又曾与同僚争论："保甲保马，一日不罢有一日害。如役法则熙宁初以雇役代差役，议之不详，行之太速，速故有弊。今复以差役代雇役，当详议熟讲，庶几可行。而限止五日太速，后必有弊。"司马光不以为然。章惇在太皇太后帘前与司马光争辩，以致说："异日难以奉陪吃剑！"

尚书左丞吕公著说，司马光的建议"大意已善，其间不无疏略"；章惇所上文字，虽有可取之处，但大致"出于不平之气，专欲求胜，不顾朝廷大体"；请选差近臣三四人，专门议定役法，奏闻。

二月十七日，抱病家居的司马光再上《乞不改更罢役钱敕札子》。请朝廷"执之坚如金石，虽有小小利害未备，俟诸路转运司奏到，徐为改更，亦未为晚；当此之际，则愿朝廷勿以人言，轻坏利民良法"。司马光的意思是，在实行过程中，再依据具体情况，逐渐来完善。

二月二十八日诏："门下侍郎司马光近奏建明役法大意已善，缘关涉事众，尚虑其间未得尽备，及继有执政论奏、臣僚上言。役法利害，若不精加考究，何以成万世良法。宜差资政殿大学士兼侍读韩维、吏部尚书吕大防、工部尚书孙永、给事中兼侍读范纯仁，专切详定以闻。仍将逐项文字抄录，付韩维等。"可以看出，朝廷诏令综合了各方面的意见。四月初六日，苏轼加入详定役法所。但七月初二日，因议役法不合，苏轼又请求退出。

闰二月初二日诏："已差官详定役法，令诸路且依二月初六日指挥定差。仍令州、县及转运司、提举司，各递与限两月体访役法民间的确利害。县具可施行事申州，州为看详保明申转运、提举司，转运、提举司看详保明闻奏。仍令逐州县出榜，许旧来系纳免役钱、今来合差役人户，各具利害实封自陈。"朝廷的此道诏令，正是司马光的本意。

可是，三月初三日，详定役法所奏："乞下诸路，除衙前外，诸色役人，只依见用人数定差；官户、僧道、寺观、单丁、女户出钱助役指挥勿行。"从之。就是说除衙前役外，全部恢复差役；官户、僧道、寺观、单丁、女户不再出助役钱。这与司马光的建议，已有出入。

据说，王安石听说朝廷革除新法，起初淡然不以为意，等听说罢助役复差役，愕然失声，说："亦罢及此乎！"良久，又说："此法终不可罢也。"也许在王安石看来，在众多新法当中，免役法最少搜刮特性。

六月二十八日，司马光上《申明役法札子》，从中我们得知，敕下之后，一两个月之内，各州县定差已毕。但不久又有雇募不足、才行定差的指挥，既而又屡屡变更，号令不一；有的转运使搞一刀切，一路只许一种办法，不许州县因地制宜，致使州县惶惑不解，无所适从，或已差役人却又遣散，或雇役人已遣散重又召回，或依旧用役钱雇人，或不用钱招人充役，朝夕不定，上下纷纭，往往与二月初六日的敕意相违背。

司马光重申，最终要"作一路一州一县敕施行，务要曲尽其宜"。然后，针对以上情形，对原奏疏中不明、不尽事项，又特别加以说明：

第一，如旧法人数在今日已不可行，即是妨碍，各州县可根据实际情况酌情确定，然后申请依数定差。

第二，如所差人雇人自代，而被雇人漫天要价，官府也应裁定，不得超过此前官府雇钱之数；州县官员不得指定被雇人，令被差之人自行雇觅。

第三，如此前所雇之人，自有田产、情愿充役的，可依旧保留；又曹司一役，新旧交替，可预留时间使熟悉业务，限半年内交割完毕。

第四，官户、僧道、单丁、女户出助役钱，可改为第三等以上人户令出，第四等以下免出；如本州坊场（坊场即官府开设的市场）、河渡出售所得钱，自可支付衙前重难，官户等即不必出助役钱。

第五，从来各州招募人役，充长名衙前，招募不足，才差到乡户衙前，此自是旧法；如乡户差补已足，又招募到人役，即先从贫下开始，放乡户归农，乡户愿投充长名，听。

第六，请降指挥下州县，如有谋划恰当，却被上司删去不肯上报的，县可直接申报转运司，州可直接申奏朝廷；并请降指挥下详定役法所，只能依各路州县申报利弊，可取的立为定法，不当职之人，发高奇之论，不切实际的，不得施行，也不可将一路一州一县利弊，作通行条文。

第七，详定役法所奏请行下指挥，如有妨碍难行，也请各路州县斟酌，具利弊谋划上报，随宜修改。

诏从之。

我们看到，官户等此前已不再出助役钱，现在又要出了。眼下的参谋有两个，除司马光外，还有个详定役法所。问题并不在于参谋的多少，而是国家的决策者，显然忽略了政策的连续性。

稍晚，司马光又上《再申明役法札子》。从中可知，当时有转运司，既不遵行熙宁元年（1068）以前的旧法，又不采用诸州县的谋划，而是自作主张，撰成一路役法，然后差官分赴各州县，暗示或者威逼，使作各州县的谋划，立法申奏，州县稍有违背，辄加严责。"以此多不依应得逐处利便，不合民心"。又有诸路州县见朝廷置详定役法所，以为要另撰役法颁下，因此往往观望等候。司马光请特降诏旨下诸州县，除旧法妨碍难行，迅速据实申报外，其余都依旧法定差；看详役法所据诸处申报，如适当，立即奏请施行。

据说，司马光"临终床箦萧然，惟枕间有《役书》一卷"。所谓《役书》，就是关于差役的规章制度。看来，司马光一直在努力完善它。

司马光罢免役复差役，给自己招来了众多的反对，有些甚至来自他的支持者。

范纯仁与司马光交情深厚，当时他对司马光说："治道去其太甚者可也。差役一事，尤当熟讲而缓行，不然，滋为民病。且宰相职在求人，变法非所先也。愿公虚心以延众论，不必谋自己出；谋自己出，则谄谀得乘间迎合矣。设议或难回，则可先行之一路，以观其究竟。"意思是说，新法不必一概革除，只废除太过分的内容就可以了。至于恢复差役一事，应当充分讨论；太快了，将为民害。宰相的职责是发现人才，变法不是顶着急的事。希望您虚心听取大家的意见，不必自己出主意；自己出主意，拍马逢迎的人就会乘机迎合。如果势已难回，可先在一路试行，看看效果如何。司马光不听，持之益坚。范纯仁叹道："以是使人不得言尔。若欲媚公以为容悦，何如少年合安石以速富贵哉？"——这是叫人都不要讲话。如果有人要讨好取悦，跟新进少年投合王安石以求富贵，又有什么分别呢？

中书舍人范百禄曾对司马光说："熙宁免役法行，百禄为咸平县，开封罢遣衙前数百人，民皆欣幸。其后有司求羡余，务刻剥，乃以法为病。今第减助苗钱额，以宽民力可也。"意思是说免役法实行之初，很多百姓都拥护，但后来有关部门着意搜刮，才生出诸多的弊端来，现在只要适当减少助役钱，减轻百姓的负担，就可以了。司马光也不听。

史书上说，苏轼也认为免役法有弊端，不该在雇役实际所需费用之外，多向老百姓收钱；如果量出以为入，不向老百姓多收钱，也足以利民。

苏轼曾对司马光说："差役、免役，各有利害。免役之害，掊敛民财，十室九空，敛聚于上而下有钱荒之患。差役之害，民常在官，不得专力于农，而贪吏猾胥得缘为奸。

此二害轻重，盖略等矣。"意思是差役与免役，各有利弊。司马光问："于君何如？"——你意下如何？苏轼答："法相因则事易成，事有渐则民不惊。三代之法，兵农为一，至秦始分为二，及唐中叶，尽变府兵为长征之卒。自尔以来，民不知兵，兵不知农，农出谷帛以养兵，兵出性命以卫农，天下便之。虽圣人复起，不能易也。今免役之法，实大类此。公欲骤罢免役而行差役，正如罢长征而复民兵，盖未易也。"意思是说突然恢复差役怕不成，应在免役法的基础上，作循序渐进的更改。司马光不以为然。苏轼又至政事堂陈述，司马光生气了。苏轼说："昔韩魏公刺陕西义勇，公为谏官，争之甚力，韩公不乐，公亦不顾。轼昔闻公道其详，岂今日作相，不许轼尽言耶？"司马光听后，微笑，致歉。

据载，苏轼元祐时，"以高才狎侮诸公卿，率有标目"，但唯独对司马光"不敢有所重轻"。一天，与司马光论免役、差役利弊，偶不合。回去以后，一面卸巾弛带，一面连呼："司马牛！司马牛！"后来，苏辙在苏轼的墓志中说："君实为人，忠信有余而才智不足，知免役之害，而不知其利，欲一切以差役代之。"

宋人邵伯温说："吴、蜀之民以雇役为便，秦、晋之民以差役为便，荆公与司马温公皆早贵，少历州县，不能周知四方风俗，故荆公主雇役，温公主差役，虽旧典亦有弊。"意思是说各地情况不同，吴、蜀地区百姓喜欢雇役，而秦、晋地区百姓喜欢差役。司马光、王安石做地方官的经历都不够丰富，因而不能周知南北风俗。

章惇、范纯仁及苏轼，都主张作循序渐进的更改。这一点在司马光，可能颇难接受，他大概认为，百姓已经水深火热，因此根本就容不得慢慢来。至于范百禄所说情形，司马光或许认为，随着衙前役的大大减轻，当初使人们感到欣幸的因素，已经基本消失。苏辙的说法似乎言过其实，司马光的方案里，为免役法也预留了空间，而苏辙说司马光"欲一切以差役代之"。司马光始终认为差役比免役好，而王安石恰恰相反。邵伯温的说法可以解释这种倾向的不同。大概南方相对富庶，老百姓手里有钱，喜欢交钱了事；而北方相对贫困，老百姓无钱可交，因而更愿意出力。

废青苗法

司马光在《论赈济札子》中，曾主张无息地借出粮食，这已经涉及青苗法的废除。

由《乞罢提举官札子》我们知道，仁宗天圣（1023—1032）年间，除河北、陕西因"地重事多"，设转运使两员之外，其余各路只有转运使一员；景祐（1034—1037）初，始设提点刑狱；后又增设转运判官，但很快撤销；王安石执政以来，为推行新法，诸路另设提举常平广惠农田水利官，后每事各设提举官，都可以按察官吏，职责与权力与监司相同，又增加转运副使、判官等的员数。

从札子中我们还可以知道，此前已有诏命，令青苗钱不得"抑配"，"免役宽剩钱"不得超过两成。但司马光听说诸路提举官及州县官吏，仍有人开春之际"抑配"青苗钱；他们逼迫老百姓签情愿状，并巧立名目，多收"免役宽剩钱"。司马光认为，正是提举官阻碍了朝廷诏命的施行，他说："臣闻去草者绝其本，救水者回其原，提举官者，乃病民之本原也。"

司马光奏请：尽罢诸路提举官，转运使除河北、陕西、河东外，其余各路只设转运使一员、判官一员，提点刑狱分两路的合为一路，共差文臣两员，"凡本路钱谷财用事，悉委转运司；刑狱、常平、兵甲、贼盗事，悉委提点刑狱管勾"。并选"知州以上资序、累历亲民差遣、所至有政迹、聪明公正之人"，才能任"监司"；提举官多年以来积蓄的钱粮财物，全部充作常平仓钱物，由提点刑狱全权接收主管，依常平仓法，并留意粮价，贱籴贵粜，及准备灾荒时赈贷，其余不得支用。

元祐元年（1086）闰二月初八日，"诏诸路转运使，除河北、陕西、河东外，余路只置使一员，副使或判官一员，其诸路提举官并罢。提点刑狱，分两路者合为一路。共差文臣两员，本路钱谷财用事，悉委转运司，刑狱、常平、兵甲、贼盗事，悉委提点刑狱司管勾。其转运使、副、提刑，今后选一任知州以上"。

同一天，"诏提举官累年积蓄，尽椿作常平仓钱物，委提点刑狱交割主管，依旧常平仓法"。

显然，司马光的建议已被采纳。

从《乞趁时收籴常平斛斗白札子》我们知道，元祐元年的国家诸路，除部分州军遭遇水灾外，丰收的地方还有不少。司马光请朝廷特诏诸路提点刑狱司，乘有籴本，令丰收州县的官吏，在市价基础上，"多添钱数，广行收籴"。

我们从中读到常平仓法："以丰岁谷贱伤农，故官中比在市添价收籴，使蓄积之家无由抑塞农夫，须令贱籴；凶岁谷贵伤民，故官中比在市减价出粜，使蓄积之家无由邀勒贫民，须令贵粜。物价常平，公私两利。"就是说丰年粮价过低，政府就以高于市价的价格收购，使富户无法剥削农民；灾年粮价过高，政府就以低于市价的价格出售，使富户无法刻薄穷人。司马光认为"此乃三代之良法也"。至于过去执行中出现的弊病，"此乃法因人坏，非法之不善也"。

针对那些弊病，司马光设计出如下方案："令州县各勒行人，将十年以来，在市斛斗价例比较，立定贵贱，酌中价例，然后将逐色价分为三等，自几钱至几钱为中等价，几钱以上为上等价，几钱以下为下等价，令逐处临时斟酌加减，务在合宜。既约定三等价，仰自今后，州县每遇丰岁，斛斗价贱至下等之时，即比市价相度添钱，开场收籴；凶年斛斗价贵至上等之时，即比市价相度减钱，开场出粜；若在市见价，只在中等之内，即不籴粜。更不申取本州及上司指挥，免有稽滞失时之患。"意思是说，各州县参考十年以来的粮价，将所有价格按贵贱分为上、中、下三等。

州县每遇丰年，粮价低至下等价，即适当提价收购；灾年粮价贵至上等价，即适当降价出售；粮价在中等，不购也不售。不再向州及上司请示，以免延误时机。此外，司马光还制订了相应的奖惩方案。

五月二十九日，监察御史上官均奏："今之议者，必以为往时之散青苗钱，出于抑配，故有前日之弊；今则募民之愿取者，然后与之，而有司又不以多散为功，在民必以为优。臣以为不然。……故臣愿行闰二月八日诏书，罢去青苗法，复常平昔年平粜之法，兹万世之通利也。"看来，对于废除青苗法、恢复常平仓法，当时朝中仍有争议。

七月初十日，刘挚奏："……朝廷患常平之弊，并用旧制，施行曾未累月，复变为青苗之法，其后又下诏切责首议之臣，而敛散之事，至今行之如初。"由此判断，常平法与青苗法的争夺，是相当激烈的。

当初，同知枢密院范纯仁以国用不足，请再散青苗钱。可能因此，四月二十六日遂有旨意。当时司马光已请病假，所以没有参与。之后台谏官员都认为那样不对，但未有批复。

八月，司马光上《乞约束州县不得抑配青苗白札子》，诏从之。

在札子中我们可以读到四月二十六日的旨意："昨于四月二十六日，有敕命令给常平钱谷，限二月或正月，只为人户欲借请者，及时得用；又令半留仓库、半出给者，只为所给不得辄过此数；至于取人户情愿、不得抑配，一遵先朝本意。"意思是说当时令出贷常平仓钱粮，限正月、二月，只为需借贷的人户，及时能用；又令一半留存仓库，一半出贷，出贷钱粮不得超过这个比例；至于全凭人户情愿，不得强派，尽遵先朝本意。这实际就是重行青苗法。

在札子中，司马光说："检会先朝初散青苗钱，本为利民，故当时指挥，并取人户情愿，不得抑配。自后因提举官速要见功，务求多散，讽胁州县，废格诏书，名为情愿，其实抑配，或举县勾集，或排门抄札，亦有无赖子弟，谩昧尊长，钱不入家，亦有他人冒名诈伪请去，莫知为谁，及至追催，皆归本户。"意思是说，先朝散青苗钱的本意是为利民，都凭情愿，只是后来提举官急功近利，力求多散，所以才出现后来的弊病。

然后司马光说到四月二十六日的旨意："虑恐州县不晓敕意，将谓朝廷复欲多散青苗钱，广收利息，勾集抑配，督责严急，一如向日置提举官时。今欲续降指挥，下诸路提点刑狱司，告示州县，并须候人户自执状结保赴县，乞请常平钱之时，方得勘会，依条支给，不得依前勾集抄札，强行抑配。仍仰提点刑狱，常切觉察，如有官吏，似此违法骚扰者，即时取勘施行；若提点刑狱不切觉察，委转运司、安抚司觉察，闻奏。"意思是说，担心各州县不明白朝廷的意图，以为又要多散，又要催逼，因此请朝廷再下一道诏令，约束州县官员，一定保障确属自愿。

由此来看，当时的司马光是支持重散青苗钱的，起码不反对。

其后，苏轼奏请彻底废除青苗法，他说："熙宁之法，未尝不禁抑配，而其为害也至此。民家量入为出，虽贫亦足，若令分外得钱，则费用自广。今许人情愿，是为设法罔民，使快一时非理之用，而不虑后日催纳之患，非良法也。"意思是说，熙宁时并非不禁止强派，结果也造成那样大的危害。老百姓量入为出，虽然穷点，也能自足，要让他额外得钱，花费自然就多了。现在准许自愿借贷，是设法欺骗老百姓，使图一时之快，胡乱花费，而不考虑日后的催讨，这样的法，不是好法。当时王岩叟、朱光庭、王觌等，也纷纷上奏章，请求停散青苗钱，司马光"始大悟"，于是，"力疾入朝"。

八月初六日，司马光上《乞罢散青苗钱白札子》：

> 昨于四月二十六日降指挥，令于正月、二月支散常平仓钱谷，窃虑州县多不晓朝廷之意，将谓却欲广散青苗钱，多收利息，严行督责，一如未罢提举官时。勘会青苗钱，利民甚少，害民极多，臣民上言，前后非一。今欲遍行指挥下诸路提点刑狱司，自今后，其常平仓钱谷，只令州县依旧法趁时籴粜，其青苗钱更不支俵，所有旧欠二分之息，尽皆除放，只令提点刑狱，契勘（宋公文用语，审核）逐州县元支本钱，随见欠多少，分作料次，令随税送纳。（《传家集》卷五十六）

诏从之。

至此，青苗法彻底废除。

史书上说，当时司马光在帘外，平静地读完以上札子之后，说："不知是何奸邪劝陛下复行此事？"——不知是哪个奸贼又劝陛下这样做？我们前文说过，范纯仁曾以国用不足，请再散青苗钱。此时范纯仁正好在场，闻之色变，直往后退，不敢吭声。

○
○

鞠躬尽瘁

元丰八年（1085）九月十七日，奉圣旨对《资治通鉴》重行校定。这项工作一直持续到元祐元年（1086）的十月十四日；当日，奉圣旨《资治通鉴》下杭州镂板。宋代主要还是雕版印刷，当时的杭州印刷业发达。

与此同时，另一部书《稽古录》也在撰写中。元祐元年（1086）三月十四日，宰相司马光请将已编讫的《稽古录》二十卷，送秘书省正字范祖禹等，令抄写进呈；并请将来经筵，读祖宗《宝训》毕，取此书进读。又请特差校书郎黄庭坚，与范祖禹、司马康共同校定《资治通鉴》。皇帝准许了。

由《乞令校定〈资治通鉴〉所写〈稽古录〉札子》我们知道，《稽古录》共二十卷，是在《历年图》及《国朝百官公卿表》的基础上续修而成的。《历年图》五卷，上起周威烈王二十三年（前403），下讫周世宗显德六年（959）；

《国朝百官公卿表》上起宋太祖建隆元年（960），下讫宋英宗治平四年（1067）。此次的续修部分，上起伏羲，下至周威烈王二十二年。司马光说："臣闻史者，今之所以知古，后之所以知先，是故人主不可以不观史，善者可以为法，不善者可以为戒。"《稽古录》实际就是一部通史简编。哲宗皇帝现在还不满十周岁，读《资治通鉴》太费劲，所以司马光又特为撰写了《稽古录》。

从《乞黄庭坚同校〈资治通鉴〉札子》中我们知道，去年九月十七日的圣旨，是令秘书省正字范祖禹、司马康用副本对《资治通鉴》重行校定；近日又有圣旨，令据已校毕的定本，陆续送国子监镂板。司马光认为《资治通鉴》"卷帙稍多"，而范祖禹此前差充修《神宗皇帝实录》检讨官，有他的本职工作，"虑恐日近，校定不办，有妨镂板。"担心会影响到校定的进度。"臣窃见秘书省校书郎黄庭坚，好学有文，即日在本省，别无职事。"因此司马光请特差黄庭坚，令与范祖禹、司马康共同校定《资治通鉴》，"所贵早得了当"。我们似乎可以读出司马光的焦急，他大概希望能在有生之年，见到此事的完成，但终于还是没能够。

当时，秘书少监刘攽等奏："先与故秘书丞刘恕同编修《资治通鉴》，恕于此书立功最多；及此书成，编修属官皆蒙甄录，惟恕身亡，其家独未沾恩，子孙并无人食禄。请援黄鉴、梅尧臣例，除一子官。"意思是说司马光的助手中间，刘恕对《资治通鉴》的贡献最大，但不幸早亡，没有得到任何褒奖，请录刘恕一个儿子为官。主编司马光接着也为刘恕奏请。七月初六日，下旨准许刘恕一个儿子为官，官阶为郊社斋郎。

在《乞官刘恕一子札子》里，司马光对这位助手给出极高的评价，然后说："所以攽等众共推先，以为功力最多。不幸早夭，不见书成。未死之前，未尝一日舍书不修。今书成奏御，臣等皆蒙天恩，褒赏甚厚，独恕一人不得沾预，降为编户，良可矜悯。欲乞如攽等所奏，用黄鉴、梅尧臣例，除一子官，使其平生苦心竭力，不为虚设。"

元祐元年（1086），司马光又有《徽言》。在它的序中司马光说："余少好读书，老而不厌，然昏耄日甚，不能复记。暇日因读诸子史集，采其义与经合者，录而存之。苦于秉笔之劳，或但撮其精要，注所出于其下，欲知其详，则取本书证之，命曰《徽言》。置诸左右，时取观以自徽，且诏（教诲）子孙。涑水迂叟，时年六十八。"又于书末题写："余此书类举人钞书，然举子所钞猎其词，余所钞覈（hé，查验、核实）其意；举人志科名，余志道德。迂叟年六十八。"从序和跋来看，这是一本司马光在元祐元年（1086）的读书笔记。看来，司马光即便处理政务之余，仍然读书不辍，学者就是这样炼成的。据说《徽言》"所钞自《国语》而下六书，其目三百一十有二"，且"小楷端谨"。意思是说《徽言》共计三百一十二条，内容涉及《国语》等六部书，全是用小楷书写，书法端正谨严。我们都清楚，那是司马光一贯的风格。

我们还记得，仁宗嘉祐（1056—1063）年间司马光曾论继嗣，谈皇帝的继承人的问题。当时的殿中侍御史陈洙，也上奏请选宗室中贤者，立以为后，奏状发出后，他就对家里人说，我今天上一奏状，谈社稷大计，若得罪，重则处死，轻则贬窜，你们要有思想准备。但送奏状的人还没回来，陈洙就突然得急病去世了。

司马光在《乞官陈洙一子札子》中说："臣时为谏官，亲闻见此事；窃怜其亡身徇国，继之以死，而天下莫之知。近见故职方员外郎张术，亦以当时乞建储贰，子申伯特补太庙斋郎。伏望圣慈依张术例，除一子官，以旌忠义。"请求朝廷给予陈洙褒奖。

八月初八日，司马光上《荐王大临札子》。司马光在郓州（今山东省郓城县）时曾负责州学，王大临当时在州学就读，司马光特别器重他。王大临后来一直没有做官，是一"处士"；但他"通经术，善讲说，安仁乐义，誉高乡曲，贫不易志，老不变节"。就是说这个人学问不错，口才也好，安于仁，乐于义，在乡里声望很高，他不因贫穷改变志向，不因年老放弃操守。而且，过去朝廷曾有征召，王大临坚辞不起，朝廷要授给他官职，但他拒绝了。司马光请将他召致京师，任为学官（国子监的教师），以为读书人的表率。八月十二日，诏以郓州处士王大临为太学录。但可惜的是，王大临此时已经去世了。

本年的四月十四日，诏执政大臣各举可充馆阁者三人。北宋有昭文馆、史馆、集贤院以及秘阁、龙图阁等，掌图书经籍和编修国史等，通称馆阁。司马光曾建议设十科举士，此诏令正符合他的主张。四月二十四日，司马光上《举张舜民等充馆阁札子》，说："臣窃见奉议郎张舜民，材气秀异，读书能文，刚直敢言，竭忠忧国；通直郎孙准，学问优博，文辞宏赡，行义无缺，久淹下僚；河南府左军巡判官刘安世，才而自晦，愿而有立，力学修己，恬于进取。其人并堪充馆阁之选。"又说："如后不如所举，臣甘当同罪。"如果名不副实，情愿受罚。六月十六日，"诏候过明堂，令学士院试；其在外者，召赴阙"。让学士院组织考试，在外地的召至京师。

不久，孙准出了问题。八月二十六日，司马光上《所举孙准有罪自劾札子》，说："臣举通直郎孙准，近闻孙准与妻赵氏，因争女使，与妻兄赵元裕相论，诉状内有虚妄事，罚铜六斤。臣昧于知人，所举有罪，理当连坐，乞赐责降。"孙准因为女仆，与妻子发生争执，到后来发展为与妻兄的官司，司马光请求责罚。

皇帝批示："准缘私家小事罚金，安有连坐？"意思是说孙准因家庭琐事被罚，与你无干，哪用得着连坐？

司马光在《所举孙准有罪自劾第二札子》中说："臣先举孙准行义无缺，堪充馆阁之选，如后不如所举，甘当同罪。近闻准与妻家争讼，罚铜六斤，臣奏乞连坐责降，伏蒙圣慈批还云，孙准为家私小事罚铜，安有连罪。伏缘臣举状，称准行义无缺，今准闺门不睦，妻妾交争，是行义有缺，于臣为贡举非其人，臣不敢逃刑。况臣近奏十科，或有不如所举，其举主从贡举非其人律科罪，虽见为执政，朝廷所不可辍者，亦须降官示罚。臣备位宰相，身自立法，首先犯之，此而不行，何以齐众？乞如臣所奏，从贡举非其人律施行，所贵率厉群臣，审慎所举。"司马光这是要拿自己开刀。

不从。后仅诏孙准不再召试馆职。

八月十二日是个沉重的日子。当天司马光因病发作，不得不提前离开"都堂"，于是请假。从此，再没能回来。

司马光在稍后的《后殿常起居乞拜札子》里说："臣窃以人臣见君，礼无不拜，文彦博年龄位望，皆远逾于臣，每后殿起居，犹须拜伏，独臣一人，恩旨不拜，忝为臣子，实不自安。"因此奏请："今后遇文彦博入朝，与之同班，不入朝，即别为一班，依群臣例常起居"，他似乎对自己的身体非常有信心："况臣自揣，近日筋力微增，若得臣男扶掖，其常起居四拜，殊不为难。"这可能就是人们常说的回光返照。

八月二十一日，司马光辞明堂大礼使。

在《辞大礼使札子》中司马光不无遗憾地说："臣先奉敕差充明堂大礼使。伏缘臣自去冬以来，脚膝无力，拜起艰难；至今正月下旬，全妨拜起，遂请朝假；至今首尾八个月，若无人扶掖，委实独自拜起不得。每次朝见，幸蒙圣恩许男扶掖，将来飨明堂，在上帝前不可使人扶掖，又随皇帝陛降拜伏，必恐未能一一如礼。欲望圣慈矜悯，别赐差官充大礼使。"

八月二十四日，司马光辞明堂宿卫。

在《辞明堂宿卫札子》里，司马光表达了自己的惭愧："臣先奉圣旨，将来明堂特与免侍祠、摄事、导驾及称贺陪位、肆赦立班，止令宿卫。在于人臣，恩礼优厚，无以复加，损生陨命，不足酬报，然臣日近患左足，掌底肿痛，全然履地不得，跬步不能行，未知痊愈之期，所有将来明堂宿卫，亦恐祗赴不得。伏望圣慈，特赐矜免。乞恩不已，惭惧无地。"

然后，辞提举修《神宗皇帝实录》。

《辞提举修实录札子》中的司马光，已经很茫然："臣先奉敕，差提举修《神宗皇帝实录》。臣自受命以来，以衰羸多病，罕曾得到局供职；日近又患左足肿痛，不能履地，日甚一日，未有痊愈之期。所有修《神宗皇帝实录》，伏乞别赐差官提举。"

以上三道札子好像晚会结束前演员们的频频谢幕；但要结束的不是晚会，而是司马光的人生。虽然明知道司马光已是古人，但我仍不由自主为之一震，有如天空响过一声惊雷。

元祐元年（1086）九月丙辰朔，即九月初一日，尚书左仆射兼门下侍郎司马光卒于西府，享年六十八岁。

据史书记载，从司马光出任门下侍郎算起，到九月初一日的去世，前后不过一年多的时间，但患病就占去了一半。司马光每每要以身殉社稷，亲自处理政务，不舍昼夜，宾客见他身体弱，劝他："诸葛孔明二十罚以上皆亲之，以

《夏县志·温公墓图》

此致疾，公不可以不戒。"意思是说当年诸葛亮就是因为过于操劳，才终于病倒，先生不可不引以为戒。司马光说："死生，命也。"反而更加投入。弥留之际，意识已经模糊，口中仍念念有词，像是在说梦话，可内容都是关乎朝廷天下的大事。司马光去世以后，家人发现八页未及上呈的奏章，全是手札，论当世要务。司马光可谓鞠躬尽瘁。

太皇太后听到噩耗，"哭之恸"，年轻的皇帝也相当伤感，落泪不止；明堂礼毕，亲临祭奠致哀，暂停上朝，"赠太师、温国公，襚以一品礼服，谥曰文正。赠银三千两、绢四千匹，赐龙脑、水银以敛"。又命户部侍郎赵瞻、内侍省押班冯宗道，护送灵柩回夏县安葬，并"官其亲族十人，篆表其墓道曰'忠清粹德之碑'"。百姓的反应相当令人感动："及卒，京师之民皆罢市往吊，画其像，刻印鬻之，家置一本，饮食必祝焉。四方皆遣人求之京师，时画工有致富者。及葬，四方来会者盖数万人，哭之如哭其私亲。"

苏轼曾谈到司马光所以感人心、动天地的原因，概括为两个字："诚"和"一"。苏轼又曾转述司马光的话："吾无过人，但平生所为，未尝有不可对人言耳。"——我没什么过人之处，但平生所做所为，没有不能对人说的。史官认为：《传》所谓"微之显，诚之不可掩"，《诗》所谓"相在尔室，尚不愧于屋漏"，司马光，真的做到了。

生命终究有结束的一天。司马光的生命，本可以再长一些，但为了国家，他太拼命了：事必躬亲，然后心安。司马光为人低调而朴素，平生所作所为，没有不能对人说的。这话听起来简单，做起来却很难，扪心自问，我们有谁能够做到？这就是过人之处。"诚"和"一"不仅感动了苏轼，感动了皇帝和太皇太后，也感动了当时千千万万素昧平生的百姓，同样还感动了后世的人们："忠清粹德之碑"在宋代被推倒，却又在明代被立起，这通巨碑穿越近千年的历史风烟，接受着人们的赞叹与景仰。

参考文献

·

336

[1]［宋］司马光撰《司马文正公传家集》，商务印书馆，1937年。

[2]［宋］司马光撰《涑水记闻》，中华书局，1989年。

[3]［宋］司马光编著，［元］胡三省音注《资治通鉴》，中华书局，1997年。

[4]李裕民校注《司马光日记校注》，中国社会科学出版社，1994年。

[5]［唐］房玄龄等撰《晋书》，中华书局，1974年。

[6]［宋］马永卿辑，［明］王崇庆解《元城语录解》，中华书局，1985年。

[7]［宋］方勺撰《泊宅编》，中华书局，1983年。

[8]［宋］王辟之撰《渑水燕谈录》，中华书局，1981年。

[9]［宋］叶梦得撰《石林燕语》，中华书局，1984年

5月。

[10] [宋] 孙升撰《孙公谈圃》，中华书局，1991年。

[11] [宋] 庄绰撰《鸡肋编》，中华书局，1983年。

[12] [宋] 朱弁撰《曲洧旧闻》，中华书局，2002年。

[13] [宋] 吴处厚撰《青箱杂记》，中华书局，1985年。

[14] [宋] 宋敏求撰《春明退朝录》，中华书局，1980年。

[15] [宋] 李焘撰《续资治通鉴长编》，中华书局，1990年。

[16] [宋] 沈括撰《元刊梦溪笔谈》，文物出版社，1975年。

[17] [宋] 苏辙撰《龙川略志》，中华书局，1982年。

[18] [宋] 邵伯温撰《邵氏闻见录》，中华书局，1983年。

[19] [宋] 邵博撰《邵氏闻见后录》，中华书局，1983年。

[20] [宋] 陆游撰《老学庵笔记》，中华书局，1979年。

[21] [宋] 周辉撰，刘永翔校注《清波杂志校注》，中华书局，1994年。

[22] [宋] 孟元老撰，邓之诚注《东京梦华录注》，中华书局，1982年。

[23] [宋] 范镇撰《东斋记事》，中华书局，1980年。

[24] [宋] 洪迈撰《容斋随笔》，上海古籍出版社，1978年。

[25] [宋] 赵彦卫撰《云麓漫钞》，中华书局，1996年。

[26] [宋] 蔡绦撰《铁围山丛谈》，中华书局，1983年。

[27] [宋] 魏泰撰《东轩笔录》，中华书局，1983年。

［28］［元］马端临撰《文献通考》，中华书局，1986年。

［29］［元］脱脱等撰《宋史》，中华书局，1977年。

［30］［明］李濂撰《汴京遗迹志》，中华书局，1999年。

［31］［明］陈邦瞻编《宋史纪事本末》，中华书局，1977年。

［32］［清］毕沅编著《续资治通鉴》，上海古籍出版社，1987年。

［33］《王安石年谱三种》，中华书局，1994年。

［34］钱穆著《国史大纲》，商务印书馆，1996年。

［35］谭其骧主编《中国历史地图集》（宋·辽·金时期），中国地图出版社，1982年。

［36］包伟民主编《宋代社会史论稿》，山西古籍出版社，2005年。

［37］伊永文著《行走在宋代的城市》，中华书局，2005年。

［38］何红艳主编《中国地图册》，地图出版社，2007年。

［39］宋衍申著《司马光传》，北京出版社，1990年。

［40］张邦炜著《婚姻与社会（宋代）》，四川人民出版社，1989年。

［41］李昌宪著《司马光评传》，南京大学出版社，1998年。

［42］杨明珠编著《司马光茔祠碑志》，文物出版社，2004年。

［43］陈光崇著《通鉴新论》，辽宁教育出版社，1999年。

［44］尚恒元等编《司马光轶事类编》，山西人民出版社，1992年。

［45］顾奎相著《司马光》，黑龙江人民出版社，1985年。

［46］赵冬梅著《司马光和他的时代》，生活·读书·新知三联书店，2014年。

司马光年表

天禧三年（1019） 一岁

生于光州光山县（今河南省光山县）。

天圣三年（1025） 七岁

砸缸救人。

听讲《左传》，就能领会大意，对史学产生浓厚兴趣。

宝元元年（1038） 二十岁

进士及第，名列进士甲科。

与父亲好友张存之女结婚。

任奉礼郎、华州（治今陕西省渭南市华州区）判官；胸怀天下，睡梦中常匆忙爬起，穿好官服，手执笏板，正襟危坐很长时间。

宝元二年（1039） 二十一岁

自发为已故儒者颜太初编文集并作序。

父亲司马池同州知州任满，调任杭州（治今浙江省杭州市）知州；为方便侍奉双亲，请求朝廷批准，改任苏州（治今江苏省苏州市）判官。

康定元年（1040） 二十二岁

为父亲作《论两浙不宜添置弓手状》。

母亲聂氏逝世，辞官回家，为亡母守孝。

父亲司马池调任虢州（治今河南省灵宝市）知州；随至虢州。

庆历元年（1041） 二十三岁

父亲司马池在晋州（治今山西省临汾市尧都区）知州任上病逝，享年六十三岁；继续为亡父守孝。

庆历二年（1042） 二十四岁

葬父于陕州夏县（今山西省夏县）涑水南原晁村祖坟，与先夫人曹氏、母夫人聂氏合葬，并请父亲生前好友庞籍撰碑铭。

按照礼制为父母守孝多年，因为哀伤过度而极端消瘦。

庆历四年（1044） 二十六岁

守孝已满，任武成军（即滑州，治今河南省滑县）判官。

庆历六年（1046）二十八岁

任大理评事。

庆历七年（1047）二十九岁

任国子直讲。

贝州（治今河北省清河县西）军卒王则发动叛乱；写信给恩师、枢密副使庞籍，竭力为平叛出谋划策。

庆历八年（1048）三十岁

任馆阁校勘。

皇祐二年（1050）三十二岁

任同知太常礼院。

上《论麦允言给卤簿状》《论张尧佐除宣徽使状》。

皇祐四年（1052）三十四岁

与礼院同僚上《论夏竦谥状》《论夏竦谥第二状》。

皇祐五年（1053）三十五岁

庞籍知郓州（治今山东省东平县）事、兼京东西路安抚使；被辟为幕僚，任郓州判官。

至和二年（1055）三十七岁

庞籍调任河东路（治今山西省太原市）经略安抚使、知并州（治今山西省太原市）；改任并州通判。

嘉祐元年（1056）三十八岁

上《请建储副或进用宗室第一状》《请建储副或进用宗室第二状》《请建储副或进用宗室第三状》。

嘉祐二年（1057）三十九岁

受庞籍委派，视察麟州（治今陕西省神木县北）。

奉调回京，改任太常博士、祠部员外郎、直秘阁、判吏部南曹。

上奏章陈述事情原委，为恩公庞籍辩解，包揽责任，请求责罚。

嘉祐三年（1058）四十岁

任开封府推官，上《乞虢州第一状》《乞虢州第二状》。

嘉祐四年（1059）四十一岁

任判三司度支勾院，上《乞虢州第三状》。

嘉祐五年（1060）四十二岁

与王安石同修起居注。

嘉祐六年（1061）四十三岁

上《论制策等第状》，论苏轼兄弟试卷。

上《乞施行制策札子》，又与同僚王乐道同上《论燕饮状》等。

嘉祐七年（1062）四十四岁

被任命为知制诰，又令兼任侍讲，九辞，改为天章阁待制，并令仍知谏院。

嘉祐八年（1063）四十五岁

仁宗驾崩，皇子赵曙即位，是为英宗。

上《上皇太后疏》《上皇帝疏》《上两宫疏》等，调和皇帝与太后矛盾。

治平元年（1064）四十六岁

接连六上奏章，请求停止征召陕西百姓为义勇，义勇即民兵。

治平二年（1065）四十七岁

上《言北边上殿札子》《言西边上殿札子》，论国防。

治平三年（1066）四十八岁

受命编辑历代君臣事迹。

书局成立，书局即编辑部，设在崇文院。

治平四年（1067） 四十九岁

英宗驾崩，太子赵顼即位，是为神宗。

被任命为翰林学士，四辞，改为权御史中丞兼侍读学士。

迩英阁首次进读《通志》，神宗赐给书名《资治通鉴》及亲自作的序，又赐给颍邸旧书二千四百零二卷，颍邸是神宗作太子时的府邸。

熙宁元年（1068） 五十岁

上《议谋杀已伤案问欲举而自首状》，论谋杀案。

熙宁三年（1070） 五十二岁

被任命为枢密副使，六辞。

作《与王介甫书》《与王介甫第二书》《与王介甫第三书》。

被任命为端明殿学士、知永兴军，后又受宣永兴一路都总管、安抚使，凡事长施行及传宣永兴军（指京兆府，治今陕西省西安市）、同（治今陕西省大荔县）、华（治今陕西省渭南市华州区）、乾（治今陕西省乾县）、商（治今陕西省商洛市）、虢（治今河南省灵宝市）、解州（治今山西省运城市盐湖区解州镇），陕（治今河南省三门峡市陕州区）、河中（治今山西省永济市蒲州镇）、庆成军（治今山西省万荣县荣河镇）依此，都总管及安抚使的权力，限于以上十个腹地州军。

熙宁四年（1071） 五十三岁

调任判西京御史台。

熙宁五年（1072） 五十四岁

奏准朝廷，书局迁至洛阳。

熙宁六年（1073） 五十五岁

建"独乐园"，作《独乐园记》。

元丰五年（1082） 六十四岁

作《洛阳耆英会序》。

元丰七年（1084） 六十六岁

《资治通鉴》书成，神宗赐诏嘉奖。

元丰八年（1085） 六十七岁

神宗驾崩，太子赵煦即位，是为哲宗；奔神宗皇帝丧。

上《乞开言路札子》等。

被任命为门下侍郎，即副宰相，两辞才接受。

元祐元年（1086） 六十八岁

被任命为宰相，三辞才接受。

陆续废除新法。

在宰相任上逝世。

司马光传

　　司马光，字君实，陕州夏县人也。父池，天章阁待制。光生七岁，凛然如成人，闻讲《左氏春秋》，爱之，退为家人讲，即了其大指。自是手不释书，至不知饥渴寒暑。群儿戏于庭，一儿登瓮，足跌没水中，众皆弃去，光持石击瓮破之，水迸，儿得活。其后京、洛间画以为图。仁宗宝元初，中进士甲科。年甫冠，性不喜华靡，闻喜宴独不戴花，同列语之曰："君赐不可违。"乃簪一枝。

　　除奉礼郎，时池在杭，求签苏州判官事以便亲，许之。丁内外艰，执丧累年，毁瘠如礼。服除，签书武成军判官事，改大理评事，补国子直讲。枢密副使庞籍荐为馆阁校勘，同知礼院。中官麦允言死，给卤簿。光言："繁缨以朝，孔子且犹不可。允言近习之臣，非有元勋大劳而赠以三公官，给一品卤簿，其视繁缨，不亦大乎。"夏竦赐谥文正，光言："此谥之至美者，谏何人，可以当之?"改文庄。加集贤校理。

从庞籍辟，通判并州。麟州屈野河西多良田，夏人蚕食其地，为河东患。籍命光按视，光建："筑二堡以制夏人，募民耕之，耕者众则籴贱，亦可渐纾河东贵籴远输之忧。"籍从其策；而麟将郭恩勇且狂，引兵夜渡河，不设备，没于敌，籍得罪去。光三上书自引咎，不报。籍没，光升堂拜其妻如母，抚其子如昆弟，时人贤之。

改直秘阁、开封府推官。交趾贡异兽，谓之麟，光言："真伪不可知，使其真，非自至不足为瑞，愿还其献。"又奏赋以风。修起居注，判礼部。有司奏日当食，故事食不满分，或京师不见，皆表贺。光言："四方见、京师不见，此人君为阴邪所蔽；天下皆知而朝廷独不知，其为灾当益甚，不当贺。"从之。

同知谏院。苏辙答制策切直，考官胡宿将黜之，光言："辙有爱君忧国之心，不宜黜。"诏置末级。

仁宗始不豫，国嗣未立，天下寒心而莫敢言。谏官范镇首发其议，光在并州闻而继之，且贻书劝镇以死争。至是，复面言："臣昔通判并州，所上三章，愿陛下果断力行。"帝沉思久之，曰："得非欲选宗室为继嗣者乎? 此忠臣之言，但人不敢及耳。"光曰："臣言此，自谓必死，不意陛下开纳。"帝曰："此何害，古今皆有之。"光退未闻命，复上疏曰："臣向者进说，意谓即行，今寂无所闻，此必有小人言陛下春秋鼎盛，何遽为不祥之事。小人无远虑，特欲仓卒之际，援立其所厚善者耳。'定策国老'、'门生天子'之祸，可胜言哉?"

帝大感动曰："送中书。"光见韩琦等曰："诸公不及今定议，异日禁中夜半出寸纸，以某人为嗣，则天下莫敢违。"琦等拱手曰："敢不尽力。"未几，诏英宗判宗正，辞不就，遂立为皇子，又称疾不入。光言："皇子辞不赀之富，至于旬月，其贤于人远矣。然父召无诺，君命召不俟驾，愿以臣子大义责皇子，宜必入。"英宗遂受命。

衮国公主嫁李玮，不相能，诏出玮卫州，母杨归其兄璋，主入居禁中。光言："陛下追念章懿太后，故使玮尚主。今乃母子离析，家事流落，独无雨露之感乎？玮既黜，主安得无罪？"帝悟，降主沂国，待李氏恩不衰。进知制诰，固辞，改天章阁待制兼侍讲、知谏院。时朝政颇姑息，胥史喧哗则逐中执法，辇官悖慢则退宰相，卫士凶逆而狱不穷治，军卒晋三司使而以为非犯阶级。光言皆陵迟之渐，不可以不正。充媛董氏薨，赠淑妃，辍朝成服，百官奉慰，定谥，行册礼，葬给卤簿。光言："董氏秩本微，病革方拜充媛。古者妇人无谥，近制惟皇后有之。卤簿本以赏军功，未尝施于妇人。唐平阳公主有举兵佐高祖定天下功，乃得给。至韦庶人始令妃主葬日皆给鼓吹，非令典，不足法。"时有司定后宫封赠法，后与妃俱赠三代，光论："妃不当与后同，袁盎引却慎夫人席，正为此耳。天圣亲郊，太妃止赠二代，而况妃乎？"英宗立，遇疾，慈圣光献后同听政。光上疏曰："昔章献明肃有保佑先帝之功，特以亲用外戚小人，负谤海内。今摄政之际，大臣忠厚如王曾，清纯如张知白，刚正如鲁宗道，质直如薛奎者，当信用之；猥鄙如马季良，谗谄如罗崇勋者，当疏远之，则天下服。"帝疾愈，光料必有追隆本生事，即奏言：
"汉宣帝为孝昭后，终不追尊卫太子、史皇孙；光武上继元
帝，亦不追尊钜鹿、南顿君，此万世法也。"后诏两制集议濮
王典礼，学士王珪等相视莫敢先，光独奋笔书曰："为人后者
为之子，不得顾私亲。王宜准封赠期亲尊属故事，称为皇伯，
高官大国，极其尊荣。"议成，珪即命吏以其手稿为按。既上
与大臣意殊，御史六人争之力，皆斥去。光乞留之，不可，
遂请与俱贬。

初，西夏遣使致祭，延州指使高宜押伴，傲其使者，侮
其国主，使者诉于朝。光与吕诲乞加宜罪，不从。明年，夏
人犯边，杀略吏士。赵滋为雄州，专以猛悍治边，光论其不
可。至是，契丹之民捕鱼界河，伐柳白沟之南，朝廷以知雄
州李中佑为不材，将代之。光谓："国家当戎夷附顺时，好与
之计较末节，及其桀骜，又从而姑息之。近者西祸生于高宜，
北祸起于赵滋；时方贤此二人，故边臣皆以生事为能，渐不
可长。宜敕边吏，疆场细故辄以矢刃相加者，罪之。"

仁宗遗赐直百余万，光率同列三上章，谓："国有大忧，
中外窘乏，不可专用乾兴故事。若遗赐不可辞，宜许侍从上
进金钱佐山陵。"不许。光乃以所得珠为谏院公使钱，金以遣
舅氏，义不藏于家。后还政，有司立式，凡后有所取用，当
覆奏乃供。光云："当移所属使立供已，乃具数白后，以防矫
伪。"

曹佾无功除使相，两府皆迁官。光言："陛下欲以慰母
心，而迁除无名，则宿卫将帅、内侍小臣，必有觊望。"已而

迁都知任守忠等官，光复争之，因论："守忠大奸，陛下为皇子，非守忠意，沮坏大策，离间百端，赖先帝不听；及陛下嗣位，反复交构，国之大贼。乞斩于都市，以谢天下。"责守忠为节度副使，蕲州安置，天下快之。

诏刺陕西义勇二十万，民情惊扰，而纪律疏略不可用。光抗言其非，持白韩琦。琦曰："兵贵先声，谅祚方桀骜，使骤闻益兵二十万，岂不震慑？"光曰："兵之贵先声，为无其实也，独可欺之于一日之间耳。今吾虽益兵，实不可用，不过十日，彼将知其详，尚何惧？"琦曰："君但见庆历间乡兵刺为保捷，忧今复然，已降敕榜与民约，永不充军戍边矣。"光曰："朝廷尝失信，民未敢以为然，虽光亦不能不疑也。"琦曰："吾在此，君无忧。"光曰："公长在此地，可也；异日他人当位，因公见兵，用之运粮戍边，反掌间事耳。"琦嘿然，而讫不为止。不十年，皆如光虑。

王广渊除直集贤院，光论其奸邪不可近："昔汉景帝重卫绾，周世宗薄张美。广渊当仁宗之世，私自结于陛下，岂忠臣哉？宜黜之以厉天下。"进龙图阁直学士。神宗即位，擢为翰林学士，光力辞。帝曰："古之君子，或学而不文，或文而不学，惟董仲舒、扬雄兼之。卿有文学，何辞为？"对曰："臣不能为四六。"帝曰："如两汉制诏可也；且卿能进士取高第，而云不能四六，何邪？"竟不获辞。

御史中丞王陶以论宰相不押班罢，光代之，光言："陶由论宰相罢，则中丞不可复为。臣愿俟既押班，然后就职。"许之。遂上疏论修心之要三：曰仁，曰明，曰武；治国之要三：

曰官人，曰信赏，曰必罚。其说甚备。且曰："臣获事三朝，皆以此六言献，平生力学所得，尽在是矣。"御药院内臣，国朝常用供奉官以下，至内殿崇班则出；近岁暗理官资，非祖宗本意。因论高居简奸邪，乞加远窜。章五上，帝为出居简，尽罢寄资者。既而复留二人，光又力争之。张方平参知政事，光论其不叶物望，帝不从。还光翰林兼侍读学士。

光常患历代史繁，人主不能遍鉴，遂为《通志》八卷以献。英宗悦之，命置局秘阁，续其书。至是，神宗名之曰《资治通鉴》，自制《序》授之，俾日进读。

诏录颖邸直省官四人为阁门祗候，光曰："国初草创，天步尚艰，故御极之初，必以左右旧人为腹心耳目，谓之随龙，非平日法也。阁门祗候在文臣为馆职，岂可使厮役为之。"

西戎部将嵬名山欲以横山之众，取谅祚以降，诏边臣招纳其众。光上疏极论，以为："名山之众，未必能制谅祚。幸而胜之，灭一谅祚，生一谅祚，何利之有；若其不胜，必引众归我，不知何以待之。臣恐朝廷不独失信谅祚，又将失信于名山矣。若名山余众尚多，还北不可，入南不受，穷无所归，必将突据边城以救其命。陛下不见侯景之事乎？"上不听，遣将种谔发兵迎之，取绥州，费六十万，西方用兵，盖自此始矣。

百官上尊号，光当答诏，言："先帝亲郊，不受尊号。末年有献议者，谓国家与契丹往来通信，彼有尊号我独无，于是复以非时奉册。昔匈奴冒顿自称'天地所生日月所置匈奴大单于'，不闻汉文帝复为大名以加之也。愿追述先帝本意，不受此名。"帝大悦，手诏奖光，使善为答辞，以示中外。

执政以河朔旱伤，国用不足，乞南郊勿赐金帛。诏学士议，光与王珪、王安石同见，光曰："救灾节用，宜自贵近始，可听也。"安石曰："常衮辞堂馔，时以为衮自知不能，当辞位不当辞禄。且国用不足，非当世急务，所以不足者，以未得善理财者故也。"光曰："善理财者，不过头会箕敛尔。"安石曰："不然，善理财者，不加赋而国用足。"光曰："天下安有此理？天地所生财货百物，不在民，则在官，彼设法夺民，其害乃甚于加赋。此盖桑羊欺武帝之言，太史公书之以见其不明耳。"争议不已。帝曰："朕意与光同，然姑以不允答之。"会安石草诏，引常衮事责两府，两府不敢复辞。

安石得政，行新法，光逆疏其利害。迩英进读，至曹参代萧何事，帝曰："汉常守萧何之法不变，可乎？"对曰："宁独汉也，使三代之君常守禹、汤、文、武之法，虽至今存可也。汉武取高帝约束纷更，盗贼半天下；元帝改孝宣之政，汉业遂衰。由此言之，祖宗之法不可变也。"吕惠卿言："先王之法，有一年一变者，'正月始和，布法象魏'是也；有五年一变者，巡守考制度是也；有三十年一变者，'刑罚世轻世重'是也。光言非是，其意以风朝廷耳。"帝问光，光曰："布法象魏，布旧法也。诸侯变礼易乐者，王巡守则诛之，不自变也。刑新国用轻典，乱国用重典，是为世轻世重，非变也。且治天下譬如居室，敝则修之，非大坏不更造也。公卿侍从皆在此，愿陛下问之。三司使掌天下财，不才而黜可也，不可使执政侵其事。今为制置三司条例司，何也？宰相以道佐人主，安用例？苟用例，则胥吏矣。今为看详中书条例司，何也？"惠卿不能对，则以他语诋光。帝曰："相与论是非耳，何至是。"光曰："平民举钱出息，尚能蚕食下户，况悬官督责之威乎！"惠卿曰："青苗法，愿取则与之，不愿不强也。"光曰："愚民知取债之利，不知还债之害，非独县官不强，富民亦不强也。昔太宗平河东，立籴法，时米斗十钱，民乐与官为市。其后物贵而和籴不解，遂为河东世世患。臣恐异日之青苗，亦犹是也。"帝曰："坐仓籴米何如？"坐者皆起，光曰："不便。"惠卿曰："籴米百万斛，则省东南之漕，以其钱供京师。"光曰："东南钱荒而粒米狼戾，今不籴米而漕钱，弃其有余，取其所无，农末皆病矣！"侍讲吴申起曰："光言，至论也。"

它日留对，帝曰："今天下汹汹者，孙叔敖所谓'国之有是，众之所恶'也。"光曰："然。陛下当论其是非。今条例司所为，独安石、韩绛、惠卿以为是耳，陛下岂能独与此三人共为天下邪？"帝欲用光，访之安石。安石曰："光外托劘上之名，内怀附下之实。所言尽害政之事，所与尽害政之人，而欲置之左右，使与国论，此消长之大机也。光才岂能害政，但在高位，则异论之人倚以为重。韩信立汉赤帜，赵卒气夺，今用光，是与异论者立赤帜也。"

安石以韩琦上疏，卧家求退。帝乃拜光枢密副使，光辞之曰："陛下所以用臣，盖察其狂直，庶有补于国家。若徒以禄位荣之，而不取其言，是以天官私非其人也。臣徒以禄位自荣，而不能救生民之患，是盗窃名器以私其身也。陛下诚能罢制置条例司，追还提举官，不行青苗、助役等法，虽不用臣，臣受赐多矣。今言青苗之害者，不过谓使者骚动州县，为今日之患耳。而臣之所忧，乃在十年之外，非今日也。夫民之贫富，由勤惰不同，惰者常乏，故必资于人。今出钱贷民而敛其息，富者不愿取，使者以多散为功，一切抑配。恐其逋负，必令贫富相保，贫者无可偿，则散而之四方；富者不能去，必责使代偿数家之负。春算秋计，展转日滋，贫者既尽，富者亦贫。十年之外，百姓无复存者矣。又尽散常平钱谷，专行青苗，它日若思复之，将何所取？富室既尽，常平已废，加之以师旅，因之以饥馑，民之羸者必委死沟壑，壮者必聚而为盗贼，此事之必至者也。”抗章至七八，帝使谓曰：“枢密，兵事也，官各有职，不当以他事为辞。”对曰：“臣未受命，则犹侍从也，于事无不可言者。”安石起视事，光乃得请，遂求去。

以端明殿学士知永兴军。宣抚使下令分义勇戍边，选诸军骁勇士，募市井恶少年为奇兵；调民造干糒，悉修城池楼橹，关辅骚然。光极言：“公私困敝，不可举事，而京兆一路皆内郡，缮治非急。宣抚之令，皆未敢从，若乏军兴，臣当任其责。”于是一路独得免。徙知许州，趣入觐，不赴；请判西京御史台归洛，自是绝口不论事。而求言诏下，光读之感泣，欲嘿不忍，乃复陈六事，又移书责宰相吴充，事见充传。

蔡天申为察访，妄作威福，河南尹、转运使敬事之如上官；尝朝谒应天院神御殿，府独为设一班，示不敢与抗。光顾谓台吏曰：“引蔡寺丞归本班。”吏即引天申立监竹木务官富赞善之下。天申窘沮，即日行。

元丰五年，忽得语涩疾，疑且死，豫作遗表置卧内，即有缓急，当以畀所善者上之。官制行，帝指御史大夫曰："非司马光不可。"又将以为东宫师傅。蔡确曰："国是方定，愿少迟之。"《资治通鉴》未就，帝尤重之，以为贤于荀悦《汉纪》，数促使终篇，赐以颖邸旧书二千四百卷。及书成，加资政殿学士。凡居洛阳十五年，天下以为真宰相，田夫野老皆号为司马相公，妇人孺子亦知其为君实也。

帝崩，赴阙临，卫士望见，皆以手加额曰："此司马相公也。"所至，民遮道聚观，马至不得行，曰："公无归洛，留相天子，活百姓。"哲宗幼冲，太皇太后临政，遣使问所当先，光谓："开言路。"诏榜朝堂。而大臣有不悦者，设六语云："若阴有所怀；犯非其分；或扇摇机事之重；或迎合已行之令；上以徼幸希进；下以眩惑流俗。若此者，罚无赦。"后复命示光，光曰："此非求谏，乃拒谏也。人臣惟不言，言则入六事矣。"乃具论其情，改诏行之，于是上封者以千数。

起光知陈州，过阙，留为门下侍郎。苏轼自登州召还，缘道人相聚号呼曰："寄谢司马相公，毋去朝廷，厚自爱以活我。"是时天下之民，引领拭目以观新政，而议者犹谓"三年无改于父之道"，但毛举细事，稍塞人言。光曰："先帝之法，其善者虽百世不可变也。若安石、惠卿所建，为天下害者，改之当如救焚拯溺。况太皇太后以母改子，非子改父。"众议甫定。遂罢保甲团教，不复置保马；废市易法，所储物皆鬻之，不取息，除民所欠钱；京东铁钱及茶盐之法，皆复其旧。

或谓光曰："熙丰旧臣，多憸巧小人，他日有以父子义间上，则祸作矣。"光正色曰："天若祚宗社，必无此事。"于是天下释然，曰："此先帝本意也。"

元祐元年复得疾，诏朝会再拜，勿舞蹈。时青苗、免役、将官之法犹在，而西戎之议未决。光叹曰："四患未除，吾死不瞑目矣。"折简与吕公著云："光以身付医，以家事付愚子，惟国事未有所托，今以属公。"乃论免役五害，乞直降敕罢之。诸将兵皆隶州县，军政委守令通决。废提举常平司，以其事归之转运、提点刑狱。边计以和戎为便。谓监司多新进少年，务为刻急，令近臣于郡守中选举，而于通判中举转运判官。又立十科荐士法。皆从之。

拜尚书左仆射兼门下侍郎，免朝觐，许乘肩舆，三日一入省。光不敢当，曰："不见君，不可以视事。"诏令子康扶入对，且曰："毋拜。"遂罢青苗钱，复常平籴粜法。两宫虚己以听。辽、夏使至，必问光起居，敕其边吏曰："中国相司马矣，毋轻生事开边隙。"光自见言行计从，欲以身徇社稷，躬亲庶务，不舍昼夜。宾客见其体羸，举诸葛亮食少事烦以为戒，光曰："死生，命也。"为之益力。病革，不复自觉，谆谆如梦中语，然皆朝廷天下事也。

是年九月薨，年六十八。太皇太后闻之恸，与帝即临其丧，明堂礼成不贺，赠太师、温国公，襚以一品礼服，赙银绢七千。诏户部侍郎赵瞻、内侍省押班冯宗道护其丧，归葬陕州。谥曰文正，赐碑曰"忠清粹德"。京师人罢市往吊，鬻衣以致奠，巷哭以过车。及葬，哭者如哭其私亲。岭南封州父老，亦相率具祭，都中及四方皆画像以祀，饮食必祝。

光孝友忠信，恭俭正直，居处有法，动作有礼。在洛时，每往夏县展墓，必过其兄旦，旦年将八十，奉之如严父，保之如婴儿。自少至老，语未尝妄，自言："吾无过人者，但平生所为，未尝有不可对人言者耳。"诚心自然，天下敬信，陕、洛间皆化其德，有不善，曰："君实得无知之乎？"

光于物澹然无所好，于学无所不通，惟不喜释、老，曰："其微言不能出吾书，其诞吾不信也。"洛中有田三顷，丧妻，卖田以葬，恶衣菲食以终其身。

绍圣初，御史周秩首论光诬谤先帝，尽废其法。章惇、蔡卞请发冢斫棺，帝不许，乃令夺赠谥，仆所立碑。而惇言不已，追贬清远军节度副使，又贬崖州司户参军。徽宗立，复太子太保。蔡京擅政，复降正议大夫，京撰《奸党碑》，令郡国皆刻石。长安石工安民当镌字，辞曰："民愚人，固不知立碑之意。但如司马相公者，海内称其正直，今谓之奸邪，民不忍刻也。"府官怒，欲加罪，泣曰："被役不敢辞，乞免镌安民二字于石末，恐得罪于后世。"闻者愧之。

靖康元年，还赠谥。建炎中，配飨哲宗庙庭。

（摘选自《宋史》卷三百三十六《列传第九十五》）